DE FORMACIÓN TEOLÓGICA EVANGÉLICA

2

Un Dios en tres Personas

F. Lacueva

editorial clie

EDITORIAL CLIE
M.C.E. Horeb, E.R. n.º 2.910-SE/AC/ Ramón Llull, 20
08232 VILADECAVALLS (Barcelona) ESPAÑA
E-mail: libros@clie.es
Internet: http:// www.clie.es

TEOLOGÍA II
Un Dios en Tres Personas

Depósito legal: B-39358-2006 Unión Europea
ISBN 84-7228-121-3 Volumen II

Printed by Publidisa

Printed in Spain

Clasifíquese: 12 TEOLOGÍA:
Dios
C.T.C. 01-01-0012-02
Referencia: 22.02.34

Curso
de Formación
Teológica Evangélica
Volumen II

TEOLOGÍA - II

Un Dios en Tres Personas

Francisco Lacueva

editorial clie

Este curso de
«Formación Teológica Evangélica»
consta de los siguientes títulos

INDICE

INTRODUCCION

En el volumen I de este Curso hemos aprendido que Teología significa «Tratado sobre Dios». Pero el tratar sobre Dios puede tener dos sentidos: 1) Lo que es Dios en Sí; 2) Lo que es Dios en relación con Su obra.

«Teología», en su sentido más propio o formal, supone investigar lo que Dios es en Sí mismo. Por aquí ha de comenzar lógicamente todo estudio bíblico-teológico para asentarse en bases firmes. Si hemos antepuesto un volumen I al tratado sobre Dios, ha sido sólo para analizar las auténticas fuentes que nos dan acceso al conocimiento de este Dios verdadero, conforme El mismo ha tenido a bien revelarse a Sí mismo en Su Palabra. Por eso, el volumen I ha tratado sobre el sentido de la Teología, así como sobre la Revelación, tanto General por medio de las obras de Sus manos, como Especial mediante Su mensaje personal, según está registrado en las Sagradas Escrituras o Santa Biblia.

El estudio del presente volumen es de primerísima importancia para el conocimiento de nuestra fe evangélica. No sólo porque toda Teología verdaderamente bíblica ha de ser «teocéntrica» (lo cual parecería una perogrullada si no hubiese quienes, desde distintos flancos, parecen negarlo), sino porque nuestros conceptos sobre la naturaleza de Dios, sobre Sus atributos, sobre las personas divinas, influyen decisivamente en las ideas que nos formemos de

todos los demás problemas teológicos. Si nuestros concep-
tos sobre el Ser de Dios no son correctos, tampoco serán
claras las ideas que nos formemos del resto de la proble-
mática teológica. En cambio, si, a la luz de la Escritura,
adquirimos una clara idea del carácter esencial de Dios,
de Sus perfecciones infinitas y de su Trina Personalidad,
todo lo demás queda ya aclarado y situado en su debido
lugar. El hombre, el pecado, la Encarnación y la Expia-
ción llevada a cabo por el Hijo de Dios, la salvación, la
gracia, la Iglesia, el final de los tiempos, etc., sólo se pue-*
den entender en su justa medida cuando se ha penetrado
en el conocimiento de la infinita santidad, del infinito
amor, de la infinita justicia y de la infinita misericordia
de ese Dios-Padre que «está por nosotros», de ese Dios-
Hijo que «es con nosotros» y de ese Dios-Espíritu Santo
que «mora en nosotros».

Por otra parte, si la Teología no es una mera ciencia
de Dios, sino un conocimiento experimental, íntimo, de Su
Naturaleza, de Su Presencia y de Su Acción soberana en
nosotros, sólo cuando esa experiencia nuestra personal
de Dios sea bíblicamente correcta, tendrá genuina efica-
cia en nuestra vida interior y en el testimonio que presen-
temos de Su mensaje. Se ha dicho con razón que «pectus
facit theologum» = «el corazón (no la mente) hace al teó-
logo». Por eso, tanto el erudito especializado como el sen-
cillo creyente que, con la oración y el estudio de su Biblia,
se ha familiarizado en el conocimiento y en el trato íntimo
del Dios-Padre que le ha elegido y le ha llamado para sal-
vación hasta adoptarle por hijo, del Dios-Hijo que, con Su
persona encarnada, con Su doctrina, con Sus obras y con
Su muerte, le ha rescatado de la perdición y le ha mostra-
do el amor salvífico del Padre, y del Dios-Espíritu Santo
que, con su poder y sus dones, lo regenera, justifica, san-
tifica, inhabita y capacita, habrá enriquecido toda su per-
sonalidad con la eterna vida, con la eterna luz y con el
eterno amor que, con todo el consiguiente cortejo de ben-
diciones celestiales, descienden «de lo alto, del Padre de

las luces, en el cual no hay mudanza, ni sombra de variación» (Sant. 1:17).

Próximo a marchar al Padre, y al comienzo de Su grandiosa «oración sacerdotal», Jesús recalcó: «Esta es la vida eterna: que te conozcan a ti, el único Dios verdadero, y a Jesucristo, a quien has enviado» *(Juan 17:3). Con este estudio amoroso no llegaremos a captar en esta vida el brillo de la gloria de Dios, que será perennemente nuestra en el Cielo, pero habremos vislumbrado —tras alzar una punta del velo— la grandeza de las cosas que esperamos (Hebr. 11:1), y esta vislumbre servirá para acicatear nuestro afán de conocer y amar cada día más a ese Señor al* que «ahora vemos por espejo, oscuramente; mas entonces veremos cara a cara»; *al que* «ahora conocemos en parte; pero entonces conoceremos como fuimos conocidos» *(1.ª Corintios 13:12).*

Mi gratitud a cuantos han contribuido a que este pequeño volumen sobre nuestro gran Dios salga con menos imperfecciones, especialmente al escritor evangélico D. José Grau, cuyas observaciones y sugerencias siempre me son tan valiosos, y a la «Misión Evangélica Bautista en España», bajo cuyos auspicios se publican todos los volúmenes de este CURSO DE FORMACION TEOLOGICA EVANGELICA. Mi gratitud, también, a la Editorial «The Soncino Press» de Londres por su amabilidad en concederme permiso para copiar las citas del Dr. Hertz, en su Comentario al Pentateuco, algunas de considerable extensión.

Primera parte

La existencia
de Dios

LECCION 1.ª LA COGNOSCIBILIDAD DE DIOS

1. ¿Podemos conocer a Dios?

Al tratar de Dios, la primera pregunta que lógicamente acude a nuestra mente es ésta, porque de nada nos serviría la existencia de un Dios «desconocido». A dicha pregunta puede responderse de las siguientes maneras:

A) Sí, porque nuestra razón puede demostrar su existencia.

B) Sí, porque en nuestra mente hay una capacidad innata que nos hace intuir su existencia.

C) Sí, pero sólo en la medida en que El mismo se nos revela.

D) No.

Vamos a analizar estas cuatro respuestas en los cuatro puntos siguientes.

2. ¿Puede la razón humana alcanzar por sí sola un conocimiento cierto de Dios?

A esta pregunta responden afirmativamente el racionalismo, el semi-racionalismo, la Iglesia de Roma y la Biblia misma, pero de distinta manera:

a) Según el racionalismo, la razón humana puede conocer con certeza todo cuanto existe. Ya Parménides identificó el pensamiento con la verdad y el ser. El racionalis-

mo defiende la *capacidad* de la razón para penetrar hasta
el fondo de toda realidad, incluyendo a Dios, y la *autonomía* de la razón respecto de la fe y de la Revelación. El
racionalismo se ha manifestado de diversas formas: en
Platón se encuentra bajo la denominación de «ideas arque-
típicas» o modelos de las cosas, únicas con realidad completa y eterna, como emanadas de la mente divina; en
Descartes, como «ideas claras y distintas», de las que nuestra conciencia nos certifica; en Spinoza, como fragmentos
de esa gran realidad divina, de la que todas las cosas son
una emanación; en Hegel, como partes dialécticas de la
Idea Absoluta, madre de toda realidad; etc. Por tanto, para
el racionalismo, no puede haber *misterios* (o sea, verdades
ocultas); con lo que desaparece por completo la trascendencia de Dios.

b) Según los semi-racionalistas, la razón humana puede conocerlo todo, aunque ha de detenerse ante el *misterio,*
ante lo que Dios se ha reservado. Ahora bien, una vez
que Dios revela la *existencia* de un misterio, la razón humana tiene en sí la capacidad necesaria para desentrañar
su *esencia* misma.

c) El Concilio Vaticano I definió que la razón humana
puede por sus propias fuerzas conocer con certeza a Dios
por las obras de la creación (el juramento antimodernís-
tico añadió: «y, por tanto, demostrar»),[1] de tal modo que
la Revelación Especial no es absolutamente necesaria, aunque sin ella no podría lograrse, en la presente condición
humana, el que todos pudieran llegar a conocer el conjunto
de verdades divinas *no misteriosas* «sin obstáculos, con
firme certeza y sin mezcla de error».[2]

d) Según la Biblia misma, «nadie conoció las cosas de
Dios, sino el Espíritu de Dios». Así que «el hombre natural
no percibe las cosas que son del Espíritu de Dios, porque
para él son locura» (1.ª Cor. 2:11, 14). Es cierto que los

---

1. V. *Denzinger-Schönm.,* 3004, 3026, 3538.
2. V. *id.,* 3005.

hombres que no conocen a Dios son inexcusables, porque el Universo creado comporta una revelación del poder eterno y de la deidad del Creador, pero el corazón corrompido del hombre caído oscurece la razón con sus propias tinieblas, haciendo vanos los razonamientos de forma que no se traduzcan en actitudes correctas respecto a la genuina idea de Dios. Así un testimonio, de suyo válido, *pierde eficacia* por la mala disposición del espectador.[3]

3. ¿Existe en nuestra mente una capacidad innata para intuir a Dios?

Los grandes filósofos, teólogos y apologistas de todos los tiempos han reconocido en el hombre como una *intuición* o capacidad congénita, afincada en el inconsciente, de presentir a Dios como una realidad suprema en la que «vivimos, y nos movemos, y somos» (Hech. 17:28). Es en el paso del inconsciente, a través del «corazón entenebrecido» de Romanos 1:21, a la conciencia del hombre caído, donde la idea de Dios se pervierte. Calvino la llamaba «un cierto *sentimiento* de la divinidad... por *instinto* natural». También compara dicha intuición a una semilla o «idea congénita» como la llamaron los primeros escritores eclesiásticos. X. Zubiri la presenta como un íntimo sentimiento de nuestra radical *religación* al Absoluto, del que dependemos existencialmente. También Descartes la entrevió como una «idea innata», oscura, que adquiere claridad mediante la reflexión.

Sin embargo, este innatismo, si se eleva a *idea consciente y demostrable,* nos lleva al falso argumento ontológico o demostración *a priori* de la existencia de Dios. Argumento en que Anselmo de Canterbury y el mismo Descartes cayeron. El método mismo con que Descartes pretendió probar que la idea de Dios es congénita resulta

---

3. (Rom. 1:18-21 —V. lección 5.ª, y J. Grau, *Introducción a la Teología,* pp. 67-84—).

falso. «Nuestra mente —decía él— posee una idea clara y distinta del infinito; esta idea no puede proceder de la misma mente finita; luego ha tenido que ser implantada por Dios.» A esto respondemos que la mente humana no llega al concepto de infinito por intuición de éste, sino por una abstracción mental mediante la cual despoja a lo limitado de sus límites, fabricándose así, mediante una negación, un concepto positivo aproximado de lo inabarcable.

4. ¿Impide la trascendencia absoluta de Dios el que podamos conocerle?

Apoyándose en la suprema trascendencia de Dios, negó Barth en redondo *la analogía del ser* (como «típica invención del Anticristo») y, por ende, la cognoscibilidad de Dios. Más aún, según Barth, aun después de la Revelación Especial, Dios queda como el Gran Desconocido, el «completamente Otro», de tal manera que cuanto más Se revela Dios, más se esconde o vela.

Las consecuencias de esta radical incognoscibilidad de Dios, como K. Barth la propugna, son extremadamente peligrosas: a) porque desemboca en un puro fideísmo y, en este caso, los que no disponen de la Revelación Especial de Dios, tienen «excusa» por no conocerle; b) porque, al negar radicalmente la analogía del ser, hace imposible el conocimiento de la causa a través del efecto: de Dios, a través de Sus obras, según apunta el Apóstol. Es cierto que Dios es el *incomprensible,* en el sentido de que nunca podemos agotar su cognoscibilidad (sólo una mente infinita podría hacerlo), pero nuestro conocimiento de Dios, como el Ser Supremo y Absoluto, aunque se mueva dentro de la analogía y nunca exprese con propiedad lo que Dios es, no es por eso falso; aunque sea imperfecto, es un conocimiento que nos lleva hacia un Ser singular (en este sentido, es propio), al que llamamos Dios. Como observa Strong,[4] «conocer *en parte*» no equivale a «conocer sólo *una parte*». Además, si nuestra mente fuese naturalmente incapaz de conocer primeras verdades, tampoco podría conocer a Dios *por fe,* puesto que la fe comporta una *iluminación* superior de una facultad capacitada ya para recibir la luz.

5. La respuesta del Agnosticismo

A la pregunta de si podemos conocer a Dios, responde el Agnosticismo con un rotundo ¡no!

Así como los «gnósticos» (del griego «gnosis» = conocimiento) de todos los tiempos se han atribuido un conocimiento penetrante de Dios, reservado a los lúcidos «iniciados» (de ahí su empalme con Platón y con el panteísmo hindú), los agnósticos, por el contrario (del griego «a-gnosis» = sin capacidad de conocer), declaran que, al menos a Dios, es imposible conocerle.

Fue Kant quien de la manera más técnica y radical propugnó el agnosticismo, al pretender que la naturaleza íntima de las cosas o *«númeno»* (= concebible) era trascendente, o sea, incognoscible, mientras que sólo los *«fenómenos»* (= apariencias), experimentables sensorialmente, son objeto auténtico del puro conocer. Estos «fenómenos» son captados dentro de nuestras «intuiciones puras» del tiempo y del espacio y encasillados por nuestra razón en las doce categorías, producto de nuestra mente. Como una de estas «categorías» es la existencia, se le objetó a Kant que entonces la propia existencia objetiva de las cosas era producto de nuestra mente. Con cierta inconsecuencia, él se revolvió contra este aserto en la segunda edición de su *Crítica de la Razón Pura,* pero su discípulo Hegel sacó la verdadera consecuencia, llegando al idealismo absoluto.

Es cierto que Kant pretendió oponerse (y con razón)

---

4. *Systematic Theology,* p. 8.

al realismo de la Filosofía Medieval o Escolástica, pero fue a dar en el otro extremo. Es verdad que sólo podemos conocer la realidad de las cosas *a través de los fenómenos*, pero estos fenómenos son causados por el objeto mismo. Por ejemplo, los colores se forman *en* el sujeto, pero son producidos, en último término, *por* las ondas vibratorias que los mismos objetos emiten. De aquí proviene el que podamos distinguir una *sensación* de una *alucinación*.

Sin tener que tomar partido por una determinada Metafísica, permítasenos decir que, a nuestro juicio, la llamada «escuela de Madrid» (Ortega, Morente, Zubiri, Marías, etcétera) ha sabido evitar ambos escollos fundiendo con equilibrio ambos elementos del conocimiento racional, lo subjetivo y lo objetivo, dentro de una síntesis *vital*. De esta forma, mientras se salva la trascendencia de Dios y de la realidad misma de las cosas, se salva también su cognoscibilidad.[5]

CUESTIONARIO:

1. ¿Qué respuestas hay a la pregunta: ¿podemos conocer a Dios? — 2. Posición del racionalismo, semi-racionalismo, de Roma y de la Reforma. — 3. ¿En qué sentido hay en nosotros una «idea innata» de Dios? — 4. ¿En qué falla la posición de K. Barth? — 5. Exposición y crítica del Agnosticismo.

---

5. A los iniciados en Filosofía, sobre todo si poseen formación escolástica, les recomendamos leer a X. Zubiri, *Sobre la esencia* (Madrid, Sociedad de Estudios y Publicaciones); J. Ortega y Gasset, *Unas lecciones de Metafísica* (Madrid, Alianza Editorial) y *¿Qué es Filosofía?* (Madrid, Revista de Occidente). A nuestro juicio, los tres pilares del pensamiento filosófico de Ortega son: 1) la simbiosis del sujeto y de la circunstancia; 2) el perspectivismo, y 3) el raciovitalismo.

LECCION 2.ª   EL ATEISMO Y SUS FORMAS

1. Ateísmo práctico y ateísmo teórico

En el mundo siempre han existido y existen multitud de personas que viven como si Dios no existiera, sin que lleguen a negar la existencia de Dios ni siquiera a dudar de ella. Es probablemente en este sentido en el que el Salmo 14 habla del «necio» que dice *en su corazón:* «No hay Dios» (Sal. 14:1. También Sal. 53:1). Como alguien ha dicho: «Todo pecado destila en el corazón una gota de ateísmo. Algunos lo llenan hasta el borde.» [6] Todo el que vive *mal,* es prácticamente un ateo.

También han existido siempre quienes, de una u otra forma, han negado explícitamente que Dios exista. Junto a ellos, muchedumbres numerosas se han forjado de Dios una idea que no es la que corresponde al Dios de la Biblia. De éstos trataremos en la lección 3.ª. Por otra parte, el hombre ha sido definido, desde Aristóteles, como el «animal religiosum» = un animal religioso; de ahí que incluso los ateos más acérrimos acaban por forjarse alguna clase de dios ante cuyo altar se prosternan; el que no tiene al verdadero Dios, tiene *ídolos;* quizá, *muchos* ídolos. Por eso, Pablo dijo a los sabios atenienses del Areópago que los había encontrado *en extremo religiosos,* aunque el verdadero Dios era para ellos un «Dios desconocido» (*cf.* Hechos 17:22, 23).

---

6. V. lo que digo en el libro *Treinta mil españoles y Dios* (Barcelona, Nova Terra, 1972), pp. 39 y ss.

2. Formas del ateísmo teorético

A) ATEÍSMO ESCÉPTICO. Es el que procede de una actitud filosófica negativa o de una reacción pesimista ante los males del mundo y de la vida, y consiste en un estado de *perplejidad*, sin decidirse a admitir, ni a rechazar del todo, la existencia de Dios.

B) ATEÍSMO AGNÓSTICO. Es el que procede de un punto de vista científico o filosófico, según el cual la existencia de Dios es un dato imposible de ser experimentalmente o racionalmente comprobado. Es la postura de Kant y sus seguidores, y que ya hemos examinado en la lección anterior. Es preciso añadir que Kant, en su *Crítica de la Razón Práctica*, a pesar de haber sostenido la incognoscibilidad de todo lo que no nos entra por los sentidos, admitió como necesarias para llevar una vida moral correcta, como *postulados de la Razón Práctica*, realidades como la libertad, la inmortalidad del alma y *la existencia de Dios*. De ahí que sea, a partir de aquí, como surgió el Sentimentalismo religioso (a través de Schopenhauer y Schleiermacher), según el cual la existencia de Dios *no se conoce*, sino que *se siente* como un anhelo inconsciente de nuestro corazón hacia el Gran Desconocido.

C) ATEÍSMO DOGMÁTICO. Se llama así, no porque tenga sus «dogmas de fe», sino porque afirma positivamente, tenazmente, como un hecho científicamente *indudable* e *incuestionable* («dogmático»), que Dios no existe. El ateísmo dogmático nació propiamente con Feuerbach, para quien todo lo espiritual es un subproducto del cerebro humano, el cual segrega las ideas de la misma manera que el hígado segrega la bilis. La forma más sistematizada del ateísmo dogmático la constituye el marxismo con su *Materialismo Dialéctico e Histórico*.

3. Extensión actual del ateísmo

El avance del ateísmo en sus dos formas principales (filosófico-científica y típicamente marxista) ha sido espectacular en nuestro siglo. Con el progreso de la Ciencia y de la Técnica, y sobre la ignorancia de grandes masas para las que la idea de Dios estaba indisolublemente unida a muchas supersticiones y tabúes, la gente se ha despreocupado del Dios verdadero y de la vida de ultratumba, para volcar su afán en los bienes de este mundo. Cualquier individuo capaz de leer un periódico, se siente capacitado para ver en la teoría evolucionista el necesario sustituto de Dios. Pudiendo dominar la materia (y escalar el firmamento) y controlar su vida, ya no parece necesitar de Dios; de un Dios *que ya no hace milagros:* un Dios silencioso pasa a ser un Dios silenciado. Puede gritar con Nietzsche: «Dios ha muerto; nosotros le hemos matado.»

Todas estas ideas se han introducido, por desgracia, en una sociedad que se llama todavía a sí misma «cristiana», porque sus criterios están empapados del ambiente materialista. Si Horacio o Catulo resucitaran y se sentasen a la mesa de nuestras tertulias, oficinas o talleres, se asombrarían al ver que los criterios de muchos que se llaman «cristianos» coinciden con los suyos, porque hablan, piensan y se conducen enteramente igual que ellos, los paganos anteriores a Jesucristo.

4. Raíces del ateísmo

Si se analiza profundamente el fenómeno del ateísmo, se encuentra fácilmente en sus raíces un fondo de *rebeldía* contra Alguien que pretende subyugarnos, exigiéndonos una determinada *cosmovisión* que exige *fe,* y unas *normas éticas* que nos imponen una determinada conducta, restringiendo nuestra libertad. El instinto de afirmación autónoma del propio «yo» reacciona entonces violentamente contra tal imagen, intentando sacudirse un yugo que se le antoja molesto.

Por tanto, no puede hablarse del ateísmo como de una reacción *espontánea* de la mente humana cultivada, como una idea «químicamente pura» científicamente producida, sino que se trata de un fenómeno *reactivo* (contra algo que no se quiere o que molesta). Por eso, más que de «a-teísmo», habríamos de hablar de «anti-teísmo», o sea, de una reacción *contra* Dios; aunque esta reacción sea, en muchos casos, inconsciente. En efecto, si no se tiene una imagen adecuada, *bíblica*, del Dios verdadero, de Sus atributos y de Sus planes de salvación, la reacción *contra* Dios es explicable. Si la *fe* es presentada como contraria a la Ciencia, a la Vida, al Bienestar social, y se concibe a Dios como un «aguafiestas», un «superpolicía» o un «tirano» que, como Saturno, «devora a sus hijos», no es extraño que el pueblo se rebele contra todo eso. Si a ello se añade una falsa «Apologética» barata que ha pretendido demostrar con evidencia la hipótesis de Dios como explicativa de *todos* los fenómenos del mundo y de la vida, el resultado no puede ser más funesto.

5. Los argumentos del ateísmo

Ya los teólogos medievales redujeron a dos las principales objeciones contra la existencia de Dios: A) Dios no es necesario, ya que el mundo, la vida y la Historia pueden explicarse científicamente, sin tener que apelar a un Ser Infinito, invisible y extramundano. B) La existencia de tanto mal en el mundo es incompatible con la existencia de un Dios que, o no es suficientemente bueno y justo para evitar tanta desgracia, o no es lo bastante sabio y poderoso como para controlar la marcha de un Universo que Él mismo ha creado.

A la segunda de estas objeciones responderemos en la lección 37.ª, cuando tratemos del problema del mal, al hablar de la Providencia de Dios. A la primera, responderemos brevemente aquí, teniendo en cuenta las reducidas dimensiones de estos volúmenes de divulgación teológica.[7]

7. Es copiosísima la literatura llamada «apologética» en este punto.Ténganse en cuenta las reservas que formulamos en la lección 4.ª acerca de las pruebas racionales de la existencia de Dios. Remitimos al lector al final de este volumen, donde encontrará abundante bibliografía.

¿Es verdad que la Ciencia hace innecesaria la existencia de Dios?

A) La Ciencia no puede explicar suficientemente el orden del Universo, la aparición de la vida ni la marcha de la Historia por una mera *evolución* dialéctica en progreso siempre ascendente en espiral, por el concurso fortuito de millones de casualidades, sin la intervención de una Inteligencia superior, trascendente e inmanente, que haya creado la materia, haya dotado de energía a esta materia, le haya dado un primer impulso sabiamente dirigido en la espiral de la evolución (si se admite ésta), haya dotado a los seres de vida, instinto que no falla y espíritu que piensa, y mantenga en equilibrio constante la marcha de los astros, la mutua interacción de los seres (por ejemplo, la respiración de plantas y animales) y las apropiadas adaptaciones entre el *sujeto* y el *medio*. En pocas palabras, a cualquier parte que se mire, se obtiene una impresión de *causalidad* y de *finalidad,* que sólo pueden atribuirse a un Ser Supremo que hace converger todo armónicamente. La pura casualidad no explica el Universo.

B) La Ciencia no puede dar, por sí sola, una respuesta satisfactoria a los grandes porqués del hombre: ¿Quién soy? ¿De dónde vengo? ¿A dónde voy? Si no existe un Dios Creador y Remunerador, si no existe otra vida en que los insatisfechos anhelos del hombre obtengan satisfacción cumplida, si no existe una norma moral superior que sancione la conducta humana, entonces el hombre es un aborto de la naturaleza, que le niega lo que concede al mamífero y al infusorio; un ser autónomo, esclavizado por su propia ignorancia y por su egoísmo, abocado a ser «un lobo para todo hombre». En una palabra, el hombre es un engendro monstruoso de una gigantesca pesadilla cósmica. En cambio, la existencia de un Dios infinitamente justo, bueno y poderoso, que todo lo tiene *previsto* y *provisto*, que nos da una respuesta cumplida a todos nuestros porqués y una meta satisfactoria a todos nuestros anhelos de luz, de vida y de inmortalidad, es una solución *más científica* y, sobre todo, *más humana.*

Por eso, aunque el Cristianismo no sea un Humanismo,[8] no hay nada tan *humano* (en el sentido de «bueno para el hombre») como el Dios de Abraham, de Isaac y de Jacob.

CUESTIONARIO:

1. ¿En qué consiste el ateísmo práctico? — 2. Formas del ateísmo teórico. — 3. Extensión y causas del ateísmo actual. — 4. ¿A qué se debe, en el fondo, el fenómeno del ateísmo? — 5. ¿Por qué le parece a usted que la Ciencia no hace innecesario a Dios?

---

8. Véase J. M. González-Ruiz, *El Cristianismo no es un humanismo* (Barcelona, Ediciones Península).

LECCION 3.ª FALSAS CONCEPCIONES DE DIOS

1. El politeísmo

Nos dice el Génesis (1:26, 27) que Dios hizo al hombre a Su imagen y semejanza: inteligente, dominador y recto; «pero ellos buscaron muchas perversiones» (Ecles. 7:29). Y una de las mayores fue que los hombres se hicieron sus dioses a su propia imagen y semejanza. La multitud de «dioses» se llama *politeísmo* (del griego «poly» = mucho, y «theós» = dios).

El politeísmo ha revestido diferentes formas: en los pueblos primitivos se comenzó a divinizar las fuerzas naturales, la fecundidad (de ahí los cultos fálicos), diversos animales, y aun a los muertos; los dioses greco-romanos tenían ya una especie de jerarquía: los héroes míticos o semidioses, a veces producto del cruzamiento de un dios con una mujer, a veces alcanzando la «apoteosis» o introducción en el Olimpo, a causa de sus extraordinarias hazañas. Saturno o Cronos era el dios del tiempo; Marte, de la guerra; Venus Afrodita, de lo sexual; Eolo, de los vientos; Neptuno, de las aguas; Vulcano, del fuego; etc.; y sobre todos ellos, Zeus o Júpiter (que significa «padre de los dioses»), verdadero dios del Cielo y de la tempestad («Júpiter tonante»). Otra forma del politeísmo, especialmente en pueblos primitivos, consiste en divinizar fuerzas invisibles, de influjo benéfico o maléfico, o poseyendo ambos a la vez.

Una forma refinada, y siempre moderna, de politeísmo es poner el corazón en algo hasta tal punto que, con olvido o desprecio del verdadero Dios, se le sirve con entrega y se le levanta un altar. Los «ídolos» («sólo figura», de «eidos» = forma, y «hólos» = todo) no son solamente las imágenes de piedra, madera o metal que los gentiles se han fabricado para darles culto, sino que también hay ídolos de joyas, de carne, de papel-moneda, etc., ante los cuales incluso los creyentes tienen peligro de prosternarse.

2. El maniqueísmo

El maniqueísmo, fundado por Manes, un persa del siglo III, que luego marchó a la India para predicar su religión, mezcla elementos cristianos con otros de origen iranio e hindú (budista) y, llevando al extremo el dualismo de Marción, establece la coexistencia y lucha de dos supremos principios: Ormuz, dios del bien, de la luz y de lo espiritual; y Ahrimán, dios del mal, de la noche, de lo material. El hombre primero fue creado por el dios bueno, pero el hombre actual es obra del dios malo. Sólo por la iluminación y el ascetismo el hombre puede volver a su prístino estado. Las reminiscencias platónicas son claras en esta concepción de la divinidad y del hombre.

Una forma similar, pero anterior y más sutil que el maniqueísmo, es el gnosticismo. Aquí, el supremo principio es bueno, pero incognoscible. El mundo ha sido creado por un principio inferior, el *demiurgo*. Este demiurgo es en Platón el mismo Dios, en cuanto ordenador supremo del Universo. Plotino hace de él el Espíritu o Alma Universal, que organiza el mundo de lo material. El gnosticismo hacía también de la materia algo impuro, originado por un principio malo. Esto les llevó a negar la Encarnación del Verbo y la resurrección. Sus características doctrinales son dos: A) El hombre se espiritualiza, no por fe ni por obras, sino por una iluminación espontánea y definitiva (reminiscencia de Platón, para quien el «saber» era la suma perfección del hombre), reservada a un grupo de «iniciados»; de ahí su hermetismo, que perdura en todas las sectas ocultistas, como la Teosofía, la Masonería, los Rosa-Cruz, etc. B) Los «iniciados» que se han situado en la *gnosis* («conocimiento») salvadora están por encima de las normas éticas del bien y del mal. *Efesios, Colosenses* y la *1.ª Epístola de Juan* van especialmente dirigidas contra los gnósticos que pretendían cubrirse bajo el nombre de Cristo e incluso se colaban de matute en las iglesias (Simón Mago, Nicolás, Basílides, Valentín, etc.).

3. El panteísmo

El panteísmo («pan» = todo, y «theós» = dios) es una doctrina que, en general, hace de Dios y del mundo una misma cosa. Puede dividirse en tres clases:

A) Panteísmo *emanatístico* (Giordano Bruno, Spinoza, etcétera), según el cual *todo* es emanación de la única sustancia eterna e infinita, puesto que los seres sólo pueden existir como participación del único Ser (principio de *univocidad*).

B) Panteísmo *evolucionístico,* sostenido especialmente por un grupo de filósofos franceses del siglo XIX, según el cual el Universo va evolucionando en espiral hasta llegar a poseer atributos divinos (*deviene* Dios), o sea, que Dios se está haciendo en la medida en que lo existente asciende a las cimas supremas del ser.

C) Panteísmo gnoseológico o *idealístico* (Hegel), según el cual todo lo que existe tiene consistencia únicamente en la Idea Absoluta.

Hay filosofías que, sin afirmar una identificación total de las cosas con Dios, enfatizan demasiado la *inmanencia* divina, con menoscabo de la trascendencia. Así tenemos: *a)* el pansiquismo de Averroes, según el cual sólo existe una Mente Universal, de la que participan todas las conciencias individuales; *b)* el naturalismo de Goethe, para quien la naturaleza era como una unidad viva, consciente, dotada de atributos casi divinos, que se manifiestan cuando entramos en «comunión» con las cosas; *c)* el Teosofismo y otras sectas ocultas, para las que Dios es el Eter que todo lo pervade, o el Cósmico Universal, con quien nos llegamos a identificar por medio de nuestra mente superior, con el éxtasis (salida del cuerpo *astral)* y mediante la sacralización de la materia (de ahí la importancia que dan a la alquimia).[9]

4. El antropomorfismo

En su afán de formarse una idea de la divinidad, podemos observar, por lo que precede, cómo la mente humana, pervertida por el pecado, no ha sabido evitar uno de los dos extremos, incapaz de unir la inmanencia con la trascendencia de Dios. Así vemos que los orientales han tendido a hacer de Dios un ser infinito, pero impersonal, mientras que los occidentales se forjaron dioses personales, pero limitados en su esencia y en su poder. El Dios verdadero, como nos lo presenta la Biblia, es un Ser Supremo que, a un mismo tiempo, es «inaccesible» (1.ª Timoteo 6:16), o sea, es sumamente *trascendente* y, por otra parte, está en el fondo mismo de nuestro ser, puesto que «en él vivimos, y nos movemos, y somos» (Hech. 17:28), o sea, que es profundamente *inmanente.*

Estas dos supremas propiedades divinas juntas, la trascendencia y la inmanencia, unidas a la infinitud y a la espiritualidad pura de Dios, hacen que no podamos formarnos de El una idea cabal ni siquiera después de la Revelación Especial que ha tenido a bien hacer de Sí. Por eso, la Santa Biblia emplea lo que se llama «antropomor-

---

9. Todas estas corrientes se originaron en Egipto y en la India (el Tibet ha sido el «santuario» del ocultismo). Véase J. Grau, *o. c.,* pp. 99 y ss.

LA EXISTENCIA DE DIOS

fismos», para poder acomodar a nuestro lenguaje el ser
y la acción de Dios. Así, la Biblia nos habla del «dedo de
Dios» o los «dedos de Dios» (e.g. en Ex. 8:19; Sal. 8:3;
Luc. 11:20), para simbolizar la facilidad con que Dios realiza Sus obras maravillosas, mientras expresa en el «brazo
extendido y remangado de Dios» (e.g. Is. 52:10) Su gran
poder para salvar a los Suyos. Igualmente nos habla de
los ojos y de los oídos de Dios; Dios pasea, va y viene,
tiene rostro y espalda, desciende, se encoleriza y se arre-
piente, etc. Con todo ello, la Palabra de Dios quiere expresarnos en lenguaje popular que Dios no es una hierática
esfinge, sin mentalidad, sin afectividad, sin decisiones, a
pesar de ser un simplicísimo y puro Ser, infinito, inmenso,
inmutable, etc.

Si el lector de la Biblia no tiene en cuenta dichos «antropomorfismos», corre el peligro de imaginarse a Dios con
figura realmente humana (un vigoroso anciano de luenga
barba blanca). Las representaciones de la imaginería de
todos los tiempos pueden dar pie a tal equivocación. Dios
es puro Espíritu, como veremos en la Segunda parte de este
volumen, aunque ello no signifique que hayamos de figu-
rárnoslo como algo vaporoso y anodino, sino como una
pura Energía en grado infinito, libre de las limitaciones
y de la inercia que lo material comporta. Por eso, Dios no
necesita ojos materiales para ver, ni oídos materiales para
oír, etc.

Una forma más refinada, pero no menos peligrosa, de
imagen antropomórfica de Dios es la de muchos miem-
bros de confesiones «cristianas», poco familiarizados con
la Biblia, quienes tienen la idea de un «Dios-policía», en
continua vela para dar el oportuno porrazo a quien se des-
mande, o de un «Dios-fontanero», a quien se acude en
rogativa para que suelte un poco de agua sobre las tierras
en secano, etc. Como siempre, el hombre natural tiende a
forjarse su propio «Dios», hecho a su propia mentalidad
y ajustado a la medida de sus necesidades y afanes. Ello
supone una rémora para la salvación y para la santifica-

ción, porque para llegarse a Dios no hay más que un «Camino»: el que Dios, no el hombre, ha establecido.

CUESTIONARIO:

1. ¿Cuáles son las principales formas de politeísmo? — 2. ¿Está el hombre moderno, y aun el creyente, libre de «ídolos»? — 3. Maniqueísmo y Gnosticismo. — 4. ¿En qué lugares principales de la 1.ª Juan ve usted una clara alusión a la doctrina gnóstica? — 5. Clases de panteísmo. — 6. ¿Qué otras doctrinas exageran la inmanencia divina. — 7. ¿Qué expresan los antropomorfismos de la Biblia?

LECCION 4.ª
PRUEBAS RACIONALES DE LA EXISTENCIA DE DIOS

1. La razón humana ante Dios

El hombre primero, conforme salió de las manos de Dios, era una obra perfecta en su género. Por el pecado, todo el ser humano quedó deteriorado o, como dice la Biblia, «perdido», no sólo por extraviarse de su lugar, sino por haberse «echado a perder». Su albedrío fue esclavizado por el pecado, su inteligencia quedó oscurecida por el error, su amor se tornó egocéntrico.[10]

Así pues, la mente humana, a pesar de conservar suficientes destellos como para quedar «sin excusa» por no llegar a un correcto conocimiento de Dios a través de las cosas visibles que El ha creado, permanece obnubilada, entenebrecida por un corazón corrompido, de manera que sus razonamientos no alcanzan, de una manera *evidente* y *eficaz*, a conseguir un concepto correcto del poder y de la deidad del Supremo Hacedor.

10. Tomás de Aquino supuso que el hombre caído quedó incapacitado para amar, por sus solas fuerzas naturales, a Dios sobre todas las cosas, con un amor «efectivo», es decir, suficiente para cumplir la voluntad de Dios; pero pensó que la mente humana quedó lo suficientemente *sana* como para conocer a Dios *con toda certeza*. Este funesto error ha tenido fatales consecuencias, como ha mostrado F. Schaeffer en *Huyendo de la razón* (Ediciones Evangélicas Europeas).

Esta es la razón por la que los evangélicos nos oponemos a la idea de una Teodicea *pura*, es decir, a una Teología Natural convenientemente sistematizada al margen de la fe. Las diversas *vías* medievales para demostrar la existencia de Dios con una certeza evidente (hoy pulidas o acomodadas a las nuevas corrientes filosóficas) no tienen en cuenta un hecho de primerísima importancia: están fabricadas por una mentalidad *creyente*. No puede olvidarse que una mente iluminada sobrenaturalmente con la luz sobrenatural de la gracia, cuando se pone a discurrir filosóficamente sobre la existencia y los atributos de Dios, lo hace, aun sin percatarse de ello, en una perspectiva de fe, o sea, a partir de unas premisas que sólo tienen evidencia *desde un punto de vista cristiano*.[11]

Por tanto, el problema es: ¿Tienen los argumentos racionales la suficiente fuerza *en sí mismos* como para demostrar con certeza evidente la existencia y atributos esenciales del Dios verdadero? Creemos que no, y vamos

---

11. Entre los católico-romanos, sólo el jesuita francés Rousselot pasó sin censura mayor, aunque unánimemente rechazado por los Manuales de Teología, al decir que sólo cuando Dios ilumina con su gracia «los ojos del corazón» (Ef. 1:18), la razón humana puede demostrar *con evidencia* la existencia de Dios. El Tradicionalismo (necesidad del recurso a una Tradición revelada) de Bautain y Bonnetty fue drásticamente condenado por Gregorio XVI en 1844 (*Denzinger*, 2751-2756 y 2765-2769) y por Pío IX en 1855 (*Denzinger*, 2811-2814), respectivamente. Del cambio operado en los teólogos de la nueva «ola» nos da muestra el siguiente párrafo de P. Fannon (*La faz cambiante de la Teología*, p. 34): «Estamos acostumbrados a pensar en las "cinco pruebas" de Sto. Tomás como demostrativas de la existencia de Dios; sin embargo, los esfuerzos primitivos por deificar los misterios de la naturaleza —muerte, nacimiento, fertilidad, amor, luz, etc.— eran intentos para enseñar que algo era presentido como presente detrás de estos fenómenos. Pero una humanidad extraviada por el pecado sólo podía llegar a teologías grotescas y mutiladas. Aun las huellas de la ley de Dios en la conciencia del hombre quedaban confusas en el caos causado por el pecado. La iniquidad, nos recuerda Pablo en *Romanos*, suprimió la verdad.»

a probarlo sometiendo a un breve análisis los cuatro principales argumentos filosóficos a que pueden reducirse todas las *vías* inventadas para ello.[12]

2. El argumento ontológico

Este argumento ha sido propuesto de dos formas:

A) *A priori,* es decir, por el mero análisis del concepto de Dios. Así lo propuso Anselmo de Canterbury: Dios es el ser más perfecto que se puede concebir; luego tiene que existir; de lo contrario, podríamos concebir algo mayor que Él, es decir, *algo existente.* Prescindiendo del contexto en que Anselmo sitúa este razonamiento,[13] la falacia es evidente al comprobar que Anselmo da un salto indebido del orden *lógico* de las ideas (lo que podemos concebir) al *óntico* de los seres (lo que existe). En una palabra, respondemos: Si Dios existe (es lo que se pretende probar), ha de ser el más perfecto posible de los seres; pero el hecho de que *lo concibamos* así no le confiere, sin más, el *hecho* de existir.

B) *A posteriori,* es decir, a través del mundo que vemos, creado por Dios. Así lo propone Tomás de Aquino en su *vía* central (de la «contingencia»): Todo lo que vemos es *contingente* (es decir, no tiene en sí mismo la razón de su existencia; de lo contrario, no podría dejar de existir). Por tanto, resulta necesaria, en última instancia, la existencia de un ser que tenga en sí mismo la razón de su existir y que pueda sacar a la existencia a todos los demás seres *que no existen por sí mismos.* A este ser *necesario* llamamos Dios. A este argumento el científico objetará: 1.°, que lo *contingente* o relativo, que surge y desaparece, no es la masa atómica o la energía constante del

---

12. V. también J. Grau, *Introducción a la Teología,* pp. 85-98, sobre la supuesta posibilidad de una «Teología Natural».

13. Véase J. Marías, *Historia de la Filosofía* (Madrid, Revista de Occidente, 1969), pp. 140-142.

Universo, sino las distintas formas que una diversa composición molecular ofrece a nuestra percepción; 2.°, como ya advirtió Kant, que tal argumento demostraría, a lo más, la existencia de un ser supramundano, como arquitecto del Universo, pero no *precisamente* la del Dios que admitimos los cristianos.

3. El argumento teleológico

Este argumento, llamado así porque se basa en la causalidad *final* («telos» en griego), procede así: El Universo presenta un orden y una exquisita adaptación progresiva de los sujetos a los objetos, de los órganos a sus funciones, de los medios para los fines. Esto supone la existencia de una inteligencia, anterior y superior al mundo, que haya programado dicho orden; de lo contrario, todo lo existente sería un absurdo producto del azar. Sin embargo, para un científico no creyente, este argumento carece de fuerza convincente, porque: 1.°, todo el proceso evolutivo se podría explicar mediante una dialéctica de mutua adaptación entre el ser y su medio (también es cierto que «la función crea el órgano»), en determinadas circunstancias que han permitido el salto de lo inorgánico a lo orgánico, de la materia a la vida, de la «biósfera» a la «noósfera», etcétera; 2.°, dicha finalidad a escala cósmica podría explicarse con la existencia de una causa inmanente como «alma» del mundo, sin identificación posible con el Dios verdadero.

4. El argumento psicológico

Este argumento, también llamado *moral*, está sacado de la llamada «voz de la conciencia». La conciencia nos intima la observación de una *ley* moral, común a todos los hombres, que se impone al individuo como una norma anterior y superior a él. Ahora bien, toda *ley* universal, superior al individuo humano, implica la existencia de un Legislador, también anterior y superior a la especie humana. A ese Legislador Supremo llamamos Dios. Sin embargo, la Psicología Profunda, a partir de Freud, ha demostrado que la tal «voz de la conciencia» puede explicarse por ese «Super-Yo», heredado e introyectado como conjunto de normas religiosas, morales y sociales, que le han venido al individuo *desde fuera* hasta constituirse en una superestructura moral de su «yo». El que esa «voz de la conciencia» sea *«obra de la ley escrita en sus corazones»* —en frase de Romanos 2:15— dejará indiferente a un incrédulo, que nos hablará de adaptación a la ideología de la época.

5. El argumento histórico

Todos los pueblos, desde los más primitivos hasta los más civilizados, han creído, con rarísimas (y prejuzgadas) excepciones, en la existencia de un Ser Supremo, Hacedor del Universo, como única explicación posible a los fenómenos de la metereología, de la fertilidad, etc. Es cierto que, en muchos casos, el politeísmo, el animismo, etc., han obnubilado esta creencia en un único Dios, pero no la han suprimido. Más aún, las investigaciones más imparciales han mostrado, con suficiente evidencia (o, al menos, con la mayor probabilidad), que el monoteísmo es anterior al politeísmo, y que éste ha sobrevivido en los pueblos primitivos al convertir en dioses, genios del bien y del mal, las desconocidas fuerzas de la Naturaleza, mientras las naciones más civilizadas revirtieron desde un politeísmo «más ilustrado», pasando por el «henoteísmo» (o diferentes «dioses» protectores de las naciones respectivas —cf. Josué 24:15-18—), al prístino monoteísmo. Este argumento queda debilitado por la teoría de C. G. Jung sobre los «arquetipos» o símbolos ancestrales del inconsciente colectivo, pues bien pudiera ser que la idea de Dios, común a la humanidad de buena voluntad, fuese un *mito* heredado de los primeros homínidos, víctimas del pensamiento mágico que en ellos hubo de producir su primera confrontación con las desconocidas fuerzas de la Naturaleza.

Nuestra conclusión es, pues, la siguiente: Todos los argumentos de la razón humana, aun tomados en su conjunto, tienen sólo una fuerza *confirmativa* de la existencia del Dios verdadero del Cristianismo, pero no son, por sí solos, una prueba *decisiva, evidente y eficaz* que se imponga al hombre de «corazón entenebrecido». Sirven para el creyente, pero pueden dejar frío al inconverso. No vamos, por tanto, a insistir en raciocinios *filosóficos*. El Nuevo Testamento nunca presenta a un creyente enzarzándose en argumentos con un incrédulo. El testimonio del cristiano es siempre una apelación a los *hechos:* a lo que Dios ha hecho para revelarnos Su mensaje de salvación, y a la persona sagrada de Jesús que ha podido *interpretarnos* (Juan 1:18) correctamente a Dios, por ser su *Verbo, «el resplandor de su gloria, y la imagen misma de su sustancia»* (Hebr. 1:3). Por tanto, no digamos al incrédulo: «Vamos a discutir», sino *«Ven y ve»* (Juan 1:46).

CUESTIONARIO:

1. ¿Por qué opinamos que no es posible una Teodicea pura? — 2. ¿Qué formas ha adoptado el argumento ontológico, y dónde está su debilidad? — 3. Exposición y crítica del argumento teleológico. — 4. ¿Qué fuerza tiene el argumento sacado de la llamada «voz de la conciencia»? — 5. ¿Qué me dice del argumento histórico? — 6. ¿Qué conclusión deducimos respecto a la fuerza global de tales pruebas, y cuál es la correcta actitud de un creyente en su diálogo con los inconversos?

LECCION 5.ª

PRUEBA ESCRITURAL DE LA EXISTENCIA DE DIOS

1. ¿Cómo prueba la Biblia la existencia de Dios?

La Biblia no intenta *demostrar* la existencia de Dios; sencillamente, la supone. La auto-revelación de Dios en Su Palabra comporta obviamente la existencia del que en ella se revela. Por otra parte, la mentalidad semita no se aviene bien con las abstracciones lógicas, sino que es sumamente práctica y concreta, inclinada a fijar las ideas en hechos, los sentidos en símbolos, las normas en actitudes. Por eso, la Biblia no comienza con una exposición teórica, sino con un «hecho», una *actividad* de Dios: «En el principio *creó* Dios los cielos y la tierra» (Gén. 1:1). De ahí que, como alguien ha dicho, «mejor que hablar de la doctrina de la *creación* en la Biblia, habríamos de hablar de la doctrina del *Creador*». Por eso, el que estudie bien la Sagrada Escritura, aprenderá de Dios a través del modo de conducirse respecto al hombre. En otras palabras, Dios no es propiamente un *objeto* al alcance de nuestra mente, al cual se va por medio de intuiciones o raciocinios, como un problema de física o de matemáticas, sino que Dios sale al encuentro del hombre, se revela a él y le capacita para que penetre en el espacio divino con los ojos de la fe.

2. ¿Es la fe un conocimiento?

El hecho de que el creyente alcance a saber, con certeza, de Dios por fe, no quiere decir que la fe sea un acto de intuición arracional, de ciego presentimiento de la oscuridad. La fe no nos muestra a Dios *racionalmente*, pero nos lo muestra *razonablemente*. En otras palabras, la fe es también un acto vital de nuestra facultad mental, es un *conocimiento*. Un conocimiento que no sólo supera la calidad de los demás conocimientos, puesto que implica un «saber de salvación» que es ajeno a la Ciencia como tal, sino que perfecciona toda la óptica espiritual del hombre. A la luz del Dios revelado como Hacedor, Salvador, Redentor, Glorificador del hombre, todas las cosas y la vida misma, sin perder su naturaleza, cambian totalmente de perspectiva. Los grandes interrogantes del hombre hallan respuesta y solución. Todo se ilumina y todo se hace capaz de ser amado, porque todo se ve a la luz de Dios. Es entonces, a la luz de la fe, cuando la obra de la creación se hace realmente *vestigio*, huella cierta del Creador, como cantó Juan de la Cruz, con su estro singular:

> «*Mil gracias derramando,*
> *pasó por estos sotos con presura*
> *y, yéndolos mirando,*
> *con sola su figura,*
> *vestidos los dejó de su hermosura.*»

3. Conocimiento racional y conocimiento experimental

El hecho de que la fe nos introduzca en el conocimiento de Dios por *la vía del corazón* («*con el corazón se cree para justicia*» —Rom. 10:10—), hace de la fe una entrega antes que una mentalidad. Es algo semejante a lo que los teólogos medievales llamaban «conocimiento por connaturalidad», es decir, un conocimiento experimental que sigue al amor que se tiene al objeto conocido. En efecto, aunque sea la mente la que capta la luz, es el corazón el que abre las ventanas al sol de la verdad. Por eso, dijo el Señor Jesucristo a los judíos que se negaban a recibir Su mensaje: *«El que QUIERA hacer la voluntad de Dios, CONO-CERA si la doctrina es de Dios...»* (Juan 7:17). Para *conocer* lo divino es preciso *querer* de antemano. Por eso, el *creer*, que es entregarse, precede o acompaña siempre al *conocer* salvífico que el Nuevo Testamento presenta: *«Y nosotros hemos creído y conocemos que tú eres el Cristo, el Hijo del Dios viviente»*; así dice Pedro, según el Evangelista del Creer y el Amar (Juan 6:69).

Sin este conocimiento salvífico, experimental, de Dios, de nada sirve toda la erudición teológica o exegética. También en este sentido, puede decirse que *«el conocimiento envanece, pero el amor edifica»* (1.ª Cor. 8:1). Es así como la cruz de Cristo aparece como *«sabiduría de Dios»* (1.ª Cor. 1:24, 30). Si no se tiene este conocimiento cordial de lo divino, se es *«nada»*, aunque se entiendan todos los misterios y se conozca toda ciencia (1.ª Cor. 13:2). ¿Quién sabe más teología que Satanás? ¿No se sabe la Biblia de memoria, hasta poder citársela al mismo Jesús? (Sal. 91:11, callándose lo de «en todos tus caminos», en Luc. 4:10, 11, por ejemplo). Sin embargo, su conocimiento de Dios le sirve de mayor condenación: *«Tú crees que Dios es uno; bien haces. También los demonios creen, y tiemblan»*, dice Santiago refiriéndose a una fe falsa, es decir, muerta en sí misma por falta del amor en que la fe se hace operante (*cf.* Gál. 5:6).

4. La NOCHE OSCURA de la fe

Juan de la Cruz habló de la «noche oscura» del sentido y del espíritu, cuando el alma intenta, por la fe, «dar a la caza alcance». ¿En qué sentido es la fe un conocimiento *oscuro,* o un conocimiento *en la oscuridad,* de Dios?

El apóstol Pablo habla del estar-en-el-cuerpo como de un estar *«ausentes del Señor»,* y añade: *«porque por fe*

andamos, no por vista» (2.ª Cor. 5:6-7). Sin embargo, esta
oscuridad que la fe comporta (aquí, respecto a la visión
del Señor resucitado) tiene su parte de *claridad,* no por la
propia *evidencia* del objeto, sino por la *seguridad* de que
se posee y de que será manifestado un día. En este sentido se nos dice en Hebreos 11:1 que la fe es *base de
sustentación* («hypóstasis») de las cosas que esperamos,
y *argumento convincente* de las cosas que no vemos.
¿Cómo podemos tener una *convicción* (normalmente fruto
de la *evidencia)* de algo *que no se ve?* Esto era la *verdad*
para un judío: una *seguridad* más bien que una *desvelación.* Siendo, pues, la Palabra de Dios *«firme»,* ninguna
convicción mayor puede caber que la que se apoya en esa
Palabra.

La parte de *claridad* que la fe comporta es expresada
por el apóstol, en comparación con la gloria celestial,
como un «conocer en parte», o sea, un conocer imperfecto como corresponde a nuestra condición peregrinante; un
«ver por espejo», según la imagen confusa que reflejaban
los antiguos espejos de metal pulido, y «en enigma», o
sea, por símbolos y figuras que sólo en la gloria quedarán
descifrados (comp. con Núm. 12:8; 2.ª Cor. 3:12, 13).[14]

5.   ¿Existe una visión intuitiva, facial, de Dios?

En las Sagradas Escrituras se encuentra con frecuencia la expresión «ver a Dios cara a cara» (e.g. Gén. 32:30;
Ex. 33:11; Núm. 14:14; Deut. 5:4; 34:10; 1.ª Cor. 13:12).
Todo el contexto de estas expresiones, dentro de su peculiar estilo literario, indica que se trata de una «comunión»
familiar con Dios, de cuya presencia amistosa y protectora se disfruta. Una visión *directa,* inmediata, de la propia esencia divina, queda excluida por la misma trascendencia infinita de Dios. Exodo 33:18-23 nos presenta una

---

14. Véase Ch. Hodge, sobre 1.ª Cor. 13:9-12, en su *1.ª Corintios*
(trad. de M. Blanch, Londres, Banner of Truth, 1969), pp. 251-253.

bella dramatización de esta trascendencia radical de Dios:
Tras asegurar Dios a Moisés que había hallado gracia
en Sus ojos y le conocía (un conocer «afectivo») por su
nombre, Moisés se atreve a decir a Yahveh:

> *«Te ruego que me muestres tu gloria. Y le res-*
> *pondió (Yahveh): Yo haré pasar todo mi bien*
> *delante de tu rostro, y proclamaré el nombre de*
> *Yahveh delante de ti... Dijo más: No podrás ver*
> *mi rostro; porque no me verá hombre, y vivirá.*
> *Y dijo aún Yahveh (o «Jehová»): He aquí un lu-*
> *gar junto a mi, y tú estarás sobre la peña; y cuan-*
> *do pase mi gloria, yo te pondré en una hendidura*
> *de la peña, y te cubriré con mi mano hasta que*
> *haya pasado. Después apartaré mi mano, y verás*
> *mis espaldas; MAS NO SE VERA MI ROSTRO.»*

Vemos aquí cómo Dios hace pasar ante el rostro de
Moisés «todo su bien», es decir, la manifestación de sus
atributos morales de santidad, amor y misericordia, pero
esconde «Su rostro», o sea, la plena manifestación de la
gloria encerrada en el interior de la esencia divina.[15]
Igualmente, en 1.ª Timoteo 6:16, Pablo asegura que
Dios *«habita en luz inaccesible; a quien ninguno de los*
hombres ha visto ni puede ver». Y Juan, unos sesenta

---

15. Véase J. H. Hertz (que fue Gran Rabino del Imperio Británico), en su Comentario al Pentateuco (*Pentateuch and Haftorahs*,
London, Soncino Press, 1969), p. 363. Hertz dice: «Many interpreters
deduce from this passage the teaching that no living being can see
God's face, *i.e.* penetrate His eternal essence. It is only from the
rearward that we can know Him.» Opinamos que, por muy glorificado que esté el intelecto humano en el Cielo (el ojo corporal, ni
aun glorificado, podrá ver nunca lo inextenso), nunca podrá intuir
en Sí al Espíritu Eterno e Infinito, ya que siendo éste purísimo en su
simplicidad y absoluto en su *infinitud*, no se le puede ver *todo* si
no se le ve *totalmente*, lo cual escapa a la intrínseca capacidad
cognoscitiva de toda mente creada.

años después de la resurrección de Jesucristo, asegura que «*a Dios nadie le vio jamás*» (Juan 1:18; 6:46).

Benedicto XII definió, en 1336, como «dogma» que las almas que se salvan, tan pronto como entran en el Cielo, «han visto y ven la esencia divina intuitivamente y cara a cara, de modo que, en cuanto se refiere al objeto visto, nada creado se interpone como medio de visión, sino que la esencia divina se les manifiesta plena, clara y abiertamente...».[16] La Teología católico-romana pretende encontrar una base bíblica para este «dogma» en lugares como 1.ª Cor. 13:12; 2.ª Cor. 5:6-8; 1.ª Juan 3:2; Apocalipsis 22:4. Pero el estudio atento de estos lugares, dentro del contexto próximo y remoto, nos hace ver que ninguno de ellos se refiere a la visión directa de la esencia divina, sino del Señor Jesucristo, en quien se reflejará eternamente la gloria de Dios, para que allí sea «*el Cordero su lumbrera*» (Apoc. 21:23).

CUESTIONARIO:

1. *¿Trata la Biblia de demostrar la existencia de Dios?* — 2. *¿En qué sentido es la fe un «conocer»?* — 3. *Importancia del conocimiento experimental de Dios.* — 4. *¿En qué consiste la oscuridad y la claridad del conocimiento por fe?* — 5. *¿Es posible ver a Dios cara a cara?*

---

16. *Denzinger*, 1000. V. también mi libro *Catolicismo Romano* (Tarrasa, CLIE, 1972), pp. 130-131, nota 5).

LECCION 6.ª LA AUTO-REVELACION DE DIOS

1. Dios se ha revelado a Sí mismo

Como ya hemos hecho notar en la lección anterior, Dios no es un *objeto* al que el hombre llega a conocer por un esfuerzo de su investigación racional, sino que es Dios el que sale al encuentro del hombre para revelársele y revelarle Su plan de salvación. A. Kuyper observa que la Teología, como conocimiento de Dios, difiere en este punto de toda otra clase de saber, porque en todas las demás ciencias el hombre se coloca por encima del objeto de su investigación y exprime activamente de él el fruto de sus conocimientos por el método que le parece más apropiado, mientras que en el campo de la Teología el hombre no está *por encima*, sino *por debajo* de su objeto. «En otras palabras —añade—, el hombre puede conocer a Dios sólo en la medida en que Este interviene activamente para hacerse conocer.» [17]

2. Los modos de la divina revelación

Resumiendo en este punto lo que ya se ha dicho en el volumen I de este CURSO, diremos que Dios se revela de dos maneras: 1) por medio de la creación, «obra de sus

---

17. Citado por L. Berkhof, *Systematic Theology*, p. 34. V. también J. Grau, *o. c.*, pp. 159-168.

manos». El Salmo 19:1-2 nos dice que «*los cielos cuentan la gloria de Dios, y el firmamento anuncia la obra de sus manos. Un día emite palabra a otro día, y una noche a otra declara sabiduría.*» En Hechos 14:17, Pablo y Bernabé, predicando en Listra, advirtieron a las gentes aquellas que, aunque Dios había tolerado que los hombres se extraviasen, «*no se dejó a sí mismo sin testimonio, haciendo bien, dándonos lluvias del cielo y tiempos fructíferos, llenando de sustento y de alegría nuestros corazones*». Finalmente, recordemos las palabras de Pablo a los romanos (Rom. 1:18-20), en que el apóstol tiene por inexcusables a quienes no han llegado a conocer el eterno poder y deidad del Creador a través de la creación. Esta es la que llamamos *Revelación General*, dirigida *a todos los hombres*.

Pero Dios tiene un mensaje específico de salvación para los hombres perdidos, y ha tenido a bien darnos ese mensaje por medio de escritores sagrados, testigos escogidos por El mismo que, bajo la inspiración del Espíritu Santo, plasmasen en palabras humanas y en estilo humano dicho mensaje de salvación. Esta es la llamada *Revelación Especial*, contenida en la Santa Biblia o Sagradas Escrituras («*hierá grammata*» = Sagradas Letras, o «*graphé*» = Escritura, como las llama Pablo en 2.ª Timoteo 3:15, 16). Por eso, estas Sagradas Escrituras constituyen, para nosotros, la Palabra de Dios segura e infalible (Juan 10:35; 2.ª Ped. 1:19), por la cual llegamos con certeza al conocimiento de Dios.

Ya hemos dicho anteriormente que la Revelación Especial era absolutamente necesaria para llegar a un conocimiento correcto de Dios, de modo que, sin ella, no es posible una genuina Teodicea *pura* o Teología Natural. Así lo vio la Iglesia durante doce siglos, hasta convertirse en «slogan» la frase de Agustín de Hipona, repetida por Anselmo de Canterbury: «*Credo ut intelligam*» (creo para entender), también expresada como «*fides quaerens intellectum*» (la fe en busca de entendimiento). Pero Tomás de Aquino afirmó también la validez del «*intellectus quae-*

rens fidem» (el entendimiento en busca de la fe) y, por tanto, el *«intelligo ut credam»* (entiendo para creer). Con ello se estableció una superposición de conocimientos de Dios, autónomos en su esfera, de modo que la razón natural bastaba para conocer la existencia y atributos esenciales de Dios, mientras que la Revelación Especial, llamada simplemente «Revelación», era necesaria para conocer los misterios de Dios, ocultos a la razón humana, como son los misterios de la Trinidad, de la Encarnación y de la Redención. Hubo incluso quienes, como Ramón Llull (o Raimundo Lulio), creyeron poder encontrar «razones necesarias» para demostrar los mismos misterios del Cristianismo.

Con este dualismo tomista, de dos vías autónomas de conocimiento de Dios (dualismo que la Reforma se cuidó de abandonar), se establecían igualmente dos *fines* (metas finales) del hombre: A) Por medio de la razón natural, el hombre podía llegar a conocer con certeza la existencia y atributos esenciales de Dios y aspirar, así, a un *fin* natural consistente en una comunión con Dios por medio de una cierta contemplación refleja, no intuitiva, de lo que Dios es en Sí, suficiente para hacer feliz al hombre en el orden *natural*. B) Por medio de la fe, el hombre conseguía un conocimiento *sobrenatural* de Dios, y si esta fe permanece *viva* (acompañada de la gracia santificante) en el momento de la muerte, le espera al hombre la visión *facial,* o intuitiva, de Dios por toda la eternidad. Es cierto que Tomás de Aquino (y tras él, la Teología tradicional de Roma) subordinó estos dos fines de manera que a todo aquel que, siguiendo su razón, se orienta correctamente hacia Dios, Este le concede el don de la fe, por el que puede llegar al conocimiento sobrenatural de Dios y, en último término, a la *visión beatífica* de la esencia divina, pero los que, por su incapacidad natural (los niños y los locos, muertos sin bautismo antes de obtener el uso normal de su razón), no podían orientarse personalmente en esta dirección, quedaban privados de la visión beatífica para siempre, pero habían de disfrutar eternamente una felicidad *natural* como correspondería a cualquier ser humano *en su propio nivel* (sin la gracia de la elevación). De aquí nació la doctrina del *Limbo de los niños*.

3. Dios nos interpela en Su Palabra

Por medio de Su Palabra, expresada en las Sagradas Escrituras, Dios se revela a Sí mismo como Hacedor del hombre, como su Principio y Fin último, como su Salvador Necesario y Suficiente, exigiendo de él una *respuesta* de la que depende el destino eterno de la persona, puesto que, sin esta respuesta de *fe*, *«es imposible agradar a Dios»* (Hebr. 11:6). Esta Palabra interpela también a las iglesias (*«El que tiene oído, oiga lo que el Espíritu dice a las iglesias»* —Apoc. 2:7, 11, 17, 29; 3:6, 13, 22) para que se percaten de la santidad de Dios y de la continua necesidad de *un cambio de mentalidad* («metánoia») respecto a la interpelación que nos lanzan los atributos divinos a los que formamos el «pueblo de Dios». Esta Palabra interpela, por fin, al exegeta y al teólogo, al pastor y al maestro, para que, con humildad orante, la estudien, la hagan carne de su vida y la irradien al exterior por la predicación, la enseñanza y el testimonio. Es así como nosotros podremos, como Felipe, satisfacer el anhelo de las gentes que nos digan: *«Señor, quisiéramos ver a Jesús»*, después de haberle dicho a Jesús, también como Felipe, *«Señor, muéstranos el Padre»* (Juan 12:21 y 14:8).

4. La Palabra Revelada y la Palabra Encarnada

La Epístola a los Hebreos comienza diciendo que *«Dios, habiendo hablado muchas veces y de muchas maneras en otro tiempo a los padres por los profetas, en estos postreros días nos ha hablado por el Hijo, a quien constituyó heredero de todo, y por quien asimismo hizo el universo; el cual, siendo el resplandor de su gloria, y la imagen misma de su sustancia, y quien sustenta todas las cosas con la palabra de su poder, habiendo efectuado la purificación de nuestros pecados por medio de sí mismo, se sentó a la diestra de la Majestad en las alturas».* ¡He aquí el mejor compendio de Cristología y Soteriología!

Así que, Dios, que nos dejó en su Palabra Revelada o Santa Biblia la revelación directa y especial de Su carácter y de Su mensaje, nos envió su propia Palabra Personal o *Verbo*, para que, haciéndose hombre como nosotros, nos tradujese con exactitud a nuestro lenguaje y nos interpretase auténtica y claramente al Dios a quien *«nadie vio jamás»* (Juan 1:1, 14, 18). Así, mirando a la cara de ese hombre, que es Jesucristo, vemos al Padre (Juan 14:9); escuchando sus palabras, oímos *«las palabras de Dios»* (Juan 3:34). Por eso, la Revelación que Dios nos ha hecho en la Persona, en la Doctrina y en la Obra de Jesucristo, es definitiva y exhaustiva, en cuanto es dado conocer a seres humanos en esta vida. En Cristo, todas las promesas de Dios tienen su *«Sí»* y su *«Amén»* (2.ª Corintios 1:20): su *afirmación* y su *confirmación* selladas y definitivas; tanto que el Espíritu Santo se limitará a *enseñar* y *recordar* lo que Cristo reveló, sin pretender añadir *«nuevas* revelaciones» (Juan 14:26).

Estas conclusiones revisten una peculiar importancia. Para no dejarnos seducir *«por estratagema de hombres que para engañar emplean con astucia las artimañas del error»* (Ef. 4:14), hemos de estar persuadidos, por la convicción de la Palabra de Dios, de que *la verdad sobre Dios* está contenida en *«la fe que ha sido una vez dada a los santos»* (Judas, vers. 3). Por tanto, puede y debe crecer nuestro conocimiento y nuestra vivencia de la misma, pero no puede crecer el contenido objetivo que nos muestran las proposiciones gramaticales en las que está dicha verdad expresada.

«El unigénito Hijo, que está en el seno del Padre, él le ha dado a conocer» (Juan 1:18). Los secretos misterios de salvación, que Yahveh guardaba celosamente en su pecho,

nos los ha declarado «a sus amigos» Aquél que, desde la
eternidad, tiene Su origen y su morada en el seno del Padre. «¡*Gracias a Dios por su don inefable!*» (2.ª Cor. 9:15).

CUESTIONARIO:

*1. ¿Qué hay de peculiar en el conocimiento que el hombre
adquiere acerca de Dios? — 2. Revelación General y Revelación Especial, ¿forman dos planos superpuestos? —
3. ¿Cómo interpela la Palabra de Dios al pecador, al creyente y al maestro? — 4. Carácter definitivo de la Revelación que Dios hace de Sí en Jesucristo.*

Segunda parte

La naturaleza
de Dios

LECCION 7.ª EL SER DE DIOS

Al entrar en este terreno, viene a las mientes aquel pasaje en que Zofar pregunta:

> «¿Descubrirás tú los secretos de Dios?
> ¿Llegarás tú a la perfección del Todopoderoso?
> Es más alta que los Cielos; ¿qué harás?
> Es más profunda que el Seol; ¿cómo la conocerás?
> Su dimensión es más extensa que la tierra,
> Y más ancha que el mar» (Job 11:7-9).

Sin embargo, con la cerviz humillada y los pies descalzos, vamos a ensayar el acercarnos a la zarza que ardía y no se consumía, para que Dios nos dé El mismo su definición (cf. Ex. 3:1-14).

1. ¿Puede ser definido el ser de Dios?

Para conocer la naturaleza de algo, intentamos *definirlo*. Ahora bien, *definir* es un vocablo, derivado del latín, que significa *establecer los precisos límites*. Por tanto, sólo se puede dar una definición propia cuando se puede clasificar algo con precisión dentro de un determinado género y especie, mediante una característica que lo diferencie de los demás. Ahora bien, Dios es un Ser Puro, Sumo y Trascendente, que está por encima de géneros, especies y diferencias, puesto que abarca en Sí la perfecta plenitud cualitativa de todo ser. De aquí se sigue que no podamos dar de Dios una definición sintética, sino solamente aproximada y *descriptiva*.

La Biblia nos dice que «*Dios es luz*» (1.ª Juan 1:5), que «*Dios es amor*» (1.ª Juan 4:8, 16); que «*Dios es Espíritu*» (Juan 4:24) y, sobre todo, que Dios es «*santo, santo, santo*» (Is. 6:3), o sea, *Santísimo,* puesto que en esa forma de triple repetición expresa el hebreo el superlativo. Todo lo que es cualitativamente bueno y valioso, todo lo que expresa vida y poder, se encuentra en Dios en grado perfecto e infinito. A esa gama de perfecciones llamamos *atributos de Dios.* En ellos se refracta, por decirlo así, el Ser de Dios, único y puro, como se refracta el blanco del espectro solar a través de un prisma.

Nuestra mente limitada considera esos atributos divinos por separado, como si fuesen cualidades diversas de un mismo ser, pero todos ellos se funden armónicamente en el simplicísimo e infinito Ser de Dios; así, en Él, el amor es santo y justo, como la justicia es santa y amorosa, etcétera. Más aún, mientras los demás seres pueden ser buenos, bellos, verdaderos, vivientes, etc., Dios es la Bondad misma (ahí apunta lo de Mat. 19:17; Marc. 10:18; Lucas 18:19), la misma Vida, la Belleza y la Verdad, porque en Dios están en toda su pureza, en grado infinito e identificadas con Su mismo Ser (*cf.* Juan 14:6). Por eso, Dios es la fuente primera de todo bien y de Él desciende a las creaturas cuanto es bueno (Sant. 1:17).

2.   ¿Qué definición ha dado Dios de Sí mismo?

Para un judío, una persona se define por su «nombre», hasta el punto de que el «nombre» sustituye a la persona (*cf.* Filip. 2:9-10). Por eso, la definición más expresiva de Dios es la que Él dio de Sí mismo, ante el requerimiento de Moisés:

> «*Dijo Moisés a Dios: He aquí que llego yo a los*
> *hijos de Israel, y les digo: El Dios de vuestros*

*padres me ha enviado a vosotros. Si ellos me pre-
guntaren: ¿Cuál es su nombre?, ¿qué les respon-
deré?*

»Y respondió Dios a Moisés: YO SOY EL QUE
SOY. *Y dijo: Así dirás a los hijos de Israel:*
YO SOY *me envió a vosotros»* (Ex. 3:13-14).

A la vista del original hebreo, y guiados por uno de los
mejores comentaristas judíos, vamos a analizar este texto,
que tiene suma importancia, no sólo para la definición del
Ser de Dios, sino también para esquivar los peligros de
versiones inexactas, como son las de los LXX, de la Vulgata Latina y de la Biblia que usan los Testigos de Jehová.

Por el contexto vemos que Moisés, aun apelando a un
«Dios conocido» (*«El Dios de vuestros padres»*), pregunta
por Su «Nombre», no tanto por la etiqueta que puedan
ponerle, como por los *hechos* poderosos que le den *fama*
ante las demás naciones; por eso ese *«¿Cuál es su nombre?»* equivale, según Hertz,[1] a preguntar: «¿Cuáles son
los hechos poderosos (comp. Ex. 9:16) que puedes referirnos de Él —cuál es su poder— para que podamos dar
oídos al mensaje que nos traes de Su parte?»

Dios responde: «YO SOY EL QUE SOY»; en hebreo
«Ehyeh asher ehyeh». El verbo está en imperfecto, por
lo que podría traducirse en futuro: «Yo seré el que seré»
(en esta forma se aproxima al verdadero sentido, aunque
modificado, la versión de los Testigos que dice: «Yo resultaré ser el que resultaré ser.» Pero hay que tener en
cuenta que el verbo hebreo no tiene presente, sino sólo
perfecto, imperfecto y participios. Ahora bien, el perfecto
y el imperfecto no coinciden propiamente con nuestro *pre-
térito* y nuestro *futuro,* sino que el *perfecto* enuncia una
acción terminada y el *imperfecto* algo sin terminar. Por
tanto, la existencia eterna, sin fin, de Dios *sólo se puede
enunciar en imperfecto.*

---

1. *O. c.*, p. 215.

El «YO SOY» del v. 14 (también «*ehyeh*» en hebreo) viene así a ser un nombre propio de Dios. Los LXX lo vierten al griego por «*ho ōn*» (participio de presente), y la Vulgata Latina por «*qui est*», en vez del «*ego sum*» o «*ego ero*» («el yo soy» o «el yo seré») que sería más correcto. En el versículo 15, el mismo verbo «*ehyeh*» aparece estereotipado ya bajo la forma arcaica, de la misma raíz, *Yahveh* o *Yehovah* (que nuestras versiones traducen, con pronunciación incorrecta, por «Jehová»). Como el hebreo no ha tenido vocales hasta hace pocos siglos, en que se le añadieron para facilitar la lectura, este nombre se ha expresado siempre en cuatro letras: YHVH. De ahí que se le llame el «tetragrámmaton» (del griego «tetra» = cuatro, y «gramma» = letra). La primitiva transcripción era: «Yahveh» o «Yahweh» (la transcripción «Yave» de la versión Nácar-Colunga tiene el inconveniente de escamotear el «tetragrámmaton»); pero los judíos, para evitar la escritura y la pronunciación del «Nombre Inefable», le dieron la vocalización de «Adonah» o «Adonai» = Señor, con lo que resultó «Yehovah». Ahora bien, cualquiera que entre en una sinagoga, oirá la repetición de «Adonái, Adonái», pero nunca oirá de labios de un judío «Yahvéh» o «Yehováh».

3. ¿Cuál es el verdadero significado del tetragrámmaton «YHVH»?

Como dice Hertz,[2] el «YO SOY EL QUE SOY», como el nombre YHVH, indica el Dios eterno que existe por sí mismo, en la unicidad y espiritualidad de la Naturaleza Divina; exactamente lo contrario de todas las formas de idolatría, de seres humanos, celestiales o animales que prevalecían en el resto de la tierra. Pero el «YO SOY EL QUE SOY» no tiene un contenido abstracto o *metafísico*, sino que enfatiza más bien *la manifestación activa de la*

---

2. *Ibidem.*

existencia divina. «Para los israelitas que se veían en la esclavitud —dice Hertz— el sentido sería: "Aunque todavía no ha desplegado todo Su poder en vuestro favor, *El lo hará* (de ahí el imperfecto); El es eterno y de cierto os ha de liberar".»

Por tanto, podemos decir que el nombre «YHVH» que define a Dios, indica tres conceptos, que los modernos comentaristas (judíos y cristianos) escalonan así:

A) Dios es *trascendente, inefable.* Por tanto, no hay palabras que puedan expresar lo que Dios es y lo que puede hacer por su pueblo.

B) Dios *existe por sí mismo;* tiene en Sí mismo la fuente del ser, de la vida y del poder. Por eso, *ha sido siempre y será:* es eterno.

C) Dios *no cambia:* Su eterna fidelidad y su misericordia inmutable se manifestarán más y más (éste es siempre el *hecho* seguro, aunque se desconozca el *modo*) en la liberación y guía de Su pueblo. Les basta a los israelitas el saber que el mismo Dios que estuvo con Abraham, con Isaac y con Jacob estará con ellos.

4. El «esse per se subsistens»

Los escritores eclesiásticos y los teólogos de todos los tiempos han visto en el «YO SOY EL QUE SOY» (no sin motivo, como hemos visto) la expresión del «*existir por sí mismo*» que distingue radicalmente a Dios de todos los demás seres y que es, por decirlo así, el concepto primordial de la naturaleza divina, del que todos los atributos divinos fluyen espontáneamente y en el que todos encuentran su pureza, su infinidad y su perfección. La Teología Medieval lo acuñó en la frase latina «esse per se subsistens» = el ser que existe y subsiste por sí mismo, de donde le ha venido a este concepto el nombre de «aseidad» o «perseidad». Sin embargo, es preciso insistir en que no se trata de un concepto metafísico, frío, abstracto, sino de *una manifestación activa y concreta del eterno ser de Dios.*

CUESTIONARIO:

1. ¿Por qué no podemos dar una precisa definición de Dios? — 2. ¿En qué sentido podemos hablar de «atributos» dentro del ser divino? — 3. ¿Cuál es la correcta exégesis de Exodo 3:13-15? — 4. ¿Qué conceptos incluye el «YO SOY EL QUE SOY» o el tetragrámmaton YHVH, que Dios ofreció como definición de Sí mismo?

LECCION 8.ª LOS NOMBRES DE DIOS

1. Nombres simples

Aunque Dios se definió a Moisés como el «YO SOY» (Ex. 3:14), la Escritura nos presenta muchos otros nombres descriptivos del ser y atributos o cualidades de Dios, siempre en relación con los demás seres, pues la propia intimidad de su ser trascendente siempre queda oculta. De estos nombres, varios son simples; otros son compuestos de «El», singular de «Elohim»; otros, muchos más, de YHVH (Jehová). Tres son los simples:

A) EL, ELAH o ELOHIM. *Elohim* es el primer nombre que se aplica a Dios en la Biblia (Gén. 1:1) y connota una descripción genérica del ser de Dios, en cuanto que es Creador y Gobernador de todos los seres. Se usa al hablar de Dios en su relación con las gentes. No es nombre *propio* del Dios verdadero, pues la Biblia lo usa también con referencia a los dioses falsos (e.g. Sal. 95:3), a hombres (e.g. Gén. 33:10) y, especialmente, a los gobernadores y jueces (e.g. Sal. 82:6, comp. con Jn. 10:34), por ejercer una función que pertenece a Dios. Está en plural para denotar intensidad de poder y énfasis mayestático, pero no indica, de suyo, pluralidad de personas; lo cual es obvio en lugares como Gén. 1:1, donde el verbo está en singular.

B) 'ADONAI o ADONAY. Este nombre, que nuestras versiones vierten por «Señor», indica de una manera especial el gobierno omnipotente de Dios, a quien todo está sujeto.

Se refiere principalmente a los hombres y las naciones, mientras Elohim presenta a Dios como Gobernador general del Universo. El hecho de que los judíos sustituyan la pronunciación de «Yahveh» por la de «Adonai» presta a este último nombre un matiz de misericordia y condescendencia, mientras reservan a *Elohim* la justicia y el gobierno sobre las naciones.[3] El griego del N. Testamento lo vierte por «kyrios» = señor,[4] aplicándoselo a Jesucristo, lo cual es una prueba palmaria de su divinidad.

C) YAHVEH (abreviado: *Yah*) o YEHOVAH (Jehová). Después de lo dicho en la lección precedente, sólo añadiremos que éste es el nombre con que el A. Testamento nos presenta a Dios en relación salvadora respecto de Su pueblo, tanto que, en un mismo versículo, aparecen ambos nombres (Jehová y Elohim) clarificando la distinta relación que connotan. La connotación salvífica de *Yahveh* o *Yah* se hace aún más manifiesta en el nombre compuesto *Yeh-Osuah* o *Jesús* (Dios-salva), que es precisamente el nombre de nuestro Salvador. Sólo en el gran Día de la Expiación era permitido al Sumo Sacerdote pronunciar en el Templo el inefable nombre del «YO SOY» (Jehová), mientras que todo el pueblo caía sobre sus rostros, diciendo: «Bendito sea Su Nombre, cuyo Reino glorioso es por los siglos de los siglos» (comp. con Luc. 1:31, 33 y con Jn. 18:6, donde al pronunciar Jesús «YO SOY», los que le van a prender retroceden y caen sobre sus rostros).

2. **Nombres compuestos con «El»**

A') EL SHADDAI. Suele traducirse por el «Dios Todopoderoso», con lo que vendría a equivaler al griego *Pantokrator*. Sin embargo, esta traducción que tanta aceptación ha encontrado entre los teólogos, se debe a una incorrecta versión de la Vulgata Latina (la omnipotencia va ya in-

---

3. Véase J. H. Hertz, *o. c.*, pp. 6-7.
4. Del griego «kyros» = poder.

cluida en *Elohim*). Su verdadero sentido es, como hace notar Hertz,[5] «Dispensador de beneficios». Scofield hace notar con acierto [6] que *Shaddai* procede de «shad» = pecho, que en la Escritura se usa invariablemente con referencia al pecho femenino, de donde el niño impaciente y hambriento saca el alimento, el descanso y la satisfacción; de modo que podría traducirse por «El Todo-Suficiente», que sustenta a Su pueblo, del que también espera fruto (*cf.* Gén. 17:1-8), y al que corrige para que lleve fruto (*cf.* Job 5:17-25).

B') EL ELYON. Este nombre que el N. Testamento vierte por «hypsistós Theós», o sea, *el Dios Altísimo* (Gén. 14:18, 19, 22; Sal. 78:35), indica a Dios como el que, desde arriba, es el «poseedor de todos los bienes del Cielo y de la Tierra». Es curioso que un gentil como Melquisedec (que significa «rey de justicia»), rey de Salem (que había de ser la sagrada «ciudad de paz» = «ieru-shalaim», Jerusalem), conociese a Dios por este nombre y le sirviese como rey-sacerdote, por lo que Abraham se apresura a ofrecerle los diezmos de todo. El hecho de que el Evangelio presente a Jesús como «Hijo del Dios Altísimo», nos indica que, cómo Hijo Unigénito, a él le pasa toda la herencia de Dios, de la que somos co-herederos por la gracia de la justificación y la inhabitación del Espíritu que nos ha hecho «hijos de Dios» (Rom. 8:17).

C') EL 'OLAM. Se traduce por el «Dios Eterno». El vocablo hebreo «'olam» tiene diversos significados, aunque su sentido primordial es el de algo «oculto»; de ahí que signifique: a) *un tiempo oculto,* al que no se le conoce principio ni fin; en este sentido se aplica a Dios, para designar Su eternidad; así tenemos también la expresión «me'olam 'ad 'olam» = desde el tiempo hasta el tiempo, o sea, desde la eternidad y por toda la eternidad (Salmo

---

5. *Ibid.,* p. 58.
6. V. *Biblia anotada de Scofield* (Barcelona, CAGSA, 1971), páginas 24-25.

90:2); b) *el afán de investigar todo el mundo,* correspondiendo al «aión» griego, como en Ecles. 3:11.[7] Ambas ideas de algo *secreto,* inescrutable (Rom. 11:33-34), y de *eterno* (Gén. 21:33) se combinan en el nombre «El 'Olam».

3. Nombres compuestos con «Yahveh» o «Jehová»

A") JEHOVÁ ELOHIM. Aparece por primera vez en Génesis 2:4 (vers. donde debería empezar el capítulo, como nota Hertz).[8] Los dos principales nombres de Dios aparecen aquí combinados, cuando el Génesis, después de referirnos la creación del hombre *como parte del Universo* salido de las manos de Dios, se dispone a centrar nuestra vista en el detalle de la formación del primer hombre y de la primera mujer en su propio «hábitat», preliminar a la tentación y a la consiguiente expulsión del Paraíso. Así pues, este doble apelativo señala *una relación peculiar de Dios con el hombre,* como el Poderoso Salvador a quien, a pesar de los fallos humanos, no se le escapan las riendas de la Historia (Gén. 3:15).

B") ADONAY JEHOVÁ. Esta combinación, que aparece primeramente en Génesis 15:2, sirve para cargar un énfasis especial en el carácter de «Señor Bondadoso y Poderoso» que Dios tiene con Sus hijos, más bien que en la misma trascendencia que el nombre YHVH comporta. Es de notar el contexto, en que Abraham suplica a Dios como «supremo galardón» un hijo, heredero de las promesas (*cf.* Gén. 12:1-3).[9] Génesis 15:6 es clave para todo el concepto novotestamentario de justificación por la fe.

C") YAHVEH TSEBAOTH. Nuestras versiones escriben

---

7. Véase E. F. Leopold, *Lexicon Hebraicum et Chaldaicum* (Lipsiae, 1905), pp. 283-284.
8. *O. c.,* p. 6.
9. Hertz (*o. c.,* p. 54) hace notar aquí la actitud del Padre del Pueblo judío, Abraham, hacia «su hijo», seguida por toda la tradición judía (y cristiana —podemos añadir—), que se refleja en el gran afecto hacia los niños, en contraposición a la actitud de los griegos.

«Jehová de los ejércitos» o «Jehová de Sabaoth». Escribiendo «Sabaoth» o «Sebaoth» se le pierde la pista al verdadero nombre hebreo, que comienza por la letra *ts*. ¿Qué significado tiene este «Tsebaoth»? Su verdadero sentido es «los ejércitos celestes». Se ha discutido si esto se refiere a los astros o a los ángeles (es curioso que Apoc. 1:20 una los dos vocablos, aunque el sentido pueda ser diverso). Este título no se encuentra en el Pentateuco, ni directamente en Josué ni Jueces, raras veces en los Salmos, pero copiosamente en Jeremías, Hageo, Zacarías y Malaquías. Un excelente resumen lo ofrece la *Biblia Anotada de Scofield,* que dice así: «1) Los "ejércitos" son celestiales. El título se refiere en primer lugar a los ángeles, pero incluye también la idea de *todo* el poder divino o celestial que está a la disposición para suplir las necesidades del pueblo de Dios (Gén. 32:1, 2; Is. 6:1-5; 1.° Rey. 22:19; Luc. 2:13-15). 2) En su uso general, éste es el título distintivo de la Deidad en relación con la ayuda y consolación divinas ofrecidas a Israel en sus tiempos de división y de fracaso (1.° Rey. 18:15; 19:14; Is. 1:9; 8:11-14; 9:13-19; 10:24-27; 31:4-5; Hag. 2:4; Mal. 3:16, 17; Stg. 5:4).» L. Alonso-Schökel propone traducir: «Yahvéh *de las huestes.»*

D") Finalmente, hay ocasionalmente en la Biblia otros muchos nombres, compuestos con *Jehová* o YHVH, que nos limitaremos a enumerar: a) *Jehová-jireh* = «Dios provee» (Gén. 22:13, 14); b) *Jehová-rafah* = «Dios sana» (Exodo 15:26); c) *Jehová-nissi* = «Dios es nuestra bandera» (Ex. 17:8-15); d) *Jehová-shalom* = «Dios es nuestra paz» (Jue. 6:24); e) *Jehová-ra'ah* = «Dios es mi pastor» (Salmo 23:1); f) *Jehová-tsidkenú* = «Dios es nuestra justicia» (Jer. 23:6), y g) *Jehová-shammah* = «Dios está presente» (Ez. 48:35).

CUESTIONARIO:

1. ¿Qué sentido tienen los nombres «Elohim» y «Yahveh» aplicados a Dios? — 2. ¿Qué importancia recibe, en el contexto novotestamentario, la versión de «Adonai» por el griego «kyrios»? — 3. ¿Qué connotan dichos tres nombres cuando se hallan combinados entre sí? — 4. ¿Cuál es el verdadero sentido de «Shaddai»? — 5. ¿Qué indica el vocablo «Tsebhaoth» o «Sabaoth» aplicado a Dios? — 6. ¿Qué puede significar el «Dios Altísimo» de Génesis 14:18? — 7. Sentido de la palabra «'Olam». — 8. Otros nombres compuestos de Dios, que aparecen en el hebreo del Antiguo Testamento.

LECCION 9.ª
LOS ATRIBUTOS DE DIOS EN GENERAL

1. Noción de «atributo» en Dios

Por «atributo» divino entendemos *toda perfección caracteristica de Dios, que la Santa Biblia nos presenta como perteneciente al Ser divino y capaz de ser manifestada a Sus creaturas.* Estas perfecciones son *realidades* afincadas en la propia esencia de Dios, no como cualidades adheridas al Ser de Dios (como si fueran clavos hincados en un trozo de madera), sino como algo que, conjuntamente y sin división, constituye la *plenitud* del Ser de Dios.

Aquí necesitamos establecer una radical distinción entre las *perfecciones* divinas y las *cualidades* humanas o las *propiedades* de cualquier ser creado. Todo ser creado posee propiedades que necesariamente *fluyen* de su misma esencia, aunque no la lleguen a constituir en sí misma, como el uso de la razón en el hombre, o cualidades que se pueden adquirir y perder, como la sabiduría y la honradez. En cambio, los atributos divinos son algo *constitutivo* en la esencia divina; nada hay en Dios que sea sobreañadido; nada puede adquirir o perder.

2. Los atributos divinos y la unidad del Ser de Dios

Al llegar a este punto tenemos que huir de los siguientes extremos:

A) Del nominalismo. «Nominalismo», en el presente contexto, se refiere al sistema filosófico según el cual (concretándonos al Ser divino) las perfecciones que la Biblia atribuye a Dios son meros *nombres* o meras etiquetas de referencia, a las que no corresponde ninguna realidad en el seno de la divinidad.

B) Del conceptualismo. El conceptualismo afirma que no se trata de meras etiquetas, pero se conforma con decir que dichos atributos son distintas expresiones *conceptuales* de una sola realidad divina. Según ellos, así como el mismo sol ablanda la cera y endurece el barro, podríamos decir que Dios es una uniforme, indistinta, realidad, que sólo admite variación en el modo de concebirla, sin variedad alguna que afecte al simplicísimo Ser de Dios.

C) Del realismo exagerado, según el cual las perfecciones divinas serían *realidades diversas* que, todas juntas, formarían la esencia divina.

Contra todos estos errores, guiados por la misma palabra de Dios, afirmamos que los atributos divinos son perfecciones divinas *distintas entre sí,* pero de tal manera afincadas en la plenitud única e infinita del Ser de Dios, que cada una de ellas participa de la infinita plenitud de ese divino Ser y ninguna puede existir ni actuar en oposición a, ni en separación de, las demás. Por ejemplo: «Dios es Amor», o sea, no sólo *tiene* amor, sino que el Amor mismo, infinito y subsistente, pertenece a Su mismo *Ser* divino; pero este Amor no puede existir ni actuar divorciado de Su Justicia, ni de Su Sabiduría, ni de Su Poder, porque todo ello entra, sin añadidura ni división, *en la propia esencia* del Ser de Dios.

Más aún, estos *atributos* o estas *perfecciones* de Dios de tal manera pertenecen al Ser de Dios, que sin ellos la esencia divina sería un nombre vacío de realidad y, sin su manifestación, el Ser de Dios nos resultaría imposible de conocer.

3. Modo de determinar los atributos divinos

En su intento de construir una *Teología Natural,* la Teología Escolástica Medieval propuso tres *vías* para determinar los atributos de Dios: A) la vía de la *causalidad,* por la que todas las perfecciones *puras* [10] que se encuentran en los seres creados han de atribuirse también a Dios, pues lo que se encuentra en un efecto *total,* ha de encontrarse en la causa; así ha de haber en Dios vida, inteligencia, etcétera, porque las hay también en las obras de Dios; B) la vía de la *negación,* por la que dichas perfecciones se atribuyen a Dios *sin* las limitaciones e imperfecciones que tales cualidades comportan en los seres creados; por ejemplo, nuestra vida es efímera, mientras que en Dios no puede serlo; nuestra inteligencia necesita del raciocinio, lo cual no puede darse en Dios, quien todo lo conoce en un solo golpe de vista, etc.; C) la vía de la *eminencia,* por la que todas las perfecciones puras que se encuentran en los seres creados deben encontrarse en Dios de una manera *sustantiva* (no accidental) y en grado *infinito.* La Teología Natural ha tratado también de *demostrar* los atributos esenciales divinos (simplicidad, unidad, infinitud, etcétera) por *derivación* de un solo atributo que constituyese, por decirlo así, la *esencia metafísica* de Dios, y en que todos ellos encontrasen su fuente y explicación. La opinión casi unánime de los teólogos escolásticos es que dicha *esencia metafísica* o atributo primordial de Dios consiste en la *perseidad* (Dios existe por Sí mismo; tiene dentro de Su ser la razón misma de existir). El texto clave, que todos ellos citan, es Ex. 3:14: «YO SOY EL QUE SOY». Sin embargo, ya apuntamos en la lección anterior

---

10. Se llaman perfecciones *puras* las que, *en su mismo concepto,* implican perfección sin mezcla de límite o imperfección (como la vida, la inteligencia, etc.). En cambio, se llaman *mixtas* cuando. en su propio concepto, implican alguna imperfección (como la materia, el raciocinio, el cambio, etc.).

que dicho texto no tiene primordialmente un sentido *metafísico*.[11]

La única y verdadera *vía* para determinar los atributos divinos de forma correcta consiste en estudiar la Palabra de Dios, en que El ha tenido a bien revelarse a nosotros como es, no como nosotros nos lo podemos figurar. Toda genuina Teología *Sistemática* ha de tener como fuente precisa una Teología *Bíblica*. A la luz de todo lo que la Santa Biblia dice del Ser de Dios en la multiforme manifestación de Sus perfecciones, podemos atisbar la naturaleza de los atributos divinos, su integración en la naturaleza divina y su necesaria interrelación. Por supuesto, nuestra mente, con el previo don de la fe y la iluminación del Espíritu, podrá penetrar más y más, en el estudio y la oración, en el gozoso y enriquecedor conocimiento de las divinas realidades.

4. Clasificación de los atributos divinos

Clasificar los atributos divinos satisfactoriamente, dentro de una determinada cuadrícula, es casi tan difícil como encontrar una *definición* del ser divino.

Hay clasificaciones para todos los gustos: *absolutos y relativos; naturales y morales; inmanentes y transitivos; quiescentes y operativos; comunicables e incomunicables;* [12] hay quienes combinan algunas de ellas *(absolutos o inmanentes y relativos o transitivos);* [13] Ninguna de estas clasificaciones nos parece satisfactoria y, tras mucha reflexión y en espera de otra mejor, proponemos la siguiente: *ónticos, operativos y morales.*

En efecto, si Dios hizo al hombre a Su imagen y semejanza, podremos rastrear la imagen de Dios a través del

---

11. Cosa que, por fortuna, admiten los modernos teólogos y exegetas católicos.
12. Esta es la admitida por Berkhof (*o. c.,* pp. 55-56).
13. Así Strong, *o. c.,* pp. 247-249.

ser humano: esta imagen, según el Génesis, consiste en tres elementos: superioridad (libertad dominadora), inteligencia, y rectitud. De ahí que el hombre tenga su peculiar *ontología, psicología y ética.* Aplicándolo a Dios, podemos investigar en Su Palabra tres clases de perfecciones que nos digan: A) *qué es* Dios; B) *qué hace* Dios en Su intimidad; C) *cómo se comporta* Dios. Así tendremos:

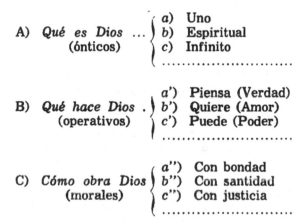

A) *Qué es Dios* ...
   (ónticos)
   - *a)* Uno
   - *b)* Espiritual
   - *c)* Infinito
   - ....

B) *Qué hace Dios* .
   (operativos)
   - *a')* Piensa (Verdad)
   - *b')* Quiere (Amor)
   - *c')* Puede (Poder)
   - ....

C) *Cómo obra Dios*
   (morales)
   - *a")* Con bondad
   - *b")* Con santidad
   - *c")* Con justicia
   - ....

El estudio de estos atributos divinos nos ocupará durante las nueve lecciones que van a continuación.

CUESTIONARIO:

1. *¿Qué entendemos por «atributo», aplicado a Dios? —* 2. *¿En qué forma y medida se relacionan los atributos divinos con el Ser de Dios? — 3. ¿Cuál es la correcta vía para determinar los atributos divinos? — 4. ¿Qué vías propuso la Teología Medieval? — 5. ¿Cómo podemos clasificar de alguna manera los atributos divinos?*

LECCION 10.ª LA UNIDAD DE DIOS

1. Clases de unidad

Los filósofos distinguen tres clases de unidad:

A) UNIDAD PREDICAMENTAL O NUMÉRICA. Es la que corresponde a un ser como «uno entre muchos de la misma clase». En este sentido decía nuestra primera Enciclopedia escolar: «La unidad es el *uno* de todas las cosas.» Dios carece de esta unidad porque El es un Ser completamente diferente de los demás; por eso, no puede ser *uno* de una serie.

B) UNIDAD TRASCENDENTAL O ESENCIAL. Es aquella por la que un ser está *integrado en sí mismo* y diferenciable de cualquier otro. Cuanto más *perfecto* es un ser, más perfectamente integrado se encuentra. Así, una piedra no tiene más unidad que la que le presta la cohesión material de sus moléculas; una planta tiene más unidad merced a un principio vital evolutivo; un animal es un ser vivo sentiente y semoviente; un hombre se sabe integrado y se posee en su personalidad (el pecado lo ha desintegrado hasta cierto punto; el primer hombre estaba perfectamente integrado psicológica y moralmente antes de la caída); distintos grupos se *unen* en sus ideas, gustos, intereses, etcétera; la Iglesia es *una* por la unidad del Espíritu que la forma y la informa, etc. Dios es la perfección de la unidad de integración, por la pura y simple perfección de Su Ser, en el que se afincan sustantiva e infinitamente Sus atributos.

C) UNIDAD DE SINGULARIDAD O UNICIDAD. Es aquella por la que un ser es algo *único* en su especie. En este sentido decimos que nuestro Dios es *el único* Dios verdadero.

2. Dios es el Puro Ser

La integración esencial o unidad trascendental de un ser depende de la *pureza* de su ser; es decir, de su *simplicidad* (en cuanto que este término se opone a *composición*) y de su *perfección*. Pongamos un ejemplo: Cuando yo tomo un anillo, una moneda, etc., y digo: «esto es oro *puro*», quiero decir dos cosas: 1) «esto es *todo* oro»; 2) «esto es *sólo* oro». Por tanto, la falta de unidad trascendental le viene a un ser, o porque es *limitado* (su ser es relativo, es contingente, alberga en sí el no-ser), o porque es *compuesto* (consta de diversas partes, de distintos elementos).

Ahora bien, *Dios tiene* (como vimos ya) *en Sí mismo la razón de Su existencia;* El no *tiene* el ser prestado, sino que *es* el ser. El ser en sí equivale a ser el «ser en plenitud» y «el solo ser». Luego Dios es un puro «Ser» simple e infinito. ¿Por qué? Sencillamente, porque el ser *que existe por sí mismo* contiene toda perfección que pueda competer a cualquier ser, puesto que no tiene causa intrínseca ni extrínseca que lo limite, ya que el ser no puede incluir en su propio concepto el no-ser, y, por otra parte, no siendo causado por otro, no hay nadie que lo limite. Por otro lado, toda composición implica la unión de varias cosas distintas. Cuando una cosa es distinta de otra, es porque tiene algo que la otra no tiene; por tanto, ambas tienen el ser *limitado* por un no-ser. Pongamos un ejemplo en esta materia tan «metafísica»: el agua se compone de oxígeno y de hidrógeno; ambos tienen distinta naturaleza y distintas propiedades: el oxígeno tiene *algo* que no tiene el hidrógeno, y viceversa; se complementan, porque ninguno de los dos tiene el ser en plenitud. Comoquiera que Dios tiene el ser en plenitud, todo lo que podamos concebir en Dios tiene que existir *puro* y *sencillo;* o sea, en plenitud del ser y sin composición. Por eso, no sólo decimos que Dios es vivo, sino que es la *Vida;* no sólo que es verdadero, sino que es la *Verdad;* no sólo que es bueno, sino que es la *Bondad.* En pocas palabras, *todo cuanto significa pura perfección se encuentra en Dios identificado con Su propio Ser, sin limitación y sin composición.* Todo esto no es mera especulación filosófica, producto de la razón humana. EL HECHO DE QUE LA BIBLIA IDENTIFIQUE LAS PER- FECCIONES CON DIOS EN FORMA DE SUSTANTIVOS Y NO SOLO DE ADJETIVOS, NOS DA PIE SUFICIENTE PARA DEDUCIR ESTAS CONCLUSIONES CON LA RA- ZON ILUMINADA POR LA FE.

Esta es la razón por la que dijimos que los atributos divinos son *inseparables,* ya que, estando todos afincados en la plenitud del ser, la falta de uno comprometería la plenitud del ser divino. Por eso, la vida de Dios forzosa- mente ha de ser buena y verdadera; Su verdad es viva y buena; su bondad es viva y verdadera.

De esta plenitud pura y sencilla del Ser Divino fluyen espontáneamente todos los demás atributos. Consideramos a continuación el más íntimamente ligado a esta *unidad pura y sencilla de Dios.*

3. Dios es inmutable

Cuando decimos que Dios es *inmutable,* no queremos dar a entender que Dios no siente afecto, amor, simpatía, etcétera (como cuando decimos: «Fulano no se *inmuta* por nada»), sino que Dios no puede *cambiar:* no puede cam- biar Su naturaleza y no puede cambiar Su conducta; la razón es clara: todo lo que cambia es porque pierde algo que tenía o porque adquiere algo que no tenía; el continuo cambio que se observa en los seres creados es producto de este flujo y reflujo, de la asimilación y de la desasi- milación; toda la dinámica del Universo es un continuo *devenir:* un hacerse y deshacerse. Ahora bien, Dios es el *puro* ser sin límites ni composición. Por tanto, no puede perder nada de lo que tiene (quedaría limitado), ni adquirir nada nuevo (quedaría compuesto). Pero veamos cómo lo dice la Biblia:

> *«Desde el principio tú fundaste la tierra, y los cielos son obra de tus manos. Ellos perecerán, mas tú permanecerás; y todos ellos como una vestidura se envejecerán; como un vestido los mudarás, y serán mudados; pero TU ERES EL MISMO, y tus años no se acabarán»* (Sal. 102:25-27).

> *«PORQUE YO JEHOVA NO CAMBIO; por esto, hijos de Jacob, no habéis sido consumidos»* (Malaquías 3:6).

> *«Toda buena dádiva y todo don perfecto desciende de lo alto, del Padre de las luces, EN EL CUAL NO HAY MUDANZA NI SOMBRA DE VARIACION»* (Stg. 1:17).

¡Es maravilloso tener un Dios que no cambia, que no se puede volver atrás, cuyo genio y cuyos modales no admiten variación dentro de Su infinita bondad! Por eso, el Salmo 102 prosigue en el v. 28: «Los hijos de tus siervos habitarán *seguros*.» Y el apóstol Pablo puede afirmar, refiriéndose a la elección del pueblo judío, como garantía de la conversión del remanente de Israel:

> *«Porque irrevocables son los dones y el llamamiento de Dios»* (Rom. 11:29).

Al llegar aquí puede ofrecerse una objeción: ¿no cambia Dios cuando se decide a crear, cuando se encarna, cuando salva o condena, cuando se revela o se esconde? Respondemos: Aparte de casos de antropomorfismo que ya hemos mencionado (comp. Gén. 6:6 con Núm. 23:19 y 1.º Sam. 15:11, 29), hemos de tener en cuenta que *inmutabilidad* no equivale a *inmovilismo*; Dios no es infinita impasibilidad, sino suprema originalidad, del que se puede esperar «lo que menos se espera» (*cf.* Rom. 4:18). Pero todos esos «cambios» no afectan *al mismo Ser* de Dios, sino a Su *relación* con los seres creados. Dios decide y actúa sobre lo temporal y lo mudable desde su inmutable eternidad, que coexiste, sin cambiar, con cada situación resultante. La infinita riqueza de Su ser perfecto le permite una multiforme y amplísima gama de diversas manifestaciones y de distintos efectos en los que sólo cambia el *objeto* (temporal y cambiante) de Su acción divina. Por ejemplo, Dios planea libremente desde Su eterno pensar la creación de algo que, al comenzar a existir, es temporal y cambiante, pero el agente divino no ha experimentado variación alguna. Entre otras comparaciones, Strong pone [14] la del viento, que a un ciclista le parece que cambia según sea que marche a favor de él o en sentido contrario. Lo mismo sucede con el hombre: marcha bien cuando ha nacido del Espíritu y se deja llevar por El (Jn. 3:3-8; Rom. 8:14); marcha mal cuando se opone al plan de Dios, como Jonás, como todo el que «resiste al Espíritu» (Hech. 7:51). Esta acción divina no suprime nuestra responsabilidad (*cf.* Filip. 2:12-13). Por consiguiente, Dios no cambia; somos nosotros los que cambiamos la *relación* en que nos hallamos con El.

4. Hay un solo Dios verdadero

Ahora afirmamos la *unicidad* de Dios; no hay más que *un solo* Ser infinitamente perfecto y Hacedor de cuanto existe. El *monoteísmo* es doctrina *fundamental* de la Biblia. Baste con citar Deut. 6:4; Is. 44:6; Jn. 5:44; 17:3; 1.ª Cor. 8:4; Ef. 4:6; 1.ª Tim. 1:17; 2:5; 6:15. Berkhof hace notar [15] que el término hebreo «*'echad*» implica la unicidad absoluta, siendo el equivalente del alemán «einig».

Después de afirmar que Dios es el puro Ser infinita-

---

14. *Ibíd.*, p. 258.
15. *Systematic Theology*, p. 62.

mente perfecto, es evidente la conclusión de que sólo puede haber *un* Dios. La pluralidad numérica sólo es posible merced a las diferencias individualizantes que limitan un ser, acotándolo en una determinada «parcela» del ser. Dios se autodiferencia de todo lo demás por el hecho mismo de ser el Absoluto Infinito, el «Yo SOY». De ahí la expresión: «Dios es el *enteramente Otro*», la cual es válida con tal que no se niegue Su inmanencia ni Su experimentable, revelable, Realidad.

El orden del Universo supone *un solo* Supremo Hacedor. Aun en el caso (imposible metafísico) de que pudiéramos imaginarnos dos Infinitos Seres perfectamente sincronizados en Su santa libertad y acción soberana para ordenar el Universo, su existencia sería un absurdo, puesto que en la genuina noción del Ser Supremo no sólo se incluye que sea independiente, *sino que todo lo demás dependa de Él*. En otras palabras, un Dios que no fuera único vería su independencia limitada por la independencia de su colega.

El misterio de la Trinidad no atenta contra el monoteísmo, pues no se trata de tres *dioses*, sino de tres *personas* que subsisten en la *única* naturaleza divina.[16]

CUESTIONARIO:

1. Clases de unidad. — 2. ¿Por qué está perfectamente integrado el Ser de Dios? — 3. ¿Qué significa la inmutabilidad de Dios? — 4. ¿Cómo se explican lugares como Éxodo 32:14? — 5. ¿Cuál es la doctrina fundamental de la Biblia? — 6. ¿Por qué no puede haber dos o más dioses? — 7. ¿Atenta la Trinidad contra el monoteísmo?

---

16. V. la Tercera parte de este volumen, leccs. 19.ª-23.ª.

LECCION 11.ª «DIOS ES ESPIRITU»

1. ¿Qué es un espíritu?

Para entender lo que es un «espíritu» y, en el caso presente, en qué consiste la espiritualidad de Dios, como atributo constitutivo, es preciso determinar el sentido del vocablo, pues éste se toma en tres sentidos:

A) En el sentido de «fantasma» (los ocultistas lo llaman «cuerpo etéreo o astral»), como en Luc. 24:37, 39.

B) En el sentido de «aliento» o «viento», muy frecuente en la Biblia, desde Gén. 2:7, empalmando, a través de Ez. 37, con Jn. 3:3-8. En este mismo sentido, pero elevado al plano personal, se entiende cuando hablamos del Espíritu Santo, 3.ª Persona de la Trina Deidad.

C) En el sentido de *naturaleza inmaterial, invisible, simple* (sin composición física) *y personal* (así se entiende, v.g., en Jn. 4:24).

El hebreo «*ruah*» y el griego «*pneuma*» sirven para expresar cualquiera de los tres sentidos citados. Aquí lo tomamos únicamente en el tercero de ellos.

Decir que «*Dios es Espíritu*» (Jn. 4:24) significa, pues:

a) que no tiene materia ni figura corpórea, que no admite en Sí extensión ni composición y que, por tanto, es «*inmortal* (incorruptible) e *invisible*» (Rom. 1:20; Col. 1:15; 1.ª Tim. 1:17);

b) que Dios es personal, es decir, Alguien que Se conoce y Se posee a Sí mismo de una manera original, espontánea, y puede ponerse en comunicación con un «tú».

2. Dios es inmaterial

Nuestro conocimiento de las cosas depende del mundo que abarcan nuestros sentidos. Sólo lo material es *directamente* experimentable. De ahí que nos resulte imposible el formarnos una idea *propia* y *adecuada* de lo espiritual. Pero el hecho de que no podamos ver o palpar una cosa no quiere decir que no exista. El hecho de que nos encontremos en un mundo de tres dimensiones no nos da derecho a negar la posibilidad de otro mundo de cuatro dimensiones. En realidad, lo espiritual es como una cuarta dimensión del hombre, que, aunque no se vea con los ojos del cuerpo, se conoce por sus efectos y por la revelación de Dios (por fe). Nadie ha visto el talento de un Napoleón o de un Einstein, pero se ha conocido por sus *efectos*. Nadie ha visto a Dios jamás (Jn. 1:18), pero El se nos ha revelado por Sus obras y, sobre todo, por Su Palabra.

Por Su misma Palabra, hemos sabido que Dios no sólo es un ser «espiritual» (adjetivo), sino «Espíritu» (sustantivo), y no sólo «un espíritu» entre otros, sino «Espíritu» sin artículo (con artículo determinado indica la 3.ª Persona de la Deidad), es decir, es «Espíritu puro»: sin materia y sin estar encadenado (como nosotros) por la materia. Es como una «pura energía», pero totalmente inmaterial. Al no tener materia, no consta de partes en las que poder desintegrarse; por ello, es *incorruptible* («aphthartós» en griego). Al ser inextenso, exento de las leyes de la materia, no es perceptible al sentido: es *invisible*. Ya dijimos que todas las expresiones bíblicas que nos presentan a Dios como teniendo ojos, oídos, manos, brazo, corazón, etcétera, han de interpretarse como «antropomorfismos» (= forma de hombre) o «lenguaje figurado», por el que la Palabra de Dios quiere adaptarse a nuestro modo de imaginarnos a una «persona».

La espiritualidad es un atributo divino; por tanto, se identifica realmente, sustancialmente, infinitamente, con el Ser divino. Por eso, su inmortalidad no sólo es *natural,* como la nuestra, sino *esencial,* que surge del fondo mismo de Su Ser. En otras palabras, nuestro espíritu no puede morir, pero podría dejar de existir si Dios retirase Su acción sustentadora *«de todas las cosas con la palabra de su poder»* (Heb. 1:3), mientras que Dios *no puede dejar de existir.* En este sentido se nos dice en 1.ª Timoteo que Dios es *«el único que tiene inmortalidad»* (1.ª Tim. 6:16).

3. Dios es un Ser Personal

El panteísmo y toda clase de ocultismo niegan la *personalidad* de Dios. La Teología Modernista [17] niega un Dios *personal* por el hecho de que es un Ser infinitamente «trascendente», al que no se puede concebir con propiedad mediante los vocablos «ser», «causa», «persona», «espíritu», etc. Pero aquí hay un sofisma que es preciso desenmascarar si no queremos caer en el agnosticismo existencialista de Bultmann o de Barth. El hecho de que Dios no sea un Ser, un espíritu, una persona o un padre *como los demás,* no significa que el elemento fundamental distintivo (aunque analógico) que nos suministra un concepto de «ser», de «persona», de «paternidad», etc., no sea *atribuible* a Dios, aunque de una manera distinta (sin límite y sin imperfecciones) de la que concebimos los demás seres. Es cierto que, cuando queremos formarnos una idea de Dios, guiados por Su Palabra, hemos de huir de representaciones («Dios no está *arriba* ni *abajo,* ni *cerca* ni *lejos,* puesto que está dentro y en el mismo fondo de cada ser»; y con éstas y parecidas expresiones Robinson no ha inventado la pólvora, por cierto; ningún teólogo serio lo había dicho) que deformen la naturaleza incomprensible del Ser Supremo, pero *la pura perfección* que subyace al sentido primordial de tales vocablos *se halla en Dios.* «Un

---

17. V., por ejemplo, J. A. T. Robinson, *Honest to God* (London, SCM Press). Hay edición catalana, *Sincer envers Déu* (Esplugues de Llobregat, Ariel).

Dios que no sea personal no me sirve», dice, con mucha razón, uno de los interviuvados por Gironella en su libro *Cien españoles y Dios.*

Ser «persona» comporta esencialmente dos conceptos que implican en sí mismos una *perfección pura* (independiente de los límites del sujeto): *a)* el poder de «reflectir» (como decían nuestros clásicos) por el que un ser tiene *conciencia refleja* de su propia intimidad y puede comunicarla a un «tú» (v.g., Ex. 3:14-15; 1.ª Cor. 2:11); *b)* el poder de «decidirse», es decir, de elegir espontáneamente, libremente, ante una gama de motivos *influyentes,* pero no *determinantes.* Por eso, la Escritura no sólo nos dice que «*el Espíritu todo lo escudriña, aun lo profundo de Dios*», sino también que Dios toma sus decisiones «*según Su beneplácito*», «*según el designio de Su voluntad*» (Ef. 1: 9, 11). Estas dos facultades (autoconciencia y autodeterminación) caracterizan la personalidad, cualquiera que sea la psicología de moda y, por tanto, son atribuibles a Dios en su forma más pura y más perfecta.

El que Dios, el Dios verdadero, sea *personal,* significa que es *Alguien* que ha pensado en mí desde la eternidad, que puede expresarse y Se ha expresado, Se ha dirigido al hombre (a ti, a mí, «*a todos los hombres*» —Hechos 17:30—), a Quien podemos hablar, orar, etc., no como a una cósmica fuerza universal, sino como a un «Tú».[18]

CUESTIONARIO:

1. ¿De cuántas maneras puede entenderse el vocablo «espíritu» y en qué sentido lo tomamos aquí? — 2. ¿Qué significa la expresión «Dios es Espíritu»? — 3. ¿Qué comporta la inmaterialidad de Dios? — 4. ¿Por qué se nos dice en 1.ª Tim. 6:16 que Dios es «el único que tiene inmortalidad»? — 5. ¿Qué elementos incluye el concepto de «personalidad»? — 6. ¿Va contra la trascendencia de Dios el creer en un Dios «personal»?

18. Desarrollaremos más detalladamente este concepto en la Tercera parte.

LECCION 12.ª DIOS ES UN SER INFINITO

1. Noción de infinito

«Infinito», según su etimología, equivale a «sin límites»; infinito significa, pues, *no limitado*. Comencemos por distinguir dos clases de infinito: *a*) el *real* o *metafísico*, que carece de límites por la absoluta perfección de Su Ser (Dios); *b*) el *potencial* o *matemático*, cuyo límite se retira *indefinidamente*, como es una fracción decimal *periódica pura;* por ejemplo, el cociente que nos da la división de 10 por 3 = 3'333333333, etc. Hablamos aquí del infinito *real* o metafísico.

Un ser puede quedar limitado de tres maneras: *a*) por la relatividad de su propia naturaleza, que lo *define* dentro de una parcela del ser (el «no-ser» como límite de todo «ser creado»); *b*) por el espacio que ocupa; *c*) por el tiempo de su existencia. Ninguno de estos tres límites afecta a Dios: El es el Absoluto, que posee en grado infinito la perfección del Ser, por ser «EL YO SOY» (Ex. 3:14); El es inmenso, sin espacio que lo coarte; El es eterno, sin tiempo que lo erosione.

2. Dios es el Ser infinitamente Perfecto

La Palabra de Dios nos habla de la infinita perfección divina en términos que expresan un abismo impenetrable, inabarcable:

«¿Descubrirás tú los secretos de Dios? ¿Llegarás tú a la perfección del Todopoderoso? Es más alta que los cielos; ¿qué harás? Es más profunda que el Sheol; ¿cómo la conocerás? Su dimensión es más extensa que la tierra, y más ancha que el mar» (Job 11:7-9).

«Grande es Jehová, y digno de suprema alabanza; y su grandeza es inescrutable» (Sal. 145:3).

«¡Oh profundidad de las riquezas de la sabiduría y de la ciencia de Dios! ¡Cuán insondables son sus juicios, e inescrutables sus caminos!» (Romanos 11:33).

Precisamente porque Dios es el Ser infinitamente Perfecto, ningún intelecto limitado puede «comprenderle», es decir, abarcar en un concepto limitado al Ser sin límites.

Ahora bien, la infinitud de Dios le singulariza en una unicidad irrepetible: sólo El es el «Ser por esencia», la plenitud del ser. Esta infinitud divina es *cualitativa*, no cuantitativa; *intensiva*, no extensiva. Por eso, la existencia del Ser Absoluto (Dios) no queda limitada por la existencia de otros seres relativos. Aquí está el fallo del panteísmo. Spinoza confundió la intensidad cualitativa del Ser divino con la extensión cuantitativa de los seres y, por eso, identificó al mundo con Dios, como si Dios quedase limitado si no se identificase con *todos* los seres. Pero, de la misma manera que cien mil necios no pueden añadir más conocimiento a un sabio, así también la existencia de un número indefinido de seres relativos no añadiría un átomo de perfección al Ser Absoluto. En otras palabras, la Creación implica *un mayor número* de seres, pero no *una mejor calidad* o perfección del ser.

El teólogo reformado J. Orr habla de una *«boundless*

potentiality» [19] o «potencial ilimitado» de Dios, para indicar que no hay barreras a Su conocimiento ni a Su poder. Dios conoce y puede realizar cuanto puede concebirse como «ser». Pero en Dios, en lo íntimo de su Ser, no existe lo *potencial* en el sentido de *lo que puede ser, pero aún no es.* Esto es lo que la Teología Medieval quería decir al definir a Dios como el «*Acto Puro*», sin mezcla de «potencia». Este concepto no comporta la negación de una «dinámica» divina, puesto que Dios es la *Vida.*

3. Dios es inmenso

El vocablo «inmenso» equivale a «sin medida». Decir, pues, que Dios es inmenso es lo mismo que afirmar que Dios no tiene extensión ni está sujeto a las limitaciones que el espacio impone. Siendo Dios un Espíritu Infinito, transciende todo espacio, no como un inmenso océano donde todas las cosas estén inmersas, sino como una pura energía capaz de estar presente *con toda la plenitud de Su ser,* en todos y cada uno de los lugares existentes y posibles. Tenemos un magnífico testimonio de este atributo en la oración de Salomón en la dedicación del Templo:

> *«Pero ¿es verdad que Dios morará sobre la tierra? He aquí que los cielos, los cielos de los cielos, no te pueden contener; ¿cuánto menos esta casa que yo he edificado?»* (1.° Rey. 8:27). (V. también Sal. 139:7-12).

Por tanto, la *inmensidad* de Dios comporta Su *omnipresencia,* pero se distinguen en que la primera expresa el hecho de que Dios transciende todo espacio y no puede ser coartado por ningún lugar, mientras que la segunda comporta el concepto de que Dios está necesariamente en todo lugar desde el mismo momento que este lugar existe.

---

19. Citado por L. Berkhof, *o. c.*, p. 60.

¿Dónde estaba Dios *antes* de que existiera el mundo? Respondemos: 1) la palabra *antes* parece implicar que hubo un «antes» cuando no existía el tiempo, pero en la eternidad no cabe antes ni después. Sin embargo, la Biblia tiene que emplear dicho vocablo para expresar que, *cuando el mundo comenzó,* Dios ya existía.[20] Así leemos que Dios pensaba, etc., *«antes de sus obras»* (Prov. 8:22). Podemos, pues, responder: 2) que «antes» de que el mundo existiera, Dios no estaba *en ninguna parte,* porque El mismo era *Su propio lugar,* si hemos de expresarnos de algún modo inteligible.

Los teólogos suelen añadir que Dios está en todas partes [21] por *esencia, presencia* y *potencia,* para expresar que está presente con Su propio Ser activo, porque en Dios Su Acción, Su Poder, Su Presencia y Su Ser son inseparables.

Es famoso el dicho del filósofo francés Malebranche de que «Dios es el lugar de los espíritus, mientras que el espacio es el lugar de los cuerpos», lo cual no pasa de ser una expresión poética. Podríamos, en cierto sentido, explicar así el dicho de Jesús, en la parábola de los talentos: «¡entra en el gozo de tu Señor!» (Mat. 25:21, 23) La Biblia nos dice que Dios *está* en todo lugar por exigencia de Su propia inmensidad, pero que *mora,* como quien tiene su residencia íntima y personal (Juan 1:38: *«¿dónde moras?»*): *a)* en «los cielos de los cielos» (v.g., 1.º Reyes 8:27) como lugar inaccesible desde el que Dios ejerce Su soberanía y supervisión universal; [22] *b)* el Templo de Jeru-

---

20. V. el punto siguiente sobre la eternidad de Dios.

21. También en el Infierno, porque ni el mismo Infierno, con sus demonios y condenados, podría existir sin la presencia *activa* de Dios. Una niña del catecismo, al oír esto, preguntó: «¿Y cómo no se quema Dios?» A lo que le respondieron con una expresión muy gráfica: «Porque tiene la sartén del mango.»

22. Los judíos se imaginaban el espacio extraterrestre dividido en tres cielos: *a)* el cielo atmosférico, donde situaban a las «potes-

salén; a esto alude el «morará» del mismo versículo; y c) el creyente cristiano, de acuerdo con Juan 14:23; Romanos 8:11; 1.ª Cor. 3:16; 6:19; 2.ª Cor. 6:16; Ef. 2:21. Por eso, se exhorta a todo el que ha sido redimido por el sacrificio de Cristo a que *«se acerque confiadamente* ("como Pedro por su casa", decimos en Aragón) *al trono de la gracia»* (Hebr. 4:16), o sea, al *«Lugar Santísimo»* (Hebr. 10:19), en el que Cristo entró ya (Hebr. 9:12) y está sentado *«a la diestra de Dios»* (Hebr. 10:12). Así pues, Dios *mora* en el creyente como en Su Templo y en el Cielo de los cielos, y el creyente tiene su *morada* en Dios (Juan 14:2, 3), como «ciudadano de los cielos» (Filip. 3:20).

4. Dios es eterno

Así como la inmensidad de Dios dice relación al espacio, la eternidad lo es con respecto al tiempo. Podríamos definir la eternidad como «un indivisible presente que dura siempre». Como atributo de Dios, identificado con Su Ser Infinito, podemos describirlo como «la posesión perfecta y simultáneamente total —sin principio, sin fin y sin mutación— de la infinita vida divina», siguiendo la famosa definición de Boecio.

Siendo «seres-en-el-tiempo», no podemos concebir la eternidad y nos la imaginamos como un tiempo sin principio ni fin. Aristóteles definía el tiempo como «numeración del movimiento según un antes y un después». Heidegger identifica el tiempo con el ser relativo. El tiempo, en verdad, es sólo una medida convencional para expresar el perpetuo devenir de las cosas, cuya existencia fluye «como las aguas de los ríos que van a parar en la mar». Por eso, el idioma hebreo no tiene presente. Y con mucha

---

tades» o «gobernadores» de este mundo (*cf*. Ef. 6:12), que son los demonios; *b*) el cielo sideral, donde se hallan las estrellas, y *c*) el «cielo de los cielos», morada del mismo Dios, al que el apóstol Pablo asegura haber sido arrebatado en éxtasis (*cf*. 2.ª Cor. 12:2).

razón, porque el presente no existe para nosotros como algo indivisible, sino que es un constante *huir;* «a-ho-ra» consta de tres sílabas que no se pueden decir a la vez. Por eso decimos: ¡cómo *pasa* el tiempo! Sin embargo, somos nosotros los que *pasamos* con el desgaste del existir. Y no tenemos lógica cuando decimos: «tengo cincuenta años», cuando esos cincuenta años ya no los tenemos, porque los hemos gastado, y nadie sabe los que le quedan...

Por el contrario, la eternidad de Dios es un perpetuo y pleno presente que abarca, sobrepasa y coexiste con todos los tiempos, como el centro de un círculo donde convergen simultáneamente todos los radios imaginables que parten, hacia el interior, de los puntos —matemáticamente infinitos— de una esfera.[23]

Ante la imposibilidad de expresar adecuadamente en el lenguaje humano la eternidad de Dios, la Biblia hebrea nos dice que Dios es *«desde el siglo y hasta el siglo».*[24] El griego del Nuevo Testamento lo presenta como *«el que es y que era y que ha de venir»* (v.g., Apoc. 1:8), donde se atribuye a Jesucristo la eternidad, descomponiéndola en los tres tiempos (*cf.* también Hebr. 13:8: *«Jesucristo es el mismo ayer, y hoy, y por los siglos»*). Judas (v. 25, en el texto griego) atribuye a Dios *«la gloria, la grandeza, la fuerza y la autoridad antes del siglo (aión)*[25] *y ahora y por todos los siglos».* (V. también Prov. 8:22 y ss.; 1.ª Cor. 2:7; Ef. 1:4; 3:21; 1.ª Tim. 1:17; 6:16; Apoc. 15:8.)

---

23. Algo así como el *aleph* del que habla Jorge Luis Borges en su libro *El Aleph*: un simple punto que refleja en detalle todo el Universo de todos los tiempos. La Teosofía lo describe paradójicamente como «un círculo cuyo centro está en todas partes y la circunferencia en ninguna».

24. Salmo 90:2. Expresiones sinónimas encontramos en Deuteronomio 32:40; Sal. 102:12-14, 27; Is. 41:4: «el primero y el último» (*cf.* Apoc. 1:11).

25. El término griego *aión* se supone derivado de «aeí ôn = siempre existente.

La eternidad y el tiempo se relacionan mutuamente según sus características respectivas. Por eso, la eternidad coexiste con todos los tiempos *simultáneamente*, mientras que los tiempos coexisten con la eternidad *sucesivamente*, puesto que un tiempo «todo a la vez» ya no sería tiempo. Así se explica que Dios, teniéndolo todo *presente*, pueda distinguir lo pasado como pasado y lo futuro como futuro. Es como si una persona, desde lo alto de una torre, viese continuamente pasar una procesión, mientras que los que pasan sólo ven a los que están inmediatamente delante y detrás.

CUESTIONARIO:

1. ¿En qué sentido tomamos el vocablo «infinito» cuando decimos, por ejemplo, «... y así hasta el infinito»? — 2. ¿Qué clase de infinitud compete al Ser divino? — 3. ¿Hay más cantidad de ser entre todos los seres juntos, incluyendo a Dios, que en Dios solo? — 4. ¿En qué sentido puede admitirse «potencia» en Dios? — 5. ¿En qué consiste la inmensidad de Dios? — 6. ¿Es lo mismo inmensidad que omnipresencia? — 7. Si Dios está en todas partes, ¿por qué leemos que mora en algunos lugares? — 8. ¿Recuerda un pasaje clave en la Biblia para expresar la inmensidad de Dios? — 9. ¿Cómo define usted la eternidad y el tiempo? — 10. ¿Cómo expresa la Biblia la eternidad de Dios?

LECCION 13.ª LA VERDAD DE DIOS

1. Noción de verdad

El vocablo «verdad» puede tomarse en tres sentidos: ontológico, lógico, y ético.

A) Verdad *ontológica* es la propia realidad de las cosas en su relación a una mente que pueda captar su entraña objetiva sin prejuicios ni alucinaciones. Comoquiera que la realidad de las cosas es trascendente y se manifiesta en múltiples y cambiantes facetas, no es posible captar con nuestra mente limitada *toda* la verdad objetiva que se encierra en un ser. De ahí el fallo de la definición de verdad lógica que Tomás de Aquino nos dejó («la adecuación de una mente y una cosa»), que tan justamente criticó Unamuno, aunque él se fue al otro extremo, no admitiendo más verdad «verdadera» que la ética.

B) Verdad *lógica* es la «objetividad» o relación adecuada con uno o varios aspectos fenoménicos de la realidad, formada en nuestros *juicios* (a través de la percepción e ideación) acerca de dicha realidad. El hecho de que cada uno de nosotros (a causa de la limitación del *campo de visión,* de las imperfecciones de nuestra *percepción* y de los prejuicios de nuestra *apercepción* —o previo almacén de juicios—) aprehendamos *distintos* aspectos de la realidad, hace posible la diversidad de opiniones o «el contraste de pareceres», como ahora se dice, respecto de una misma realidad (de un objeto o de un hecho). Esto es lo que Ortega y Gasset llama *perspectivismo*. Por eso, la prudencia y la lógica piden que, cuando alguien afirma una cosa, ha de evitar hacer un juicio global afirmativo o negativo, porque ni en los objetos ni en las personas se dan *puros* el vicio o la virtud, la excelencia o la maldad. Sólo Dios es el Bien Absoluto (Mat. 19:17; Marc. 10:18; Luc. 18:19). El Mal Absoluto no existe, por fortuna.

C) Verdad *ética* es la *veracidad* o adecuación entre lo que pensamos y lo que decimos o hacemos. Sin duda, ésta es la principal según la Biblia. Contra el criterio griego, que concebía la verdad, ante todo, como una *desvelación* («alétheia» = salida del olvido), el concepto hebreo de verdad es más bien una «aspháleia» o *seguridad*, basada en la *fidelidad* a unas promesas (la verdad de Dios) o a unas normas (la verdad del hombre —*cf*. Ecles. 12:13: «... el *todo* del hombre»—). De ahí que «mentira» y «mentiroso» (*cf*. Jn. 8:44; Apoc. 21:8, 27), en el léxico de la Biblia, no indican sólo el *decir* lo que se sabe que es falso, sino en *hacer* lo que es abominable.

2. Dios es la Verdad

El hecho de que sea «*el único Dios verdadero*» (Juan 17:3) [26] nos da la medida de la verdad ontológica de Dios: es el único que merece ese nombre, pues sólo El responde al concepto genuino de verdadero *Dios*. Y, como todo atributo divino se afinca sustantivamente en el Ser divino, Dios, no sólo es *verdadero*, sino que es la misma *Verdad* trascendental y fuente de todo lo que existe *de verdad*. Por eso no puede ser autor del pecado, porque el pecado es

---

26. Esta frase, entre otras, ha inducido a muchos teólogos modernistas y a los Testigos de Jehová a negar la divinidad de Cristo (y del Espíritu Santo también, lógicamente). Pero hay que notar bien que Jesús, al dirigirse al Padre, le llama «el único Dios verdadero», pero no «la única persona que es Dios verdadero» (hay *un* solo Dios, pero *tres* personas que son *un solo Dios verdadero*).

la *mentira radical*. El griego del Nuevo Testamento expresa la verdad ontológica por medio del adjetivo «alethinós», el cual, para evitar confusiones, ha de interpretarse, según el contexto, en uno de estos dos sentidos: a) *literalmente tal*, en oposición a simbólico o figurativo (ése es el caso de Jn. 17:3); b) *genuino*, en oposición a bastardo (como en Jn. 15:1: «Yo soy la vid *verdadera*» —en contraposición, quizás, a Is. 5:1-7—). Esto ha de tenerse en cuenta a la hora de interpretar, por ejemplo, Juan 6:48-58.

El hecho de que Jesús se llame a Sí mismo *«la Verdad»* (Jn. 14:6) es una prueba más de Su divinidad, porque sólo el Ser divino se identifica sustantivamente con una perfección.

La inmanente e infinita Verdad de Dios nos lleva a dos consecuencias de extrema importancia: 1) Como el objeto del entendimiento es la *verdad*, Dios puede ser *conocido* por el hombre. 2) Como Dios es Verdad *transcendente e infinita*, Dios no puede ser *comprendido* por ningún ser creado (compárese el «ginóskosin» de Jn. 17:3 con el «anexereúneta» de Rom. 11:33).

3. Dios conoce toda verdad

Dios lo sabe todo de una manera perfecta y única en una sola idea, eterna y exhaustiva.

La identidad ontológica entre la infinita Mente divina y su infinita Verdad hace que Dios, como *objeto* de Su propio conocer, ofrezca una *patencia* o evidencia también infinita. En otras palabras, Dios se conoce y se comprende a Sí mismo de una manera perfecta. En el Padre, la *expresión* de este conocer da origen a la persona del Hijo, como veremos en la Tercera parte de este volumen. El hecho de que Dios lo conoce *todo* es lo que nos hace llamarle *omnisciente*. Véanse, v.g., 1.º Sam. 2:3; Job 12:13; Salmos 94:9; 139:1-6; 147:4; Is. 29:15; 40:27, 28.

Comoquiera que, antes de crear el Universo, Dios tenía ya, por decirlo así, todo el *plano* de la creación (*cf.* Proverbios 8:22 y ss.), conocía todo lo que había de existir como un arquitecto conoce el plano de su obra. Pero, además, todo ser es un algo en una parcela del ser. Por tanto, la Mente divina, al comprender Su propio Sumo Ser, contempla igualmente, en todos sus detalles y límites, la entraña total de cada ser. Este conocimiento es *eterno* y *perfecto:* por tanto, es *intuitivo* (sin necesidad de discurrir), *simultáneo* (sin sucesión de ideas) y *exhaustivo* (sin perder detalle).

Todo ser *posible* es necesariamente objeto del conocimiento divino: Dios penetra totalmente en la *esencia* de una cosa. Todo ser *actual* (pasado, presente o futuro) es conocido por Dios *como tal* en el libre decreto de Su voluntad que decide la *existencia* de dicho ser.[27]

Dios conoce, pues, todo lo que ha sucedido, sucede y ha de suceder. Lo que depende de causas *necesarias,* como los fenómenos metereológicos, no sería tan difícil de predecir; pero lo que depende de causas libres, como el albedrío humano, es imposible de ser predicho *con certeza,* a no ser por la Mente divina o por revelación de Dios. Por eso, David habla de un conocimiento *demasiado maravilloso para él, alto e incomprensible* (Sal. 139:6), al percatarse de que Dios sabía todos sus actos secretos aun antes de realizarlos (vv. 1-5): su «sentarse y levantarse», su «andar y reposar» y «sus pensamientos y sus palabras *antes de que estuvieran en su lengua, desde lejos*», que son formas hebreas de expresar la predicción de todo el conjunto de la conducta humana.

Si recordamos que Dios, por ser eterno, todo lo tiene *presente,* no nos extrañará que conozca lo que para nosotros es *futuro,* incluyendo las acciones humanas. Queda, sin embargo, una pregunta de difícil respuesta: los actos humanos ¿son conocidos *porque* van a suceder, o van a

---

27. De ahí que los teólogos distinguen en Dios un conocimiento de *simple inteligencia* para lo *posible,* y de *visión* para lo *actual* (en cualquier tiempo: presente, pasado y futuro).

suceder porque son *conocidos,* es decir, determinados por Dios? En otras palabras, ¿precede lógicamente la presciencia a la predeterminación, o viceversa? Si Dios conoce lo que va a suceder porque *lo ve sucediendo,* Su ciencia va *detrás* de los hechos; no es Dios quien *programa* toda la Historia. Si el hombre actúa *así* porque Dios lo ha programado, ¿dónde queda la libertad?

La solución propuesta por arminianos y jesuitas, también llamada *molinista* por haber sido explicada ampliamente por el jesuita Luis de Molina († 1601), consiste en añadir a los dos modos de conocer de Dios (simple *inteligencia* y *visión*) un tercero, intermedio, llamado «ciencia media»: Dios conoce todo lo que el hombre haría en cualquier conjunto de circunstancias; así que, al escoger un plan determinado de la Historia del mundo, ya sabía de antemano lo que cada cual había de hacer en las futuras circunstancias en que se habría de encontrar. Los tomistas y agustinienses, igual que los calvinistas, tienen muy buenas razones para refutar, desde el plano filosófico, dicha solución. Textos como Hech. 2:23; Rom. 8:29; Filip. 2:13 también parecen estar en contra.

Quizá la única solución satisfactoria, dentro de este gran *misterio,* sea la que ya intuyó Tomás de Aquino, la aludió Belarmino llamándola «supercomprensión» del albedrío y la explica J. Orr,[28] de acuerdo con la Psicología Profunda, diciendo que, al hablar de este asunto, hemos de revisar nuestro concepto de *libertad,* ya que ésta no consiste en una pura *indiferencia* selectiva apoyada en el vacío, sino en el juego de *motivaciones* que se ofrecen a la conciencia (surgiendo, muchas veces, del fondo del inconsciente) y dando una razón íntima del *porqué obramos así* y no de otro modo. Una mente limitada y exterior al sujeto (incluso su propia mente) no podrá adentrarse en la complejísima contextura de motivos que determinan un acto libre, pero la Mente que todo lo penetra y

---

28. Citado por Berkhof, *o. c.,* p. 68.

comprende, los conoce con toda exactitud y perfección y, por tanto, puede preverlos en Su Causa Primera que es Dios. Añadamos que Dios es la Infinita Sabiduría (Prov. 8:22 y ss.). Berkhof la define [29] como «*la perfección con que Dios aplica Su conocimiento a la obtención de Sus fines del modo que mejor puede glorificarle*». La Biblia abunda en testimonios de esta perfección (*cf.* Rom. 11:33; 14:7-8; Ef. 1:11-12; Col. 1:16).

4. Dios siempre dice la verdad y obra conforme a la verdad

El hebreo del Antiguo Testamento nos ofrece una constelación de vocablos de la misma raíz, que ilustran maravillosamente lo que es la «verdad» de Dios: «*hemet*» = verdad (palabra compuesta por las letras primera, media y final del alefato o alfabeto hebreo, como para indicar que comprende todo el «diccionario de Dios»),[30] «*'hemunah*» = = fidelidad (*cf.* Sal. 92:2 —donde se une a «misericordia», formando un binomio que equivale al de «gracia y verdad» de Jn. 1:14—); como última raíz está el verbo «*'amán*» = estar seguro, de donde «*'omén*» = arquitecto, y «*'amén*» = de cierto. La «verdad», pues, de Dios en la Historia de la Salvación es la *fidelidad* a Sus promesas; promesas de salvación, de redención, de bendición. Tanto que, aun en medio de sus *Lamentaciones*, Jeremías recuerda que «*nunca decayeron Sus misericordias. Nuevas son cada mañana; GRANDE ES TU FIDELIDAD*» (Lamentaciones 3:22-23).

Esta *fidelidad* inquebrantable de Dios, manifestada plenamente en Jesucristo,[31] es la base firme de la *seguridad* del creyente (por eso, la «pistis» griega equivale al «*'emu-*

---

29. *O. c., p.* 69.
30. Ahí apunta el «*Yo soy el Alfa y Omega*» —primera y última letras del alfabeto griego— en Apoc. 1:8, 11.
31. *Cf.* 2.ª Cor. 1:20; Apoc. 3:14.

nah» hebreo), pues nos da la medida del *crédito* que Dios merece. Por eso, puede decir Pablo: «... *pero no me avergüenzo* —comp. con Rom. 5:4-5— *porque* YO SE A QUIEN HE CREIDO, *y estoy seguro que es poderoso para guardar mi depósito para aquel día»* (2.ª Tim. 1:12). De esta *fidelidad divina* dice bellamente Berkhof: [32]

> «Para el pueblo de Dios, es la base de su confianza, el fundamento de su esperanza y la causa de su regocijo. Los salva del desespero al que su propia infidelidad podría fácilmente conducirles, les da ánimos para seguir adelante a pesar de sus fallos, y les hinche el corazón de gozosos anticipos, incluso cuando son plenamente conscientes de haberse hecho indignos de todas las bendiciones divinas. Núm. 23:19; Deut. 7:9; Sal. 89:33; Is. 49:7; 1.ª Cor. 1:9; 2.ª Tim. 2:13; Hebr. 6:17, 18; 10:23.»

CUESTIONARIO:

1. Sentidos del vocablo «verdad». — 2. ¿Por qué decimos que Dios es la Verdad? — 3. ¿Qué características tiene el conocimiento de Dios? — 4. Modos divinos de conocer lo posible y lo existente. — 5. ¿Qué soluciones se dan al problema de la presciencia que Dios tiene de los actos humanos? — 6. ¿Cuál es la verdad de Dios, según la expresa el Antiguo Testamento en hebreo y el Nuevo Testamento en griego? — 7. ¿Qué consecuencias prácticas ofrece al creyente esta fidelidad de Dios?

---

32. *O. c.*, p. 70.

LECCION 14.ª EL AMOR DE DIOS

1. Querer y obrar

Siguiendo, por decirlo así, con la «psicología» de Dios, tras el «pensar» (Verdad) llegamos al «querer» (Amor). Advirtamos, una vez más, que no se trata, como en nosotros, de *tiempos* consecutivos, sino de *signos de lógica consecuencia* que nos ayuden a concebir de alguna manera las acciones inmanentes de Dios.

Nuestra conducta es fruto de nuestro querer y nuestro querer está determinado por el peso de los *valores*. Toda acción implica una descarga de energía que pide, para compensar el esfuerzo, la previsión de algo que satisfaga nuestros deseos. Esto es lo que la Filosofía Medieval llamaba «causa final», última en la *ejecución,* pero la primera en la *intención,* porque todo ser consciente, antes de obrar, se pregunta: ¿para qué?

En este sentido, aludiremos en la lección 30.ª a la *finalidad* que Dios tuvo delante, por ejemplo, al crear el mundo. Aunque «el fin no justifica los medios» (y, mucho menos, «los extremos»), es, sin embargo, el principal determinante del carácter ético de la conducta y el supremo factor del proceso psicológico. Lo que llamamos «medios» es, en realidad, una cadena de fines relativos subordinados *al último fin.*

2. Amor y bien

El *valor* que para nosotros tiene un objeto es el *bien* que esperamos de él. De ahí que el bien sea el objeto propio y adecuado de la *voluntad*. Nadie puede querer sino lo que le parece *bueno*. Por eso, la voluntad no es libre para querer lo que se le aparece como *mal absoluto*, del que nada bueno «se puede sacar». Tampoco es libre para dejar de querer el *bien absoluto*. Este bien absoluto lo concibe el hombre bajo el aspecto de *felicidad*. Por eso, todo el mundo quiere ser feliz. Incluso el que se suicida quiere ser feliz de la única manera que le parece posible: desapareciendo por el foro de una escena en la que sólo ve *negrura*, con todas las puertas cerradas a la consecución del bien.

La libertad, por tanto, requiere que el mal y el bien se hallen *juntos* en la balanza de cada decisión. El *pro* y el *contra* son necesarios para la *deliberación* (instintiva o discursiva) que pertenece esencialmente al juego de la libertad. Cuanto más *claro* es el conocimiento que la persona tiene de los *valores*, más puro y seguro es el ejercicio de la libertad. La fascinación del mal que hay bajo la capa de bien, corrompe la esencia de la libertad con el óxido del *libertinaje*. SOLO CUANDO EL VERDADERO BIEN ABSOLUTO APARECE COMO EL UNICO VERDADERO, *y los demás valores se aparecen como subordinados*, puede hacer el hombre recto uso de su libertad.

Por eso, sólo en su inocencia original fue el hombre verdaderamente libre. Desde el momento en que «quiso ser como Dios, contra la voluntad de Dios», invirtió los valores supremos, sustituyendo el *Amor* al Bien Supremo, por el *Egoísmo* narcisista. Como el hombre en sí mismo no es *fuente*, sino *canal* o *depósito* de bondad, al cortar el cordón umbilical que le unía con el Bien Supremo, perdió el Paraíso, o sea, la fórmula de la felicidad. «*Dos males ha hecho mi pueblo* —dice Dios por Jeremías—: *me dejaron a Mí, fuente de agua viva, y cavaron para sí cisternas, cisternas rotas que no retienen agua*» (Jer. 2:13). Y Agustín de Hipona, contraponiendo el Bien y el Mal, como dos Ciudades en lucha (*cf.* Génesis 3:15), dice: «estas dos ciudades están constituidas por dos actitudes distintas ("*mores*", en latín), y estas dos distintas actitudes proceden de distintos "*amores*": el amor de Dios que culmina en la negación de sí mismo, y el amor de sí mismo que culmina en la negación de Dios».

3. Dios es el Bien Absoluto

Una cosa es buena *ontológicamente* cuando responde al concepto ideal que determina su íntima esencia. Siendo Dios el Ser Supremo infinitamente Perfecto, Dios es el Bien Absoluto, puesto que responde perfectamente al ideal que el término «Dios» comporta. Por eso pudo decir Jesús, en el pasaje tantas veces citado: «*Ninguno hay bueno, sino sólo uno, Dios*» (Marc. 10:18). Sólo Dios, sin límite y sin defecto, alcanza la *marca* perfecta que corresponde a su naturaleza, porque Su Ser, lo mismo que Su Obrar, se identifican con el Bien infinito.

Por ser el Bien Supremo y Absoluto, Dios es «*bonum diffusivum sui*», el bien que tiende a la expansión, la fuente y raíz de todos los bienes. De la misma manera que toda verdad tiene en la Verdad de Dios su limpio modelo o *arquetipo* ejemplar, así también todo bien existente encuentra en el Dios infinitamente Bueno su íntimo hontanar: «*Toda buena dádiva y todo don perfecto desciende de lo alto, del Padre de las luces*» (Stg. 1:17). Y el Salmo 36, en sublime poesía, canta esta bondad de Dios, hecha misericordia para los hombres indignos:

«¡*Cuán preciosa, oh Dios, es tu misericordia!*
Por eso los hijos de los hombres se amparan bajo la
  [*sombra de tus alas.*

Serán completamente saciados en la grosura de tu casa,
Y tú los abrevarás del torrente de tus delicias.

Porque contigo está el manantial de la vida;
En tu luz veremos la luz» (Sal. 36:7-9).

4. Dios es Amor

Esta es una de las tres definiciones de Dios que nos ofrece el Nuevo Testamento («Dios es Espíritu» —Juan 4:24—; «Dios es Luz» —1 Jn. 1:5—; «Dios es Amor» —1 Jn. 4:8, 16—).

El amor es, en general, la *tendencia* hacia el bien. Esta tendencia recibe tres nombres distintos, según tres distintas referencias al bien: *a)* amor de *complacencia,* que se deleita en el bien existente; *b)* amor de *benevolencia,* que realiza el bien inexistente, y *c)* amor de *concupiscencia,* que busca el bien para el provecho propio.

La Mente divina se identifica con la Verdad de Su esencia y, por tanto, no puede menos de ver claramente en ella el Supremo Bien. Esta tendencia sustancial y activa de la voluntad divina hacia el bien divino, comporta el amor *necesario* por el cual Dios no tiene más remedio que *complacerse* en el bien, dondequiera que se encuentre, y lanzarse hacia él con todo el ímpetu infinito de Su voluntad. Esto es lo que constituye la base óntica de la *santidad* moral de Dios.

El Amor, como «bien difusivo de sí», lleva a Dios a comunicarse *necesariamente* entre las tres personas de la Deidad, y *libremente,* espontánea y generosamente, «hacia el exterior», por decirlo así (para ser más exactos, hacia *lo otro,* pues Dios es *interior* a todo lo que existe —Hech. 17:25, 27, 28), creando otros seres que reflejasen Su bondad. Este es el divino amor de *benevolencia,* fuente de todo bien.

En cuanto al amor de *concupiscencia,* éste no puede darse en Dios, sencillamente porque, siendo el Bien Absoluto, Dios es *infinitamente rico* (Rom. 10:12; 2.ª Cor. 8:9; Ef. 2:4) y, por tanto, no puede conseguir ningún *provecho* de nosotros. En pocas palabras, *es imposible que Dios sea egoísta.*[33] Dios quiere nuestros *corazones* (para llenarlos

---

33. Para más detalles, ver la lección 30.ª. Añadamos que el término *amor* tiene tres sentidos, bien señalados en la lengua griega

de su amor, de su misericordia y de su compasión), no nuestros *bienes*. Por eso, le repugnaban los sacrificios manchados de iniquidad del A. Testamento, tanto como los cultos llenos de boato (ostentación farisaica) con que mucha gente *extremadamente religiosa* piensa hacer un favor a Dios, al margen de la única *«religión pura y sin mácula»* (Stg. 1:26-27). A todos nos intima Dios lo que dijo por Oseas y repitió por Jesús: *«Misericordia quiero, y no sacrificio»* (Os. 6:6; Mat. 9:13; 12:7).

> *«Por tanto, si traes tu ofrenda al altar, y allí te acuerdas de que tu hermano tiene algo contra ti, deja allí tu ofrenda delante del altar, y anda, y reconcíliate primero con tu hermano, y entonces ven y presenta tu ofrenda»* (Mat. 5:23-24).

Dios ama: *a)* en todo lo creado, sus *huellas;* *b)* en el hombre, su *imagen* (aunque ésta haya quedado deteriorada por el pecado); *c)* en el creyente, su *semejanza* (cf. Romanos 8:29; 1.ª Jn. 3:2). Aborrece con todo el ímpetu de Su santa voluntad *únicamente* el *pecado,* por ser el único atentado directo contra el Dios Bueno, y la única actitud en que el ángel y el hombre verdaderamente *yerran el blanco,* según el sentido de la palabra «pecado» en su versión hebrea de «chatta'th» y la griega de «hamartía». Pero Dios sigue amando, con un amor lleno de compasión y misericordia, al mundo pecador (Jn. 3:16), quedando represada Su benevolencia únicamente por el rechazo consciente y voluntario del don inefable, salvífico, que nos ha hecho en Su Hijo (Jn. 3:17-18; 2.ª Corintios 9:15). Cuando el hombre se abre a ese don, por la

---

mediante tres vocablos distintos: a) *eros,* el deseo sensual; b) *philia,* la amistad entrañable; y c) *agápe,* el amor de pura benevolencia, venido de regiones divinas (*cf.* Jn. 3:16; 1.ª Jn. 3:1), que supone una entrega desinteresada a los demás, incluyendo a los enemigos (*cf.* Mat. 5:43-48, como un eco de Rom. 5:5-10).

fe, el Amor represado por la Justicia, se siente libre, mediante la propiciación de Su Hijo en la Cruz, para comunicarse con toda la plenitud de las riquezas de Su gracia (Jn. 16:27; Rom. 5:8; 1.ª Jn. 3:1, entre muchos otros lugares).

CUESTIONARIO:

1. ¿Cuál es el factor determinante de toda conducta? — 2. ¿En qué forma puede la voluntad ser atraída por el mal? — 3. ¿Cuál es el verdadero «amor libre»? — 4. ¿De dónde arranca la inclinación al mal que el hombre caído padece? — 5. ¿Qué quiso decir Jesús en Marcos 10:18? — 6. Clases de amor según la Biblia y según los Manuales de Teología. — 7. ¿Qué desea Dios de nosotros? — 8. ¿Qué es lo único que Dios aborrece y por qué? — 9. ¿Cómo puede abrir el pecador su corazón a la divina benevolencia represada?

LECCION 15.ª EL PODER DE DIOS

1. Voluntad y poder

La palabra «querer» tiene, en castellano, dos sentidos: a) *amar;* en este sentido la hemos estudiado en la lección anterior, puesto que el amor no es un acto de la voluntad, sino del sentimiento; b) *optar por algo,* con un deseo eficaz de conseguirlo. En este sentido, es un acto de la voluntad.

Sin embargo, ambos actos (amar y optar por algo) se hallan unidos en la búsqueda y consecución del objeto, valor o fin que se persigue; o sea, todo querer eficaz es una tendencia hacia un bien. Cuando esta tendencia es mentalizada fuertemente, como imagen constantemente acariciada y persistentemente deseada, *con seguridad de que se puede conseguir,* produce una autosugestión que se proyecta al exterior y, a la corta o a la larga, alcanza lo deseado. Por eso, se dice: «querer es poder».[34] Aquí radica el secreto de cuantos métodos se divulgan como eficaces para obtener éxito. Para el creyente, la seguridad de obtener lo deseado está garantizada a los que están en Cristo (Jn. 15:7, 16) y piden, ayudados por el Espíritu, *«conforme a la voluntad de Dios».* Esta es la

---

34. En el primer capítulo de un libro mío, hace mucho tiempo preparado, pero aún no publicado, demuestro que el proverbio correcto habría de ser «SABER ES PODER».

única forma, para el hombre, de participar de la omnipotencia de Dios. Jesús dijo: «*Al que cree, todo le es posible*» (Marc. 9:23).

2. La voluntad de Dios

En Efesios 1:11 se nos dice que Dios «*hace todas las cosas según el designio* (griego: "bulén") *de Su voluntad* ("thelématos")», de acuerdo con un «*propósito*» («*próthesin*»). ¿Qué significan estas tres palabras? *Próthesis* indica el objetivo determinado que alguien se ha «pro-puesto», establecido de antemano. *Bulé* es la deliberación que desemboca en una decisión; «bulé» llamaban los griegos a la Asamblea deliberativa del pueblo; y una persona que carece de «bulé» es un «abúlico». *Thélema* es el acto volitivo concreto, obra de la *thélesis* o facultad volitiva. El hebreo emplea los vocablos *chapets, tsebhu* y *ratson*.

Estas consideraciones no nos deben llevar a la conclusión de que en Dios se da un proceso de deliberación, decisión y ejecución parecido al nuestro. Así como Su Mente alcanza la totalidad de la Verdad en un solo acto intuitivo y la expresa en una sola *idea,* que es, a la vez, Su *Verbo* o Palabra sustantiva, personal, así también Su Voluntad alcanza sus objetivos con solo un acto de Su querer, el cual es por sí mismo eficaz, esto es, *poderoso.* Siendo el Espíritu Santo el fruto del íntimo querer divino del Padre y del Hijo, no es extraño que el *poder* o «*dynamis*» por el que Dios ejecuta Sus designios, se atribuya a la 3.ª Persona de la Trinidad.

3. ¿Se hace todo lo que Dios quiere?

Para responder a esta pregunta es preciso antes hacer una distinción. Aunque la voluntad de Dios es *todopoderosa,* recibe tres nombres distintos según su peculiar relación a tres clases de objetos: [35]

---

35. Todas las demás distinciones (a veces, demasiadas) que han inventado los teólogos me parecen superfluas.

A) DECRETIVA, si se mira al efecto que Dios desea conseguir, el cual está garantizado por la eficacia de Su poder soberano, al que nada se resiste.

B) PRECEPTIVA, si se mira al cumplimiento de los mandamientos divinos por parte de un ser creado. Con ella, Dios *manda* u ordena que se realice algo. Este *algo*: *a)* se cumple *necesariamente,* cuando Dios manda a los elementos, como en Is. 34:16; 40:26; 45:12; *b)* se cumple *voluntariamente,* como en Jos. 1:16; 11:9, 15; *c)* se cumple *condicionalmente,* cuando Dios hace depender el resultado final de la voluntad del hombre —en este caso, *no siempre* rompe Dios la resistencia del hombre— [36] como es el caso de Hech. 17:30: «Dios... *manda a todos los hombres en todo lugar,* QUE SE ARREPIENTAN» (pero no todos se arrepienten); *d)* no se cumple, porque Dios *no desea* que se realice el acto, sino que se manifieste la disposición del sujeto. Caso típico es el sacrificio de Isaac, que Dios ordenó a Abraham, pero lo impidió en el último momento, aunque tuvo su figurativa sustitución (*cf.* Gén. 22:10-13).

C) PERMISIVA, cuando Dios *no impide* un mal, ya físico, ya moral, por razones que explicaremos en la lección 37.ª. El término «permisiva» no se ha de tomar en el sentido que tiene cuando hablamos, por ejemplo, de una «sociedad permisiva», que aprueba o hace la vista gorda al mal o a la corrupción reinante. Dios siempre *aborrece* el mal con todo el infinito ímpetu de Su Santo Ser; por tanto, siempre lo reprueba y sanciona, nunca lo mira con indulgencia, tolerancia ni connivencia. Al no impedir el mal, únicamente respeta las leyes físicas y el albedrío del hombre y, al final, todos confesarán la bondad, la santidad, la justicia y la sabiduría de Dios, a cuya gloria todo ha convergido.

---

36. Cualquiera que sea la explicación que se dé a este misterio en que se conjugan la soberanía de Dios y la responsabilidad del hombre.

4. Dios es omnipotente

De la misma manera que la Mente Divina alcanza en un acto intuitivo toda la Verdad y con un solo acto de Su Amor todo el Bien, así también realiza con una sola decisión de Su Voluntad todo lo que, desde la eternidad, ha decretado que exista o suceda. La Santa Biblia nos ofrece copiosos testimonios de este soberano e infinito poder de Dios; p.e.:

«*Yo soy el Dios Todopoderoso*» (Gén. 17:1).[37]
«*¿Hay para Dios alguna cosa difícil?*» (Génesis 18:14).
«*Nuestro Dios está en los cielos; todo lo que quiso ha hecho*» (Sal. 115:3).
«*Para Dios todo es posible*» (Mat. 19:26).

Para describir este atributo divino podríamos decir que *Dios es la Causa Primera, Absoluta, Infinita, Necesaria y Suficiente, de todo cuanto tiene razón de ser.* Por la creación, conservación e intervención de todo lo que existe y sucede, *todo el ser de todos los seres creados es efecto de la causalidad divina:*

«*Pues él es quien da a todos vida y aliento y todas las cosas... Porque en él vivimos, y nos movemos, y somos*» (Hech. 17:25, 28).

Ningún ser creado puede *crear,* o sea, sacar de la nada, sino sólo *hacer* o *fabricar,* es decir, dar figura o disposición a los materiales, creados por Dios, que encuentra en la naturaleza.[38]

---

37. Ya explicamos en la lección 8.ª, punto 2, A) el verdadero significado de la expresión «*El-Shaddai*» que aquí emplea el texto hebreo.

38. Por eso, sólo Dios es realmente *creador.* Cuando se dice que el hombre «crea», es únicamente una forma de hablar para expresar

5. Las tres «limitaciones» del poder de Dios

Hemos entrecomillado el vocablo *limitaciones* para dar a entender, de antemano, que, en realidad, el poder de Dios alcanza a *todo cuanto tiene razón de ser* y, por tanto, no conoce límites verdaderos. El poder de Dios no conoce otro límite que el *absurdo;* por la sencillísima razón de que el absurdo es «el no-ser», «la no-verdad» y «el no-bien». En otras palabras, el absurdo *contradice* al mismo concepto de ser según está representado en la esencia divina misma, y Dios no puede contradecirse a Sí mismo, porque eso no sería *poder,* sino *debilidad.* Notemos, contra la falsa opinión de algunos antiguos teólogos (escolásticos y jansenistas), que el poder de Dios no es un atributo cerrado, aislado en el vacío, independiente de los demás atributos divinos, sino que todos los atributos divinos están *esencialmente* ligados entre sí. Por tanto, no puede pensarse en una *potentia absoluta* que no tenga en cuenta la Verdad, el Bien, la Justicia y la Santidad de Dios; en este sentido, toda la potencia divina es *ordinata;* sólo puede admitirse esta terminología en el sentido de adscribir a la *absoluta* el campo de lo *posible,* y a la *ordinata* el campo de lo *ya programado por Dios,* sea por la vía ordinaria de lo corriente, o por la vía extraordinaria del milagro. DIOS SIEMPRE PUEDE MAS DE LO QUE HACE.

Hecha esta importante y necesaria observación, podemos ya decir que Dios *no puede:*

---

que lo realizado es la plasmación de un arquetipo mental *organizado* con mayor o menor originalidad, o responde a un acto libre (más o menos gratuito) de la voluntad humana. Y aun en muchas de estas «creaciones» ha de tenerse en cuenta, como alguien ha señalado con gracia y justicia, que incluyen un 5 % de *inspiración* y un 95 % de *transpiración. Autor* (del latín «auctor» = el que añade) era, para los romanos, especialmente el general que, con sus conquistas, *añadía* nuevas provincias al Imperio. *Inventor,* según su etimología, significa *el que encuentra* (lo que supone que Alguien lo había escondido —cf. Ecl. 3:11—).

A) *Hacer otro Dios igual que él* (1.ª clase de absurdos), porque, aunque Dios agotase, por decirlo así, Su infinito poder en tamaña tarea, el resultado sería una *hechura* suya, algo «creado» y, por tanto, «no-divino», porque Dios no puede ser creado ni hecho, ya que, para ser Dios verdadero, ha de tener en Sí mismo la razón de Su existencia.

B) Realizar lo que implica *una contradicción conceptual* o imposible metafísico (2.ª clase de absurdos); en otras palabras, algo que repugne a la noción de «ser»; por eso, no puede mentir, ni pecar, ni dejar de existir, ni hacer un círculo cuadrado, ni hacer que lo que ha sucedido ya no haya sucedido, porque todo ello implica un «no-ser»: algo que contradice a la Verdad, al Bien, a la Santidad, etc., del Ser de Dios.

C) *Cambiar de condición o de decisión.* Todo lo que Dios piensa, decide y hace, *sucede* invariable e ineludiblemente, porque se efectúa desde la inmutable eternidad de Dios. Cuando ha decidido crear, humillarse (Sal. 113: 5, 6), encarnarse (Jn. 1:14), anonadarse (Filip. 2:7, 8), *ya no se puede volver atrás,* ni en sus decisiones ni en sus promesas. En ello se basa Su fidelidad y nuestra seguridad. Esto no quiere decir que Dios lo haga todo esto *por necesidad.* Dios no tiene otra *atadura* que la naturaleza de Su Trina Deidad, pero es *libre* en todas las decisiones que toma respecto de Sus creaturas. Unicamente hemos de tener en cuenta que la libertad divina no consiste en una *indiferencia previa,* que delibera para decidirse a obrar de una manera o de otra, sino en una *independencia actual* de todo lo contingente, es decir de todo *lo que puede no existir.* De esta divina independencia participa el creyente, que puede decir, con Teresa de Avila: «Quien a Dios tiene, — Nada le falta; — Sólo Dios basta.»

CUESTIONARIO:

1. Los dos sentidos del verbo «querer». — 2. ¿Qué signi-
fican los términos «propósito», «designio» y «voluntad»
aplicados a Dios? (cf. Ef. 1:11). — 3. ¿A qué se llama
voluntad decretiva, preceptiva y permisiva de Dios? —
4. ¿En qué consiste la omnipotencia de Dios? — 5. ¿Qué
es lo único que, por decirlo así, limita el poder de Dios?

LECCION 16.ª   DIOS ES BUENO

1. La benevolencia de Dios

Siendo Dios infinitamente bueno en Sí mismo, es también infinitamente bueno, benigno, benevolente, hacia Sus creaturas. El posee, en grado infinito, la «chrestótes» y la «agathosyne» (benignidad y bondad), que son, en los creyentes, frutos de Su Espíritu (Gál. 5:22):

> «*Bueno es Jehová para con todos, y sus misericordias sobre todas Sus obras... Los ojos de todos esperan en ti, y tú les das su comida a su tiempo. Abres tu mano, y colmas de bendición a todo ser viviente*» (Sal. 145:9, 15-16).

> «*Amad a vuestros enemigos... para que seáis hijos de vuestro Padre que está en los cielos, que hace salir su sol sobre malos y buenos, y que hace llover sobre justos e injustos*» (Mat. 5:44, 45).

> «*De tal manera amó Dios al mundo, que ha dado a Su Hijo Unigénito*» (Jn. 3:16).

> «*Haciendo bien, dándonos lluvias del cielo y tiempos fructíferos, llenando de sustento y de alegría nuestros corazones*» (Hech. 14:17).

Como es obvio, la bondad de Dios se manifiesta en toda su munificencia en las riquezas de la gracia que otorga a los que son propiamente «Sus hijos» por haber nacido «*de agua y del Espíritu*» (Jn. 1:12-13; 3:3-8; etc.).

2. La gracia de Dios

La palabra «gracia» es usada algunas veces en la Biblia para designar simplemente un *favor* que una persona hace a otra. Es versión del hebreo «hanán» y del griego «kharis». Como atributo divino, siempre indica un *favor inmerecido*, o sea, la concesión de un favor, de un don o de un poder, a los que no se tiene ningún derecho. Más aún, teniendo en cuenta el estado del hombre pecador, la gracia es un *favor desmerecido*, por ser concedida a un *enemigo*:

> «El amor de Dios ha sido derramado en nuestros corazones... Porque Cristo, cuando aún éramos débiles, a su tiempo murió por los impíos...; con todo, pudiera ser que alguno muriera por el bueno. Mas Dios muestra Su amor para con nosotros, en que siendo aún pecadores, Cristo murió por nosotros... Porque si siendo enemigos, fuimos reconciliados con Dios por la muerte de Su Hijo...» (Rom. 5:5-10).

Esta «gracia de Dios» es la fuente de todas las bendiciones celestiales, desde el mensaje que sembró la Palabra salvífica en nuestros corazones (y aun desde la eterna elección por parte de Dios) hasta la glorificación final en los cielos; de tal manera que toda nuestra vida espiritual presente y futura depende *únicamente* de esta *gracia de Dios* (Hech. 14:3; Rom. 3:24; 2.ª Cor. 8:9; Ef. 2:8-10; 2.ª Tes. 2:16; Tito 2:11; 3:7, entre otros muchos lugares).[39]

3. La misericordia de Dios

Siendo también otra de las manifestaciones de la bondad de Dios, la misericordia se diferencia de la gracia

---

39. V. el volumen V de este Curso (en preparación).

en que, mientras ésta es un *favor desmerecido* en relación con el pecador *culpable* ante Dios, aquélla es el atributo que tiene su base en la *miseria* del hombre caído. El término griego es «eleos» (de donde se deriva «limosna») y el hebreo «hesed», aunque cuando se quiere acentuar la ternura y hondura compasiva, el Antiguo Testamento usa el término «rajam».

Los testimonios de la Palabra de Dios sobre este atributo divino son muy numerosos:

> «*Y pasando Jehová por delante de él* (Moisés), *proclamó: ¡Jehová! ¡Jehová! fuerte, misericordioso y piadoso; tardo para la ira, y grande en* MISERICORDIA Y VERDAD» (Ex. 34:6).

El término *misericordia* ocurre muy a menudo en el Antiguo Testamento. El binomio «misericordia y verdad» («*hesed - hemet*») es frecuente (v.g., en Gén. 24:49; 32:10; 2.° Sam. 2:6; Sal. 40:10; 89:14; Prov. 3:3); a veces, va unido con «fidelidad» (hebreo «'emunah»), lo cual resulta sinónimo, pues la «verdad» de Dios es Su *fidelidad*. «*Misericordia y verdad*» o «*misericordia y fidelidad*» vienen, así, a ser un binomio típico de salvación, equivalente al de «*gracia y verdad*» de Jn. 1:14.

Esta *misericordia* de Dios no se opone a Su *justicia* ni la disminuye. Más aún, Dios ejercita Su *misericordia* con nosotros, siendo estrictamente *justo* y *fiel* en virtud de la propiciación hecha en el Calvario mediante la sangre de Cristo; así obtenemos la *paz* con Dios, mediante la fe:

> «*Justificados, pues, por la fe, tenemos paz para con Dios por medio de nuestro Señor Jesucristo*» (Rom. 5:1).

> «*Si confesamos nuestros pecados, El* (Dios) *es* FIEL Y JUSTO *para perdonar nuestros pecados, y limpiarnos de toda maldad*» (1.ª Jn. 1:9. El v. 7 nos dice: «*y la sangre de Jesucristo Su Hijo nos limpia de todo pecado*»).

En las Epístolas pastorales, Pablo saluda a Timoteo y a Tito con la tríada *«gracia, misericordia y paz»* (1.ª Timoteo 1:2; 2.ª Tim. 1:2; Tito 1:4). Si nos percatamos de que la *paz* es fruto del Espíritu (Gál. 5:22) y que ella es el lazo de la *unidad* que el Espíritu hace (Ef. 4:3), veremos que dicha tríada coincide con la que Pablo menciona, como bendición final, en 2.ª Cor. 13:14: *«La* GRACIA *del Señor Jesucristo, el* AMOR *de Dios* (Padre), *y la* COMUNION *del Espíritu Santo sean con todos vosotros.»* Así podemos decir ya, en un contexto trinitario, que el Padre, con la efusión de Su misericordia, obra, por la ministración de la gracia de Cristo, la reconciliación que el Espíritu suministra al aplicar el don inefable de la Redención (comp. con 1.ª Cor. 12:4-6).

4. La paciencia de Dios

Nuestras versiones traducen con el mismo término «paciencia» dos vocablos griegos de distinta significación: a) *«hypomoné»*, que comporta aguante (*perseverar bajo* el peso de la adversidad, como indica su etimología); en este sentido la encontramos, por ejemplo, en Hebr. 10:36, donde el contexto anterior y posterior, hasta empalmar con la definición de 11:1, nos muestra que la paciencia es hija de la *esperanza;* b) «makrothymía», que significa «grandeza de ánimo» para *superar* las contrariedades y ofensas que otros nos infieren. En este sentido, exhorta Pablo a los fieles de Efeso a «soportarse los unos a los otros» (4:2) con algo más que una mera *paciencia:* con una «longanimidad» (*cf.* Gál. 5:22), que es hija del *amor.*

Es aquí donde el amor bondadoso de Dios a los miserables pecadores se hace, más que simple paciencia, longanimidad, «makrothymía». Ex. 34:6, citado en el punto anterior, nos dice que Dios es *«tardo para la ira».* Esta expresión es, en hebreo, «'erek 'aphayim» y significa, literalmente, «largo de rostro» (que no es lo mismo que nuestra expresión «cara larga»). El Sal. 89:15 repite la frase de Ex. 34:6: *«Lento para la ira, y grande en misericordia y verdad*. En Rom. 2:4 va esta «makrothymía» precedida de «*anokhé*» = aguante, por el que se soporta algo. La misma o parecida terminología encontramos en Rom. 9:22; 1.ª Ped. 3:20 y 2.ª Ped. 3:15.

Esta *paciencia* o *longanimidad* de Dios no es en ningún modo una connivencia ni una indulgencia respecto del pecado del hombre, sino que apunta hacia el Calvario, donde el pecado del hombre encontraría la sanción adecuada. Cristo es «*el Cordero de Dios que quita el pecado* (todos los pecados) *del mundo*» (Jn. 1:29). El verbo «airo» que allí se emplea tiene múltiple sentido: quitar, levantar, llevarse; en todos ellos tuvo su realización en Cristo, porque El *quita* el pecado del mundo *levantándolo* de nuestros hombros y *cargándolo* sobre los Suyos. Y, en previsión de la obra de Cristo, Dios «*pasa por alto en su paciencia los pecados pasados*» (Rom. 3:25) sin faltar a la justicia; más aún, *manifestándola* en la «*propiciación por medio de la fe en la sangre de Cristo Jesús*». Este *pasar por alto* nuestros pecados, de Rom. 3:25, equivale al «*no tomándoles en cuenta a los hombres sus pecados*», de 2.ª Cor. 5:19. En este último contexto se nos dice por qué: porque «*al que no conoció pecado* (al Cristo inocente) Dios *por nosotros lo hizo pecado* (responsable de todos los pecados, víctima propiciatoria por el pecado), *para que nosotros* (los culpables) *fuésemos hechos* (más exactamente: «llegásemos a ser») *justicia de Dios* (revestidos de justicia, juzgados como justos, por Dios) *en él* (en, y a través de, Jesucristo). *Ningún texto bíblico expresa mejor que* 2.ª *Cor. 5:21 la esencia de la justificación;* es decir, el modo como Dios perdona el pecado y nos constituye justos, con la justicia de Cristo, en Su santa presencia. También nos explica que la verdadera causa de la condenación del impío ya no son, en realidad, «los pecados pasados», sino «el no creer» en el Enviado de la Buena Nueva (comp. con Juan 3:16-18).[40]

---

40. Explicaremos esto con más detalle en el aludido vol. V de esta colección.

CUESTIONARIO:

1. ¿A quiénes alcanza la bondad de Dios? — 2. ¿Qué entendemos por gracia *de Dios? — 3. ¿Qué matiz añade la misericordia de Dios a Su gracia? — 4. ¿Qué conjuntos forma con otros términos, tanto en el Antiguo como en el Nuevo Testamento, el vocablo «misericordia» de Dios? — 5. ¿Con qué expresiones bíblicas se nos manifiesta la paciencia de Dios?*

LECCION 17.ª DIOS ES SANTO

1. Concepto bíblico de santidad

Ser santo, en hebreo se expresa con el verbo «qadash», de donde procede el término *«qadosh»*. Es curioso observar que las consonantes *qd* en hebreo forman siempre verbos que indican «separación»; así: «qadad» = cortar o dividir; «qadaj» = arder o encender; «qadam» = adelantarse; «qadar» = oscurecerse, y «qadash» = ser santo o sagrado. Por tanto, la idea bíblica de santidad, según la expresan el hebreo «qadosh» y el griego «hagios», comporta, ante todo, una *separación*. Esta separación tiene un aspecto positivo de *elevación* en el ser y en la conducta, y un aspecto negativo de alejamiento del mal, o sea, de *pureza*.

2. La santidad de Dios

Si pudiera definirse a Dios por medio de algún atributo, sin duda que el de «santo» lo definiría. *«Santo, santo, santo»*, clamaban los serafines en la visión que Isaías tuvo de la gloria de Dios en el templo, en contraposición a los «labios inmundos» del pueblo de Israel y del propio Isaías.

¿En qué consiste, pues, la santidad de Dios? Podríamos definirla como una BONDAD MAYESTATICA: es decir, como una *majestad infinita,* por la que el Ser de Dios es inaccesible en Su perfección absoluta, «completamente Otro», totalmente libre de adherencia, impureza, cambio y limitación; y como una *bondad infinita,* infinitamente bueno en Sí (ineludiblemente inclinado hacia el Bien) e infinitamente bueno para todos, no compartiendo con nadie ni con nada la GLORIA de ser el único Salvador necesario y suficiente de los Suyos.

3. Santidad óntica y santidad ética

De lo dicho se desprende que la santidad de Dios se manifiesta en dos (o mejor, en tres) aspectos: a) *esencial* u óntico, por el que la esencia misma de Dios, al identificarse con el Bien Absoluto, está por encima de todo como algo inaccesible, separado, oculto en los celajes de una majestad infinita; b) *moral* o ético, por el que Dios está libre de toda imperfección y abomina de toda iniquidad que pueda cometerse en Su omnipresencia. Puede añadirse —c)— un tercer aspecto, *global,* por el que «santo» implica un conjunto total de las más sublimes cualidades éticas, que abarca juntamente, en grado infinito, sublime, la bondad, la pureza, la suma rectitud. [41] Esto debe producir en nosotros, miserables pecadores, el mismo sentimiento de *pavor* que hizo al profeta Isaías «verse perdido», «sentirse como muerto» (Is. 6:5). Hab. 1:13; Mat. 5:48; Stg. 1:13 son unos pocos ejemplos de esta santidad de Dios, por la que Dios no puede pecar; más aún, el pecado (todo pecado) está en oposición radical contra la misma esencia de Dios, por lo cual es siempre y en todo lugar el objeto directo de un odio, de una ira y de una abominación infinitos por parte del Dios tres veces santo, o sea, *santísimo.* Si Dios pudiera dejar de existir, el pecado lo mataría. Y, en verdad, al hacerse hombre mortal, «murió por nuestros pecados».

4. La santidad de Dios en acción

Por ser la santidad un atributo que entraña *relación,*

---

41. V. Hertz, *o. c.,* pp. 409, 453, 497.

Dios la ha manifestado en la Historia de la Salvación de dos maneras:

A) Separando para Sí un pueblo, con quien hizo un pacto especial, y al que dio una Ley, un ceremonial y unas promesas.

B) Preservando a este pueblo (Israel) del mal y del error, conduciéndolo con Su gracia, Su poder y Sus correctivos purificadores, en revelación y en acción progresivas, de lo ritual a lo ético, de lo histórico a lo profético, de las figuras a la realidad, de la letra al espíritu.

Este pueblo *santo* (separado y purificado —especialmente tras la cautividad de Babilonia—) va concentrándose en un *resto* o remanente, se singulariza en Jesucristo (la viña, con muchas cepas, de Is. 5, pasa a ser la única «vid verdadera» de Jn. 15); y en Cristo (el *Santo* por excelencia —Hech. 2:27; 1.ª Jn. 2:20), todos los creyentes, «de todas naciones y tribus y pueblos y lenguas» (Apoc. 7:9), o sea, la Iglesia de Dios) son aceptados, salvos, *santificados* (separados y purificados) por Dios (*cf.* Jn. 10:36; 17:17, 19; Ef. 1:6; 1.ª Jn. 3:3).

5. La imitación del Dios Santo

Toda la ética del pueblo de Israel está fundamentada en la intimación que Yahveh hace a Su pueblo en Levítico 19:2: «*Santos seréis, porque santo soy yo Jehová vuestro Dios.*» [42] El apóstol Juan, bien imbuido en esta enseñanza judía, dirá después a todos los creyentes: «*Y todo aquel que tiene esta esperanza en él* (en la final manifes-

---

42. El Gran Rabino Hertz (*o. c.*, p. 409) hace notar que el Levítico, en un principio llamado *Torah Cohanim* = Ley de los sacerdotes (por describir las funciones de los sacerdotes y los deberes de un pueblo sacerdotal), se divide en dos partes, de acuerdo con dos conceptos-clave: *sacrificio y santidad*. Añade que era el primer libro de la Ley que se enseñaba a los niños hebreos para que comenzasen a habituarse a las cosas puras.

tación de Jesucristo), *se purifica a sí mismo, como El es puro*» (1.ª Jn. 3:3).

Citando a S. R. Hirsch, dice Hertz,[43] en comentario a Lev. 11:44:

> «... *porque yo soy santo*. Esto constituye la base de vuestra obligación de santificaros, así como la garantía de vuestra capacidad para alcanzar la santidad de vida. La santidad es la misma esencia del Divino Ser; y, al soplar Su espíritu dentro de vosotros, os ha hecho participantes de Su Naturaleza Divina [comp. con 2.ª Ped. 1:4] y os ha investido del poder de alcanzar la santidad. "Porque Yo soy santo, vosotros *debéis* ser santos y *podéis* ser santos".»

En el desarrollo de este concepto bíblico, como de tantos otros, es de relevante importancia escuchar comentarios de primera mano judía.[44] Nunca hemos de olvidar que los conceptos-clave de la salvación tienen su contexto en la Historia de Israel y, por tanto, no se puede entender bien el Nuevo Testamento si no se comprenden los temas básicos del Antiguo, donde el Nuevo «está latente», en frase de Agustín de Hipona. Por eso, queremos citar otro importante comentario del mismo Dr. Hertz [45] a Lev. 19:2. Dice así:

> «*Santos seréis, porque santo soy yo Jehová vuestro Dios*. El hombre está no sólo para dar culto a Dios, sino también para imitarle. Debe mostrar por sus obras lo divino que lleva injerta-

---

43. *O. c.*, p. 453.
44. El Dr. Hertz pasa por haber sido uno de los más competentes rabinos de todos los tiempos, pero nos apena que también en él se cumplan las palabras de Pablo en 2.ª Cor. 3:14-15, hasta resultarle «escándalo» la Cruz de Cristo, como veremos en otro lugar.
45. *O. c.*, p. 497.

do, y manifestar, por la pureza y rectitud de su conducta, que es de Dios. El hombre mortal no puede imitar la infinita majestad de Dios ni Su eternidad, pero *puede* aspirar a una pureza típicamente divina, manteniéndose apartado de todo cuanto pueda ensuciarle y contaminarle (11:44); y especialmente puede imitar las cualidades misericordiosas de Dios. Esta "imitación de Dios" es sostenida por los rabinos como el más elevado ideal humano. "Sé como Dios; así como Él es misericordioso y benigno, sé tú también misericordioso y benigno. La Escritura manda: *En pos de Jehová vuestro Dios andaréis* [v.g., Deut. 13:4]. Pero Dios es fuego consumidor, ¿cómo pueden los hombres andar en pos de Él? El sentido es: siendo como Él es —misericordioso, amoroso, paciente—. Nótese cómo en la primera página de la Torah, Dios vistió al desnudo —Adán—; y en la última dio sepultura al difunto —Moisés—. Él cura al enfermo, suelta al cautivo, hace el bien incluso a Sus enemigos, y es misericordioso tanto con los vivos como con los muertos" (Talmud). Por consiguiente, estas cualidades bondadosas son verdaderos vínculos entre Dios y el hombre; y nunca se halla el hombre tan cerca de la Deidad como en sus momentos de compasión.»

¡Precioso comentario a la imitación de la santidad de Dios! Ya Cicerón dijo en uno de sus famosos Discursos que «nada acercaba tanto los hombres a Dios como el impartir salvación a otros hombres». ¿Conocía Cicerón esta parte, sin duda perteneciente al primitivo Talmud? Lo cierto es que la enseñanza de Jesús y de Sus apóstoles se mueve también en esta dirección. Jesucristo se presenta como Mesías, en Lucas (el evangelio de la «salvación»), como el Ungido de Jehová, para realizar tales obras de misericordia (Is. 61:1-3, comp. con Luc. 4:18-19);

pone en el amor, incluso a los enemigos, el distintivo del creyente, «perfecto como el Padre Celestial» (Mat. 5:48), y propone el Gran Juicio de las Naciones a base de un formulario de *cinco* tests de misericordia (Mat. 25:31-46). En cuanto a Pablo, Pedro y Juan, baste con recordar, entre otros muchos, los siguientes lugares: Rom. 13:8-10; 1.ª Ped. 1:16-22; 2:15-23; 1.ª Jn. 3:11-24; 4:11-21. Al fin y al cabo, este amor (el *agápe* que viene de las regiones celestiales —*cf.* 1.ª Jn. 3:1 en el texto griego) es la gran «supernota» del Cristianismo (*cf.* Jn. 13:35). ¿Y qué diremos de la «revolucionaria» Epístola Universal de Santiago? (*cf.* Stg. 1:26-27; 2:1-17· 5:1-6). En casa de Cornelio, Pedro resumió así su mensaje sobre Jesucristo:

> «*Vosotros sabéis... cómo Dios ungió con el Espíritu Santo y con poder a Jesús de Nazaret, y cómo éste* ANDUVO HACIENDO BIENES Y SANANDO A TODOS LOS OPRIMIDOS POR EL DIABLO, PORQUE DIOS ESTABA CON EL...» (Hech. 10:37 y ss.).

CUESTIONARIO:

1. Concepto bíblico de santidad. — *2. ¿En qué consiste la santidad de Dios?* — *3. ¿Qué aspectos abarca la santidad en Dios?* — *4. ¿Cómo manifestó Dios Su santidad en relación con Israel?* — *5. ¿Qué implican para el creyente textos como Lev. 19:2 y 1.ª Jn. 3:3?* — *6. ¿En qué aspecto de la conducta enfatiza la Biblia la imitación del Dios santo?*

LECCION 18.ª DIOS ES JUSTO

1. Concepto bíblico de justicia

Así como el concepto bíblico de santidad apunta siempre hacia una *separación*, el concepto bíblico de *justicia* apunta hacia una *conformación*. Justo es lo que a uno «le cae a la medida»; en este sentido decimos que el traje nos viene «justo». La medida de la justicia es la norma de la ley. Así que una persona es *justa* en la medida en que cumple la Ley de Dios.

En Dios, como en el hombre, la justicia es consecuencia inmediata de la santidad y es como el fundamento de todas las demás cualidades éticas del individuo en su vida de relación. Tito 2:12 nos traza las tres dimensiones de la justicia en tres vocablos: *«sobria, justa y piadosamente»* (en relación a sí mismo, al prójimo y a Dios); pero el término técnico se aplica allí, como en el resto de la Biblia, a la relación con los demás.

El hebreo expresa este concepto con los términos *«tsaddiq»* o *«tsedheq»* = justo (es curioso que las consonantes son casi las mismas que *qadosh* = santo, pero invertidas) y *«tsedhaqah»* = justicia. El griego del Nuevo Testamento los vierte, respectivamente, por *«dikaios»* (nótese la semejanza fonética) y *«dikaiosyne»*.

Hertz hace notar [46] que el concepto bíblico de justicia

---

46. *O. c.*, p. 821.

difiere en gran manera del griego, pues mientras para Platón, por ejemplo, justicia equivale a *orden* constituido en una sociedad en que cada cual debe conformarse con el sitio que le corresponde, dentro de la diversidad de clases, para el hebreo equivale a *igualdad* de condiciones, puesto que el hombre ha sido creado a imagen de Dios y, por tanto, no puede ser tratado nunca como un *objeto*, sino como una *persona;* de ahí que el concepto bíblico de justicia implique *un profundo respeto a la persona y a sus inalienables derechos.*

2. La justicia de Dios

El concepto mismo de justicia se ilumina mejor a la vista del lugar que este atributo ocupa en las cualidades del Ser Divino. Por eso, canta el Salmista (Sal. 89:14) dirigiéndose a Jehová: *«Justicia y juicio son el cimiento de tu trono.»*

Pero para comprender bien el sentido bíblico de la justicia de Dios es preciso añadir el contexto del mismo versículo: *«Misericordia y verdad van delante de tu rostro.»* Por eso, la justicia divina no es un mero «dar a cada uno lo suyo», ni un puro «no hacer daño a otro». La justicia divina implica un *poder salvador victorioso.* De ahí que, por ejemplo, Isaías usa el mismo término para «justicia» y «victoria» (tsidheqah) en 54:17. Por eso, *«el efecto de la justicia será paz; y la labor de justicia, reposo y seguridad para siempre»* (Is. 32:17).[47] Y eso es lo que Jehová pide de Su pueblo cuando exhorta en Amós 5:24 a que *«corra el juicio como las aguas, y la justicia como impetuoso arroyo».*

Más aún, como nota Hertz, la justicia incluye un aspecto altamente *positivo,* pues incluye la filantropía, la ayuda al prójimo, el amor. Así escapa del sarcasmo que ya el Derecho Romano atribuía a la justicia *pura («Summum ius, summa iniuria»).*

---

47. V. Hertz., *o. c.,* pp. 819-821.

«Así como la "verdad" —dice Hertz— suele en la Escritura ir precedida de la "misericordia" *(hesed vehemet),* para recordarnos que la verdad se ha de decir *en amor* [comp. con Ef. 4:15], así también la "justicia" va a menudo acompañada de algún sinónimo de "misericordia" *(hesed),* para venir a expresar que la justicia estricta debe ser mitigada, en su ejecución, por la compasión y la humanidad.» [48]

«*Buscad justicia; buscad mansedumbre*», leemos en Sofonías 2:3. A la vista de este concepto de justicia, entendemos mejor cómo «*la justicia y la paz se besaron*» (Salmo 85:10), cuando, en la Cruz, «*el castigo de nuestra paz fue sobre El, y por Su llaga fuimos nosotros curados*» (Is. 53:5). Si en el judaísmo tardío, *tsidheqah* llegó a ser sinónimo de «caridad»,[49] en Jesucristo vemos cumplidas conjuntamente las exigencias del Amor y de la Justicia de Dios (*cf.* Jn. 3:16; Rom. 3:25), de tal modo que, a través de «*la propiciación por medio de la fe en Su sangre*», no sólo se manifieste que Dios «*es justo*», sino que manifieste Su justicia precisamente «*justificando al impío que no obra, sino cree*» (Rom. 3:26; 4:5).[50]

3. Implicaciones de la justicia de Dios

El concepto de justicia divina que acabamos de estudiar abunda en implicaciones prácticas, que sirven para que comprendamos mejor este atributo que, como siempre ocurre al hablar del Ser Divino, no puede existir ni actuar aparte de los demás atributos divinos. Así no podemos olvidar que:

---

48. *O. c.,* p. 821.
49. Según Hertz, *o. c., ibid.*
50. V. el vol. V (en preparación), cuando tratemos de la *justificación por la fe.*

A) *La justicia de Dios es simplemente el ejercicio de Su santidad respecto a Sus creaturas.* Así la justicia se combina con la bondad mayestática de Dios, con el Amor, pero no se identifica con el Amor; es, más bien, como observa Strong,[51] «la sumisión de la voluntad a una ley de amor». No es, pues, mera benevolencia. «Sólo el derecho torna moral el amor», en frase de G. M. Forbes. Quien añade: «y sólo el amor torna moral el derecho».[52]

B) *De ahí que la justicia de Dios no pueda dar lugar a la mera indulgencia o a la connivencia.* Esperar que la misericordia de Dios acallará, al final, las exigencias de Su justicia, es un error que el demonio se preocupa bien de inculcar a muchos inconversos, olvidando la tremenda advertencia de Hebr. 2:2-3:

> «*Porque si la palabra dicha por medio de los ángeles fue firme, y toda transgresión y desobediencia recibió JUSTA RETRIBUCION, ¿cómo escaparemos nosotros, si descuidamos una salvación tan grande?*»

C) *La justicia de Dios se manifiesta en un Dios justo gobernador del mundo y que retribuye a «cada uno según sea su obra»* (Apoc. 22:12. Cf. también 2:23).[53] Por ello, se suele distinguir en Dios:

a) una justicia *rectoral* que manifiesta la rectitud y equidad con que Dios gobierna el mundo, impone Sus leyes y las sanciona (cf., p.e., Rom. 1:32);

b) una justicia que *remunera*, no porque el ser huma-

---

51. *O. c.*, p. 291, citando a Harris, *Kingdom of Christ on Earth.*

52. Citado por Strong, *o. c., ibid.*

53. Esto no va contra Ef. 2:8-10 y otros numerosos textos bíblicos que nos aseguran que la salvación «no es por obras». Pero el seguir o no *«la obra de Dios»* (Jn. 6:29) divide a la Humanidad en salvos y réprobos. Una vez salvos, toda obra buena, aunque no sea un *mérito* para salvarse, recibirá su *recompensa* (*cf.* 1.ª Cor. 3:14; Apoc. 14:13).

no pueda exigir a Dios ninguna retribución ni salario (*cf.* Luc. 17:10), sino porque Dios se ha comprometido con promesa de fidelidad a dar, al que venciere, «la corona de justicia» (*cf.* 2.ª Tim. 4:8; Apoc. 3:11);

c) una justicia que *castiga* a los violadores de la ley, pues la ira de Dios pende sobre todos cuantos se oponen inicuamente a la penetración de la verdad (Rom. 1:18). Pero aun esta misma justicia queda atemperada por la misericordia, puesto que el Dios Santo, que es Amor y Justicia-nuestra al mismo tiempo, mientras remunera sobreabundantemente *lo que no podemos merecer,* siempre castiga por debajo de lo que *desmerecemos* con nuestros pecados e infidelidades. Esto es tanto más maravilloso cuanto que, como advierte Berkhof,[54] «la justicia divina, primordial y necesariamente, está obligada a castigar el mal, pero no a premiar el bien».

CUESTIONARIO:

1. Concepto bíblico de justicia. — 2. ¿En qué se distingue del concepto griego, según lo encontramos en la República, de Platón? — 3. ¿Qué lugar y qué matices tiene en Dios este atributo de Su justicia? — 4. ¿Cómo se cumple en el creyente la justicia de Dios? — 5. ¿Cómo se combina en Dios la Justicia con el amor?

---

54. *O. c.,* p. 75.

Tercera parte

La Trina
Deidad

LECCION 19.ª
HISTORIA DEL DOGMA DE LA TRINIDAD

1. ¿Qué expresamos con el nombre de "Trina Deidad"?

Para expresar la verdad bíblica de que el Ser Divino subsiste en tres personas usamos los términos de «Trina Deidad», «Santísima Trinidad», «Trinidad Divina». El vocablo «Trinidad» se deriva del latín *«trinus»* = triple (tres en uno),[1] al que viene a corresponder otro sinónimo: «tríada», del griego *«triás»*, que viene a significar también «un conjunto de tres».

El número ternario para designar un conjunto de «dioses» existe ya en la filosofía hindú, por ejemplo (Brahma, Vishnú y Shiva), pero la realidad de *un solo Dios en tres personas* es exclusiva y típica del Cristianismo. Para el judaísmo, la clara enseñanza novotestamentaria sobre la Trina Deidad forma parte del *«escándalo»* de Cristo crucificado (1.ª Cor. 1:23). Mateo 26:63-66; Juan 5:18; 10:30-33, entre otros lugares, nos muestran que el tenerse por *«el Hijo de Dios»*, *«haciéndose igual a Dios»*, es lo que llevó a Jesucristo a la Cruz. El mismo *velo* que les oscurece a los judíos la comprensión de lugares como Is. 53 (*cf.* 2.ª Corintios 3:14-15) queda expresado en las siguientes frases de un rabí palestino del siglo IV que el Dr. Hertz cita para confirmar su aseveración de que la creencia en la Trinidad es una violación del monoteísmo y de que los judíos

---

1. V. J. Corominas, *Diccionario Crítico-Etimológico de la Lengua Castellana*, vol. IV (Madrid, Gredos, 1957), p. 568.

que aceptaron el Cristianismo «oscurecieron el cielo del monoteísmo de Israel al enseñar la novedosa doctrina de una "filiación divina", identificando con Dios a un hombre, nacido de mujer, y abogando por la doctrina de la Trinidad».[2] Dice así el citado rabino del siglo IV:

> «Son extraños esos individuos que creen que Dios tiene un Hijo y que ha permitido que muriera. El Dios que no pudo sufrir el ver a Abraham a punto ya de sacrificar a su hijo, y exclamó: "¡no extiendas tu mano sobre el muchacho!", ¿cómo iba a presenciar impertérrito la inmolación de Su Hijo, en vez de reducir a pavesas el Universo entero?»[3]

Los capítulos 7 y 13 del Libro de Hechos nos muestran la furia de los judíos inconversos contra Esteban y Pablo, por predicar la salvación por la fe en Jesús. Los judíos ven en la enseñanza de la Trinidad una clara contradicción contra el monoteísmo, base fundamental del judaísmo, con el énfasis que se hace en Deut. 6:4: «OYE, ISRAEL: JEHOVA NUESTRO DIOS, JEHOVA UNO ES».

2. ¿Qué sentido tiene esta doctrina?

La enseñanza cristiana sobre la Trina Deidad no contradice en manera alguna la verdad fundamental del monoteísmo judío, puesto que el Nuevo Testamento no nos dice que hay *tres dioses*, sino *tres personas en un solo Dios*. Por tanto, esta doctrina puede descomponerse en las siguientes proposiciones que declararemos en las lecciones siguientes:

A) La Escritura nos habla de tres personalidades distintas en Dios.

---

2. *O. c.*, pp. 921, 923.
3. *Ibid.*, p. 923.

B) Cada una de estas personas es divina; es decir, es Dios.

C) Las tres personas —Padre, Hijo y Espíritu Santo— son un solo y mismo Dios.

Los ataques a la Trinidad comenzaron desde el judaísmo, desde el gnosticismo y desde la filosofía platónica, pero tuvieron siempre, desde el principio, un fondo *soteriológico*. La tríada de Plotino («El Uno, la Inteligencia, el Espíritu») estaba subordinada de tal forma que sólo el tercero era lo suficientemente cercano al mundo como para mancharse las manos en la construcción de lo material. Los gnósticos y arrianos vieron en el «Verbo» al «demiurgo» o arquitecto del Universo, pues no era decoroso que el Dios eterno e inaccesible crease lo vulgar. En realidad, todas las herejías que han surgido en este punto a lo largo de la Historia, y que vamos a exponer a continuación, fallaron (lo mismo que en Cristología) en «*conocer y creer el amor que Dios tiene para con nosotros*» (1.ª Jn. 4:16), el cual se manifestó al enviar a Su Hijo Unigénito a morir en la Cruz por nuestra salvación. Por eso, lo mismo en el siglo I que en el siglo XX, los ataques contra el Cristianismo han tenido como blanco principal la verdad nuclear de que Jesucristo es *Dios manifestado en carne* (1.ª Tim. 3:16; 1.ª Jn. 4:2), o sea, VERDADERO DIOS Y VERDADERO HOMBRE EN LA UNICA PERSONA DEL HIJO DE DIOS.

3. Los antiguos errores acerca de la Trinidad

A) EL SUBORDINACIONISMO. Sobre todo por influencia del neoplatonismo, al que ya hemos aludido, entró en la Iglesia el error de que sólo el Padre es verdadero Dios, siendo las otras dos personas seres participantes, de algún modo, de lo divino, pero, al fin y al cabo, seres creados, *nunca iguales a Dios*. Se divide en dos:

a) *El Arrianismo,* que debe su nombre a su primer mantenedor, el presbítero de Alejandría, Arrio († 336), defendía que el Verbo era una creatura del Padre, al que había servido de instrumento para crear todo lo demás, ya que el mundo este, limitado y contingente, no podía entrar en contacto con un Dios trascendente. El Concilio de Nicea (año 325) afirmó que «Jesucristo, el Hijo de Dios, es Dios verdadero, nacido —no creado— del Padre, IGUAL EN ESENCIA (griego «homousion») AL PADRE...».[4] Viendo en esta fórmula una negación de la Trinidad, surgió la oposición (especialmente, por parte de seguidores del neoplatónico Orígenes) y, con la ayuda imperial (que deseaba la unidad religiosa *por razones políticas*), se forzó una fórmula de compromiso el año 360, por la que se declaraba que el Hijo no era «homousios» = de la misma esencia, sino «homoiusios» = de esencia *semejante* a la del Padre. Esta vino a ser la religión *oficial* del Imperio (de ahí su penetración y supervivencia en los godos, visigodos y ostrogodos, etc.), hasta que la muerte de los emperadores que favorecían el arrianismo y la reflexión bíblica y teológica de tres grandes escritores eclesiásticos (Basilio de Cesarea, Gregorio de Nacianzo y Gregorio de Nisa) recondujeron a la Cristiandad a la fe de Nicea, confirmada en el Concilio de Constantinopla (año 381).[5]

b) *El Macedonianismo*, nombre derivado del patriarca de Constantinopla, Macedonio († hacia 370), es una variante del semiarrianismo, pero se caracterizaba por sostener que el Espíritu Santo era creatura del Hijo. De ahí le vino a esta secta el nombre griego de «pneumatómakhos», que significa «los que combaten al Espíritu».

B) EL MONARQUIANISMO. Esta palabra se deriva de los vocablos griegos «monos» = único, y «arkhé» = principio; en su primer uso —por ejemplo, en Ireneo, tenía un sentido perfectamente ortodoxo, pues expresaba la verdad de que hay *un solo Dios,* Creador y Gobernador del Universo. Pero en una extrema reacción contra el error de gnósticos

---

4. V. *Denzinger*, 125.
5. V. *Denzinger*, 150.

y semiarrianos, suscitó un larvado judaísmo que negaba la Trinidad. El Monarquianismo se divide igualmente en dos clases:

a') *Dinámico.* Admite una sola persona en Dios, y ve en Jesucristo un mero hombre, cuya conciencia de ser portador del *Logos* o revelación de Dios fue creciendo progresivamente bajo el influjo poderoso del Espíritu de Dios hasta merecer honores divinos o *apoteosis*, pero sin ser jamás Dios en su esencia. Así el *Logos* no es sino la *revelación* del Padre, mientras que el *Espíritu* es el poder de Dios que controlaba todas las palabras y obras de Cristo. Esta doctrina fue defendida especialmente por el Patriarca de Antioquía, Pablo de Samosata, en el siglo III. Este error ha sido resucitado en nuestros días por los Unitarios con una mayor radicalidad, que los acerca a los ebionitas (de los que hablaremos en el volumen IV) y les hace ir más lejos que los arrianos en su negación de la divinidad de Cristo.

b') *Modalístico,* también conocido con el nombre de *Sabelianismo,* de Sabelio, heresiarca del siglo III, quien, sin negar la divinidad de Jesucristo, reconocía en Dios *una sola persona* («huiopatér» = hijo y padre), con tres *modos* distintos de manifestarse: como *Creador* (Padre), como *Redentor* (Hijo) y como *Santificador* (Espíritu Santo). Al tomar en Jesucristo el modo de Redentor, fue el Padre mismo el que padeció (por eso se les llama también «patripasianos»). Por eso, al terminar el último acto del drama de la Redención, cesó de existir como persona divina el Hijo de Dios según se *manifestaba* en Jesucristo. La fraseología de K. Barth en este punto se acerca peligrosamente a la del Modalismo, aunque no niega una verdadera Trinidad.[6]

C) EL TRITEÍSMO. Este error consistió en mantener que las tres personas divinas eran tres individuos de la misma

---

6. La expresión «threefold mode of being» que K. Barth emplea (en *The Doctrine of the Word of God,* p. 344, citado por Berkhof, *o. c.,* p. 84) es ambigua y peligrosa.

especie divina, o sea, tres dioses iguales en todos los atributos divinos. Cayeron en este error algunos seguidores del Monofisismo tardío, como Juan Ascunages y Juan Filópono, por no acertar a concebir tres personas en un solo ser *individual*. En el mismo error cayó el nominalista Roscelino durante la Edad Media.

4. Errores modernos

Ya hemos mencionado el Unitarismo. La Teología Liberal no es sino una forma más de Unitarismo o Unitarianismo. Lo mismo se puede decir de los Socinianos. Algunos entre los Arminianos resucitaron una larvada forma de Subordinacionismo al atribuir al Padre una primacía de *orden, dignidad y poder*. Varias especies de Modalismo Filosófico han sido defendidas por Swedenborg, Hegel, Schleiermacher, S. Clarke y W. N. Clarke. También niegan la Trinidad los llamados «Testigos de Jehová». El Modalismo ha resurgido también recientemente en una secta carismática que se denomina «Sólo Jesús» y bautiza únicamente en el nombre del Hijo. Para ellos, «Padre» y «Espíritu Santo» son meros títulos del único Dios verdadero, Jesús.

El Modernismo Teológico va más allá de todos estos errores, llegando a poner en duda y hasta a negar la personalidad de Dios. Si se niega un Dios personal,[7] ya no tiene razón de ser el hablar de una o más personas en Dios.

CUESTIONARIO:

1. ¿Qué sentido tiene la doctrina de la Trinidad? — 2. ¿Desde cuándo comenzaron los ataques a esta doctrina? — 3. Subordinacianismo arriano, semiarriano y macedoniano. — 4. El Monarquianismo, tanto dinámico como modalístico. — 5. El Triteísmo. — 6. Errores modernos sobre la Santísima Trinidad.

---

7. Como parecen hacer, por ejemplo, P. Tillich, J. A. T. Robinson y otros.

EL MISTERIO DE UN DIOS EN TRES PERSONAS

1. Concepto de persona

El hablar de *un Dios en tres personas* nos lleva a la siguiente conclusión: el Dios verdadero es un *Dios personal*, pero *no es una sola persona*, sino que el Ser Divino subsiste individualmente en *tres personas*. Aquí radica la esencia del mayor misterio de nuestra fe cristiana, ya que entre nosotros, *cada individuo*, o sea, cada ser humano individual, *es una persona* (por eso, al multiplicarse las personas se multiplican igualmente los individuos humanos), mientras que en Dios, el Padre, el Hijo y el Espíritu Santo son tres personas divinas realmente distintas, pero no son tres individuos divinos, sino un solo Ser Divino individual. ¿Cómo puede ser eso?

Acerquémonos con profunda reverencia a este gran misterio que ningún intelecto creado puede, ni jamás podrá, comprender. Comoquiera que la Santa Biblia nos da testimonio de cómo se manifiesta Dios en sus atributos esenciales y en sus propiedades personales, pero no puede expresar en palabras humanas lo que dichos atributos y propiedades *son en sí,* tenemos que concebir unos y otras según la *pura perfección* que nuestra mente atribuye al vocablo con que nuestro Diccionario los expresa. Esta pura perfección (especie de concepto alambicado de nuestro pensar teológico) se obtiene por una reflexión sobre el núcleo íntimo que la constituye, a la luz de lo que la Biblia nos dice sobre su manifestación o revelación divina.

¿Cómo se manifiesta una persona frente a otra? Como un «yo» que puede referirse y dirigirse a un «tú»; uno y otro pueden referirse a un «él». Ahora bien, vemos en las Escrituras un «Yo», un «Tú» y un «El» claramente distintos y, sin embargo, identificados en todos los atributos que pertenecen al Ser Divino Unico. O sea, Dios se manifiesta como un solo Ser Divino en Tres Personas.

Veamos ahora de qué modo puede aplicarse a este Ser Divino el concepto de *persona* de una forma *trina,* es decir, tri-personal. En el concepto de personalidad humana entran tres conceptos: *a)* una «autoconciencia» por la que distinguimos en nuestro ser íntimo una especie de «espectador» *que se percata* tanto de los fenómenos que registra la pantalla de nuestra *consciencia* o conciencia, como de la existencia de otros *objetos* (puestos *delante* de él), que pueden ser personas semejantes a él (sujetos) o meros objetos ingredientes de su circunstancia; *b)* una «autoposesión» por la que nos sentimos como dueños responsables de nuestras decisiones y de nuestra actividad consciente. Por eso, se dice con razón que sólo la persona tiene verdadera «existencia», puesto que *surge y se planta* («exsisto») para ir fabricando la trama de su vida, libremente, pero inexorablemente, escogiendo constantemente entre un manojo de posibilidades *lo que va a ser; c)* una *alteridad* irrepetible e incomunicable, puesto que ese «Yo-mismo» que llevamos dentro es tan «otro» de los demás, que no puede nunca compartir realmente con otra persona ni su peculiar «punto de vista» ni su «personal responsabilidad» ante los más importantes avatares de su vida. Por tanto, el concepto de «persona humana» comporta una especie de *coto cerrado* que hay que respetar siempre y en cuya intimidad nunca se penetra del todo. De aquí surge la dificultad de la «comunicación» entre los seres humanos. Por eso, la persona humana se constituye y perfecciona por un proceso de *interiorización*, por un «*ad se*» («hacia sí mismo»), como decían los escolásticos.

¿Es así como se constituye, por decirlo de alguna manera, una persona divina? Es cierto que Dios tiene *consciencia infinita de Sí mismo, se posee a Sí mismo en plenitud infinita de independencia y libertad, y mantiene su alteridad de una manera total en la inaccesible e inefable trascendencia del* «YO SOY EL QUE SOY», pero estos tres atributos de la personalidad no constituyen en la intimidad del Ser Divino un coto cerrado, incomunicable, por el que una persona divina pueda concebirse como algo *vuelto hacia sí*, sino que cada persona divina se yergue como distinta de las otras precisamente por un *ad alium:* por un volcarse totalmente hacia las otras dos. En otras palabras, Dios es Padre y el Padre es una persona divina *distinta*, precisamente por *entregarse totalmente*, expresando Su Verdad de una manera exhaustiva en un Hijo, el *Logos* o Verbo de Dios que refleja totalmente la gloria del Padre al ser *Su perfecta imagen* (Hebr. 1:3: «apaúgasma tes dóxes kai kharaktér tes hypostáseos autú» = la irradiación de Su gloria y la imagen expresiva de Su realidad). El Padre y el Hijo se constituyen igualmente como personas *distintas* del Espíritu Santo precisamente por *entregarse totalmente*, en el común Amor del Bien Divino, surgiendo una tercera persona divina como impresión infinita de tal Amor.

Esta entrega de una persona a las otras es tan esencial al Ser Divino y tan consustancial dentro de la intercomunicación de la naturaleza divina, que cada persona liga Su existencia divina a Su propia *relación* personal hacia las demás; de modo que el Padre no sería Dios (dejaría de existir) si no se comunicara al Hijo mediante la expresión de Su verdad; el Hijo no sería Dios (dejaría de existir) si no se dejase invadir por la infinita realidad —expresada— del Padre; el Espíritu Santo no sería Dios si no reflejase infinitamente el eterno e infinito Amor con que el Padre y el Hijo se lanzan mutuamente el uno

en brazos del otro al contemplar el Bien Absoluto en la
Absoluta Verdad del Ser Divino. Y, siendo el Ser Divino,
el Amor, la Verdad y la Vida en plenitud de perfección
infinita, *el Padre vive de decir la Palabra; el Verbo vive
del Padre que Lo expresa y, expresándolo, lo engendra;
el Padre y el Hijo viven de amarse en el Espíritu; y el
Espíritu vive de ese infinito huracán* («ruaj» = «pneuma» = «espíritu o viento») *que surge del pecho del Padre
y del Hijo.* Los tres se distinguen como términos diversos
de distinta relación; los tres se unen por la mutua intercomunicación de todos los bienes divinos, que los tres poseen en plenitud infinita; cada uno se halla en los otros
dos como término vital de un acto inmanente («circuminsesión» o «circumincesión»).[8] Los tres son iguales en orden,
dignidad, poder, naturaleza y atributos, porque, siendo
correlativos, son mutuamente interdependientes en su existir y obrar. ¿En qué se distinguen, pues? En ser, respec-

----

8. La Teología Oriental concebía la Trinidad de una manera
dinámica: la vida divina se comunica misteriosamente «*del* Padre
por el Hijo *en* el Espíritu Santo» (de ahí el término «perichóresis» =
= circuminceción, o sea, girar en derredor, que los escritores griegos empleaban para referirse a la mutua inmanencia de las personas divinas), que puede expresarse gráficamente en una línea
vertical así:

Por el contrario, la Teología de Occidente la concebía de una manera estática: «En Dios *hay* tres personas» (de ahí que los escritores
latinos sustituyesen el término «perichóresis» = circumincesión, por
el de «*circuminsessio*» = circuminsesión, o sea, estar sentados en
derredor) y puede expresarse en el triángulo equilátero:

Así el Oriente se fijaba de inmediato en las *personas* que se comunican la vida divina, mientras que el Occidente pensaba primero
en una *esencia* divina, que es común a tres personas.

tivamente, principio y término de una entrega *absoluta*. Así que lo absoluto y lo relativo se unen misteriosamente en Dios, pues un mismo Ser Divino, Absoluto respecto a nuestra relatividad esencial, subsiste en tres personas precisamente por la triple *relación* sustantiva, personalizadora, que existe en la intimidad del Ser Divino.

Todo esto resulta incomprensible para el intelecto humano, porque para nuestro limitado ser, para nuestra cerrada personalidad, resulta imposible entregarse sin perderse, darse sin gastarse, volcarse sin vaciarse. Pero es aquí precisamente donde el misterio de la Trinidad tiene su proyección práctica para el creyente. Jesús pidió al Padre *«que todos sean uno; COMO TU, OH PADRE, EN MI, Y YO EN TI, QUE TAMBIEN ELLOS SEAN UNO EN NOSOTROS»* (Jn. 17:21). Cuando la Iglesia se esfuerza por *«adherirse a la Verdad en el Amor»* (Ef. 4:15); es decir, por alcanzar la unidad en el mismo *punto de vista* de la fe y en el *reconocimiento amoroso* del mismo Señor (Ef. 4:13), va manifestándose progresivamente esa *«participación de la naturaleza divina»* de la que habla Pedro (2.ª Ped. 1:4), porque el creyente *vive* entonces de ser testigo del *Logos* y de ser vehículo del *Pneuma* y, hecho co-miembro de otros bajo la misma Cabeza, ya puede entregarse al otro como el mejor medio de encontrarse a sí mismo. En otras palabras, enriquece su «mismidad» en la medida de su «abertura»; ya puede darse sin gastarse, porque, unido a la fuente de la vida, su *acción* será *contemplativa*, ya que *«todo el cuerpo... según la actividad propia de cada miembro, recibe su crecimiento para ir edificándose en amor»* (Ef. 4:16).

2. La evolución de los términos trinitarios

La impropiedad de nuestro lenguaje al referirse a lo divino, y la dificultad en formar un sistema teológico coherente a base de una exégesis técnicamente defectuosa o filosóficamente prejuzgada, ocasionaron en los escritores cristianos de los primeros siglos ciertos titubeos en las fórmulas empleadas para expresar la Trina Deidad.

Supuesta la *consustancialidad* de las divinas personas (Nicea declaró que el Hijo era «homousios to Patrí» = de la misma esencia que el Padre), había que encontrar un término adecuado para «persona». Ahora bien, el término «persona» es versión del griego «prósopon» e indica la máscara que los actores griegos se ponían para caracterizarse. Esta máscara servía igualmente para que la voz saliese ahuecada, como por un pequeño altavoz, de modo que las palabras *«per-sonabant»*, es decir, resonaban a través de ella. De ahí que los escritores griegos evitasen usar este término al hablar de la Trinidad, para no dar a entender que se trataba de distintos *rostros* o modos de manifestarse de una sola persona. Así pues, empleaban el término «hypóstasis», llegando a ser acuñada por Gregorio de Nisa la expresión: «mía usía, treis hypostáseis» = = una esencia y tres personas, dando a «hypóstasis» el sentido de *persona*.

Ahora bien, la palabra «hypóstasis» traducida literalmente al latín es «sub-stantia», y es natural que los escritores latinos no admitiesen «sustancia» como sinónimo de «persona», sino como sinónimo de «esencia». Por eso, usaron «persona», sin el sentido de «máscara», sino más bien en el sentido de alguien con plenos derechos civiles.

Los teólogos medievales no quedaron contentos con ello y acuñaron la palabra «subsistencia», aunque modernamente esta palabra dio lugar a mayor confusión, ya que *subsistir* expresa la idea de *existir por sí mismo,* lo cual es propio del Ser Divino en *cuanto tal.*[9]

---

9. De ahí que varios teólogos, especialmente de la Orden Dominicana, llegasen a poner en Dios cuatro *subsistencias*: una *absoluta,* que da al Ser divino el subsistir por sí (*Esse per se subsistens),* y tres *relativas,* que corresponden a las tres personas divinas. Este equívoco es debido a una falsa concepción del *principium quod* del ser de Dios, puesto que no hay otro sujeto agente en Dios que las personas divinas.

Los términos técnicos griegos se han estereotipado según la fórmula de Gregorio de Nisa, de modo que «usía» significa la «esencia» (como suma total de las perfecciones divinas) o «sustancia» (como sinónimo de «physis» = = naturaleza, o principio radical de la actividad divina), mientras que «hypóstasis» significa «subsistencia» en sentido de persona. Por eso, hablamos de *unión hipostática* al referirnos a la Encarnación del Hijo de Dios, para dar a entender que la naturaleza humana fue asumida por el Verbo en unión *personal* y sirviendo la Persona del Hijo de Dios de *vínculo de unión* entre la naturaleza humana y la naturaleza divina de Jesucristo.

CUESTIONARIO:

1. ¿Cómo se aplica a Dios el concepto de «persona»? — 2. ¿Cuál es la diferencia radical entre la personalidad humana y la personalidad divina? — 3. ¿Cómo se distinguen entre sí las personas divinas, si tienen todos los atributos divinos en común? — 4. ¿Qué proyección práctica tiene este misterio para el creyente? — 5. ¿Con qué fórmula expresaron los escritores cristianos este misterio y por qué?

LECCION 21.ª
LA REVELACION DEL MISTERIO DE LA TRINIDAD

1. Insuficiencia de la razón humana

Ya desde la 1.ª lección de este volumen hemos visto cómo la razón humana ha pretendido arrogarse una autonomía que le permitiese poder demostrarlo todo, incluso los misterios divinos. La Teosofía es un intento más de penetrar en lo más íntimo del Ser de Dios, aunque un conocimiento perfecto quede reservado a los llamados «Grandes Maestros».

Desde otro punto de vista, y a partir del misterio revelado por Dios, se han intentado muchas analogías que sirviesen para ilustrar este misterio. Muchas de ellas están clasificadas arbitrariamente, por lo que ni siquiera merecen ser tenidas en consideración. Examinemos las más usuales:

A) *De la naturaleza inanimada:*
    a) fuente - río - depósito;
    b) agua en estado: sólido (hielo) - líquido gaseoso (vapor);
    c) todo es: verdadero - bueno - bello;
    d) todo es: largo - ancho - alto. Etc.;
    e) una sola electricidad: dínamo - lámpara - plancha (fuerza - luz - calor).

En estas, y similares, analogías se mantiene la unidad del ser, pero la variedad consiste en diferentes *aspectos impersonales* del mismo ser, lo cual no nos sirve.

B) *De la naturaleza animada:*
    a') un árbol: raíz - tronco - ramas;

b') el trébol: una hoja triple;
c') tallo - flor - fruto. Etc.

Aquí se encuentra la diversidad, pero falta la *unidad personal:* ninguna de las partes contiene simultáneamente la esencia entera de las otras dos.

C) *De la naturaleza humana, semejante a Dios:*
  a") intelecto - sentimiento - voluntad (unidad psicológica);
  b") tesis - antítesis - síntesis (unidad lógica);
  c") sujeto - objeto - unión de ambos en verdad o amor (metafísica).

Aquí podemos encontrar cierta *trinidad,* pero no una tri-personalidad con una esencia o sustancia común.

D) La única analogía que sirve para ilustrar bien este misterio es la figura geométrica de un triángulo equilátero, pero no se puede olvidar que se trata de una ilustración en el plano de la pura *matemática,* sin posible aplicación, racionalmente explicable, al plano ontológico. Junto con el círculo geogónico, el triángulo ha sido, desde la más remota antigüedad, el símbolo más adecuado para ilustrar la Trinidad, ya que los tres vértices asumen y cierran conjuntamente todo el espacio interior que circunscriben, al mismo tiempo que las líneas que los unen sirven para ilustrar la relación que une, a la vez que opone, a las distintas personas, señalando al mismo tiempo el origen o procedencia de las personas. Véase:

El vértice superior izquierdo representa la persona del Padre (P); la línea horizontal hacia el vértice superior derecho expresa la comunicación de la naturaleza divina al Hijo (H) mediante una *relación* que los une a la vez que los distingue; las dos líneas que oblicuamente descienden hacia el vértice inferior (ES) expresan la comunicación de la naturaleza divina al Espíritu Santo, el cual procede simultáneamente, conjuntamente, del Padre y del Hijo, por una *relación convergente;* así quedan las tres personas (los tres vértices) perfectamente unidas entre sí por la comunidad indivisa del espacio interior (Dios), o esencia divina que los tres poseen integralmente en la unidad de un solo triángulo, a la vez que cada persona se distingue realmente de las otras dos, precisamente por la línea de origen o procedencia, expresiva de una relación en que mutuamente se oponen y distinguen el principio y el término: el Engendrador (P) y el Engendrado (H); el Espirador (Padre e Hijo conjuntamente) y el Espirado (ES). Así como nuestra *personalidad* cierra y circunscribe el espacio íntimo de nuestra naturaleza individual, la *tripersonalidad* divina, mediante su misma intercomunicación, cierra y circunscribe, por decirlo así, el Ser Divino en la unidad de Su esencia.

2. La revelación de la Trinidad en el Antiguo Testamento

Desde los primeros siglos de la Iglesia hubo escritores cristianos que pretendieron encontrar en el Antiguo Testamento claros testimonios de la Trinidad, mientras que posteriormente (especialmente a partir del Renacimiento) se ha tendido a negar que allí se encuentre referencia alguna a este misterio. Aquí también podemos aplicar el dicho de Agustín de Hipona: «El Nuevo Testamento está *latente* en el Antiguo; el Antiguo está *patente* en el Nuevo.»

En la lección 8.ª vimos que el nombre hebreo «Elohim», a pesar de su forma plural, no indica la Trinidad, sino una *plenitud de poder, que presta solemnidad majestuosa* (plural mayestático) a la acción divina. Nótese el singular «barah» = creó, de Gén. 1:1, junto al plural «Elohim». En cambio, en Gén. 1:26, al plural «Elohim» se unen otros plurales, pronominal y verbal, para indicar una *deliberación mayestática* (comp. con Gén. 11:7 y Esdras 4:18).[10]

Las alusiones trinitarias parecen comenzar con la designación «Angel de Jehová» que ocurre por primera vez en Gén. 16:7. «Angel» significa «mensajero»; mensajero es quien trae un mensaje de *otro*, y los mismos rabinos judíos admiten que este «Angel de Jehová» se identifica con el mismo Jehová,[11] siendo a la vez un «mensajero de Jehová» (*cf.* también Gén. 18:1-21; 19:1-28; Mal. 3:1). Otros pasajes notables son Prov. 8:22-31, en que la Sabiduría aparece personificada, interviniendo en la Creación (comp. con Jn. 1:3; Col. 1:16; Hebr. 1:2-3), e Is. 48:16, notabilísimo lugar, pues el Mesías, Hijo de Dios que, como en Proverbios 8:22 y ss., puede decir: «*desde que eso se hizo, allí estaba yo*», se confiesa enviado por Yahveh Adonai, y su Espíritu. La cita que Pedro hace en el día de Pentecostés, de Joel 2:28-32 (Hech. 2:17-21, 33), nos aclara que el Espíritu que se prometía en Ez. 36:27, para que forme en nuestro pecho un «corazón nuevo» para poder guardar el «mandamiento nuevo» (Jn. 13:34) era el «Parákletos», «el Espíritu de verdad» de Jn. 14:16-17. Así tenemos (especialmente en Is. 48:16), junto al Yahveh, que será el «ho Theós» (Padre) del Nuevo Testamento, al Verbo, que será el *Adonai* o «Señor» (comp. Luc. 1:43 con 1.ª Cor. 12:5), o sea, a la «Sophía Theú» = Sabiduría de Dios en persona, y el «Ruaj» de Dios, que, ya desde el principio, ejecuta la *separación* o santificación, para crear un «cosmos»

---

10. El porqué de esta *deliberación divina* será explicado en el vol. III, al tratar de la creación del hombre. Bien fundados en el testimonio del Dr. Hertz, opinamos con L. Berkhof (*o. c.*, pp. 85-86), contra A. H. Strong (*o. c.*, pp. 317-319), que el nombre «Elohim» no da pie para especular sobre una designación trinitaria.

11. V. Hertz, *o. c.*, p. 57.

según la voluntad de Dios (comp. Gén. 1:1-3 con Jn. 3:5; Hech. 13:2; Rom. 8:4; 1.ª Cor. 12:4, 11, entre otros —nótese el «sellados» de Ef. 1:13, que comporta una «marca» de *segregación*—).[12]

3. La prueba del Nuevo Testamento

Aunque el vocablo «Trinidad» no salga en la Escritura, el Nuevo Testamento nos dice bien a las claras que:

A) *En Dios hay tres personas realmente distintas*, puesto que:

a) se habla de un «Yo» que se dirige a un «Tú» y se refiere a un «El» (*cf.* Jn. 14:16-17; 17:21, etc.);

b) se habla del Padre que envía al Hijo, y del Hijo que envía el Espíritu, el cual, a Su vez, procede del Padre (*cf.* Jn. 3:16; 10:36; 14:26; 15:26, etc.).

B) *Cada una de estas personas es Dios verdadero*, puesto que:

a') nadie lo niega del Padre, a quien se llama «ho Theós» = Dios con artículo y sin más cualificación, o sea, el Dios *por antonomasia.*

b') Juan dice del Verbo que *«era Dios»* («Theós» sin artículo, para mostrar que se trata de persona distinta del Padre, pero poseedor de la naturaleza divina). Esta afirmación de Jn. 1:1 ha de ser considerada desde el punto de vista de un judío —monoteísta— que la escribe, contexto muy distinto del de Hech. 28:6: «... dijeron que era *un* dios», donde los que esto dicen son paganos politeístas.[13]

---

12. Hay quienes aducen Is. 9:6 para demostrar la divinidad del futuro Mesías, pero no puede afirmarse *con certeza* que la expresión «El-Gibbor» = Dios Fuerte, tenga este sentido, aun cuando llegue a admitirse, como es común en las iglesias, que se trata allí de Jesucristo.

13. Siendo semejante la construcción griega de Jn. 1:1 y de Hech. 28:6, este contexto ha de ser bien tenido en cuenta para refutar con éxito la versión de la Biblia de los Testigos de Jehová en Jn. 1:1: «... era *un* dios».

c') El Espíritu Santo es también Dios verdadero. Baste por ahora con citar Hech. 5:3-4, donde «mentir al Espíritu Santo» equivale a «mentir a Dios».

C) *Las tres personas son un solo Dios*, puesto que las tres comunican indivisiblemente en todos los atributos que pertenecen a la divinidad. Así vemos que:

a'') El Hijo y el Padre son un mismo Ser individual («hen» —neutro, para designar la unidad de naturaleza—, Jn. 10:30); por eso, el Hijo sólo puede hacer lo que *ve* hacer al Padre, pero el Padre no juzga sino por el Hijo; lo cual no impide que «todo lo que el Padre hace, también lo hace el Hijo igualmente» (Jn. 5:19, 22). En este sentido ha de entenderse también Jn. 7:16.

b'') El Espíritu Santo tampoco obra por Su cuenta, sino sólo «todo lo que oyere», recibido del Padre y del Hijo (*cf.* Jn. 16:13-15). Por eso, tampoco El obra o viene solo, sino acompañado de las otras dos personas (*cf.* Juan 16:13-15). Por eso, tampoco El obra o viene solo, sino acompañado de las otras dos personas (*cf.* Jn. 14:17, 23, 26).[14]

4. Textos trinitarios más relevantes

Los textos trinitarios más relevantes del Nuevo Testamento son los siguientes:

A') *Mateo 3:16-17*, en que el Padre habla acerca de Su Hijo con aparición simbólica, representativa, del Espíritu.

B') *Mateo 28:19*, que contiene el mandato de bautizar «*en el nombre del Padre y del Hijo y del Espíritu Santo*». La referencia al «nombre» respecto del cual el bautismo es como una consagración eclesial a la divinidad, en Jesucristo (*cf.* Rom. 6:4), nos lleva a concluir que hay un solo «nombre» (Yahveh) común a tres personas perfectamente

---

14. Para un estudio más detallado, véanse las tres lecciones siguientes.

distintas por los respectivos artículos determinativos y la
repetición de la conjunción «y». Así pues, «bautizar *al*
nombre» o «bautizar hacia el nombre» (como dice el griego) comporta la unidad de Dios, la distinción de las tres
personas cuidadosamente enumeradas según la prioridad
de origen, y la divinidad de dichas personas, pues la consagración de algo o de alguien sólo puede tener por término lo «numinoso», es decir, la divinidad.

C') *1.ª Corintios 12:4-6,* donde tenemos a las tres personas divinas en orden inverso al de Mateo 28:19: «... *el
Espíritu es el mismo...*, *el Señor es el mismo...*, *Dios* (Padre)... *es el mismo».* La razón de comenzar por el Espíritu es que en este capítulo y en los dos siguientes se trata
de los *dones,* que son distribuidos por el Espíritu. Ya hemos dicho que «Dios» con artículo y sin otra cualificación
designa en el Nuevo Testamento *siempre* al Padre, mientras que el epíteto «Señor» (en hebreo «Adonai»; en griego «Kyrios») se reserva al Hijo de Dios, Jesucristo, excepto en citas del Antiguo Testamento y en Lucas 1.

D') *2.ª Corintios 13:14.* Aquí, cerrando con un saludo
la actuación de su ministerio, Pablo menciona primero «la
gracia» del Hijo, añadiendo el «amor» del Padre y la «comunión» que vincula a los cristianos, como vincula en
amor al Padre y al Hijo.

E') *Efesios 4:4-6.* En cada uno de los versículos aparece una persona divina: en el v. 4, el Espíritu, que anima
el Cuerpo de la Iglesia y *hace* la unidad «en el vínculo
de la paz»; en el v. 5, «un solo Señor» (objeto de nuestra fe, al que hemos de seguir y «conformarnos» —*cf.* Romanos 6:4; 8:29; 1.ª Jn. 3:3, etc.); en el v. 6, «un solo
Dios y Padre...».

F') *1.ª Pedro 1:2.* Aquí vemos la elección y presciencia del Padre, la redención del Hijo y la santificación del
Espíritu Santo.[15]

---

15. Omitimos 1.ª Jn. 5:7, por ser (según se opina comúnmente)
una glosa añadida posteriormente al texto original.

5. Las propiedades peculiares de las personas divinas

Aunque en las tres lecciones siguientes hemos de tratar
de cada persona divina en particular, podemos adelantar
que, aunque las tres personas divinas poseen en común
todos los atributos esenciales, operativos y morales de la
naturaleza divina, cada persona se manifiesta hacia el exterior, se refleja hacia nosotros, según el *matiz peculiar*
que comporta su *modo de proceder* dentro de la intimidad
de la Trina Deidad. En este sentido, nos parece 1.ª Corintios 12:4-6 el texto sagrado más significativo: al Padre,
principio sin principio dentro de la Deidad, se atribuye la
«enérgeia» que opera en todos (Jn. 5:36; 6:28; 10:37-38);
al Hijo, que procede del Padre y, con el Padre, da origen
y envía al Espíritu Santo, se atribuye la mediación del
mensaje —El es el *Logos* de Dios— y el «servicio» o «dia-
konía» de la gracia de Dios hacia nosotros pecadores (Romanos 5:1-11), «ministro» (hecho «menor», no en su esencia, sino por aparecer despojado de la majestad divina
—*cf.* Jn. 14:28; Filip. 2:5-8) de la reconciliación con Dios
mediante Su sangre de único Mediador (*cf.* Rom. 3:22-26;
5:1-11; 2.ª Cor. 5:18-19); al Espíritu Santo, fruto común
del Amor del Padre y del Hijo, se atribuyen los «kharísma-
ta» en que se hace concreta, *se aplica* por la regeneración
y la santificación, etc., la «kharis» de Cristo: la *gracia*
que rebosa en *dones* derramados por el Amor (Rom. 5:5).

Otra indicación, muy provechosa también en el plano
devocional, de estos *matices peculiares* de las personas
divinas, según se nos manifiestan en la participación que
obtenemos de la divina naturaleza (*cf.* 2.ª Ped. 1:4), aparece en la reunión de tres importantes pasajes: Jn. 6:27;
Rom. 8:29 y Ef. 1:13. En el primero vemos que el Padre
sella; en el tercero vemos que *sella con el Espíritu Santo;*
en el segundo vemos que *la imagen* (eikonos) que lleva el
sello es la del *Hijo.* Así vemos cómo la «energía» de la
mano del Padre —la vida divina— se nos comunica mediante el Espíritu, que es como el sello del amor, y este

sello o cuño nos imprime la imagen del «Lógos», de la idea,
del plan, de la sabiduría, de la verdad, de Dios, para que,
por reflejar esa *verdad,* seamos en ella hechos libres
(Jn. 8:32) y recobremos nuestra auténtica *verdad* (cf. Eclesiastés 12:13), que se perdió en el Paraíso cuando el hombre quiso ser como Dios *contra la voluntad de Dios,* contra
el plan de Dios, establecido con el *Aliento* de Su Amor
Personal en Su eterno *Logos.*

CUESTIONARIO:

*1. Insuficiencia de las analogías con que se pretende ilus-
trar el misterio de la Trinidad. — 2. ¿Qué ventajas ofrece
la analogía del triángulo equilátero? — 3. ¿Qué lugares
del Antiguo Testamento nos ofrecen un esbozo auroral de
la revelación de este misterio? — 4. ¿Cómo se puede probar el misterio de la Trinidad a base de textos novotes-
tamentarios? — 5. Explíquense los pasajes más relevantes
en que aparecen las peculiaridades de las personas divinas.*

LECCION 22.ª LA PERSONA DEL PADRE, COMO 1.ª DE LA TRINIDAD

1. El nombre «Padre», aplicado a Dios

Cuando aplicamos a Dios el nombre de «Padre», este término puede tener cuatro sentidos diferentes:

A) Padre de todo lo creado y, por tanto, de los hombres, en cuanto que el Dios Trino es conjuntamente el Creador de todo cuanto existe (*cf.* Mal. 2:10; Hech. 17:28; 1.ª Cor. 8:6; Ef. 3:15; Hebr. 12:9; Stg. 1:17). Dentro de esta pura relación *natural,* la persona del Padre aparece con la peculiar atribución de *Hacedor* (obra), y el hombre pecador, inconverso, no es propiamente un «hijo de Dios» (*cf.* Jn. 1:12-13), sino una «creatura perversa» (Ecl. 7:29), «hijo del demonio» (Jn. 8:44). Esto ha de tenerse en cuenta a la hora de llamar a todos los hombres «nuestros hermanos», puesto que «hermanos» son los hijos *de un mismo padre.* Si no somos hermanos según la carne, o según la fe, el parentesco en Noé nos cae muy lejano.

B) Padre de Israel, también en cuanto Dios Trino, por la especial relación teocrática, acogedora, nutridora, protectora, que Yahveh guarda con el pueblo elegido, en virtud de pactos especiales y de un llamamiento irrevocable (*cf.* Deut. 32:6; Is. 63:16; 64:8; Jer. 3:4; 31:9; Malaquías 1:6; Rom. 11:29).

C) En sentido estricto, Dios es Padre de todos y solos los verdaderos creyentes, los cuales *han nacido de nuevo, de Dios, por el Espíritu,* a una vida eterna. Aquí el término «Padre» adquiere un matiz típicamente *personal* y *personalizado,* aunque no implique una comunicación de la *esencia* divina, sino una participación de la naturaleza, es decir, de la *conducta* divina (*cf.* Mat. 5:45-48; 6:6-15; Jn. 1:12-13; 3:3-8; 8:39-47; Rom. 8:15-17; Gál. 3:26; 2.ª Pedro 1:4; 1.ª Jn. 3:1). Al adquirir del Padre, por el Hijo, en el Espíritu, una nueva vida (la «zoé» de Dios), no sólo somos *adoptados* por hijos (la «huiothesía» de Rom. 8:14, 15), sino *engendrados* como tales por una *regeneración* espiritual («tékna» de Rom. 8:16-17).[16]

D) En el más propio y singular de todos los sentidos, Dios-Padre (y *exclusivamente* en cuanto tal) lo es únicamente del Hijo. Es, pues, una peculiar *relación personal* que la 1.ª persona de la Trinidad tiene respecto de la 2.ª (*cf.* Jn. 1:14, 18; 5:17-26; 8:54; 10:28-30; 14:12-13; Rom. 8: 29, 32; Hebr. 1:1 y ss.). Jesús mismo cuida de distinguir la forma, radicalmente diferente, en que Dios es Padre *Suyo* y *nuestro.* Jamás dice «nuestro Padre», a no ser para que oren así *los demás* (Mat. 6:9; Luc. 11:2), sino «vuestro Padre» (Mat. 5:48; 6:15; 7:11, etc.); «subo a *mi* Padre y a *vuestro* Padre, a *mi* Dios y a *vuestro* Dios» (Jn. 20:17).[17]

2. ¿Qué es lo que caracteriza a la 1.ª Persona Divina como «Padre»?

Ya hemos dicho que el Padre es *«principio sin principio»;* en otras palabras, El *da origen* a las otras dos personas divinas: engendra al Hijo y, con El, espira el Espí-

---

16. El vocablo *tékna,* del verbo *tikto* = engendrar, hace referencia a nuestro *nuevo nacimiento* espiritual dentro de la familia divina, lo que ya nos da el derecho a la herencia (de ahí la lógica consecuencia de Rom. 8:17), mientras que *hyiós* o *huiothesía* indican más bien el reconocimiento de la filiación, como la entrada en sociedad o «puesta de largo», la *«toga virilis»* de los romanos.

17. No se olvide, con todo, que el sentido de la frase tiende a dar *ánimo,* no a enfatizar una *diferencia.* Es como si dijera: «Subo a *mi* Padre, que es *también* el vuestro.»

ritu Santo; pero El no debe su origen *personal* a ninguna otra persona; El no es engendrado por otra persona, no procede de otra persona. Es «Padre» con toda la plenitud de su Ser personal, porque *engendra* un Hijo, también según toda la plenitud del Ser personal de éste. Así, todo lo que tiene el Padre lo tiene también el Hijo, porque al engendrarlo, el Padre le comunica todo lo que se encierra en Su Divino, Infinito, Ser, *excepto el ser Padre;* de lo contrario, no se distinguiría el Padre del Hijo.[18] De aquí se deriva, junto con la distinción real de las divinas personas, su absoluta igualdad en todos los atributos de la divinidad; por eso, el Padre no es mayor ni anterior, etcétera, que el Hijo, porque al ser ambas relaciones *correlativas,* son mutuamente interdependientes.[19]

3.   ¿Cómo puede engendrar Dios-Padre, siendo puro Espíritu?

En los seres creados que están dotados de vida, encontramos sólo una generación *orgánica,* biológica. Nuestros padres nos transmiten, con «el código de la vida» encerrado en los «genes», un *organismo* semejante al de ellos, pero nuestro *espíritu* es creado por Dios, aunque la generación orgánica sea suficiente para que nuestras personas como tales adquieran una relación *filial* respecto a nuestros padres.

¿Existe en los seres creados una generación espiritual? Sí, pero en ella no se engenda una *persona,* sino una mera

---

18. Téngase en cuenta que cada persona divina es Dios *entero,* pero no lo es *exclusivamente;* en otras palabras, p. ej., el Padre es *verdadero* Dios, y Dios entero, pero el verdadero Dios no es *solamente* Padre, sino también Hijo y Espíritu Santo.

19. Siendo la divinidad consustancial al Padre, lo mismo que al Hijo, ambos *coexisten* eternamente por necesidad. En los demás seres, el padre es anterior al hijo, no como *padre,* sino como *individuo* distinto, pero si un hombre surgiera a la existencia en función de su paternidad y, por tanto, identificado con ella, tendría un hijo *de su misma edad.*

idea o una *imagen mental.* Nuestro intelecto es como el útero maternal que recibe la impresión que en él produce la percepción de los objetos y, al moldear estas impresiones a su propia imagen y semejanza (de ahí lo de «todo es según el color del cristal con que se mira»), elabora un «*concepto*» (es decir, un «feto maternal») capaz de ser expresado, dado a luz, en un «*verbo*», en una palabra. Por eso, cada uno *se expresa* según *concibe,* y concibe según *percibe y se apercibe.* Pero ese concepto es un *acto vital* fugaz, que pasa a engrosar el almacén de los recuerdos (o de los olvidos, que son malos recuerdos) y, si se expresa en una palabra, sólo tiene vida cuando es hablada, cuando es *verbo;* después, las palabras son sólo cadáveres de ideas. *Y en ningún caso son personas.*

Pero en Dios no ocurre lo mismo. En Dios todo es esencial, sustancial, infinito, eternamente vivo. La inteligencia divina, infinitamente viva y poderosa, del Padre *expresa* toda la Verdad óntica, lógica y moral en un *Verbo,* que es el *Logos* de Jn. 1:1-18. Este *Logos* expresado en el seno del Padre (Jn. 1:18) es «Dios», no es una mera *idea, imagen* o *palabra,* es una Persona Divina, infinita como el Padre. Por eso, Dios no tiene más que una *Palabra,* un Verbo de vida, en el que expresa desde la eternidad y para siempre, de una manera *exhaustiva,* cuanto es, cuanto sabe y cuanto ama. Por eso, todas las promesas de Dios son en Jesucristo «Sí» y «Amén» (2.ª Cor. 1:20). Siendo «persona de una sola palabra», el Padre no se puede desdecir, no se puede echar atrás, no puede ser infiel a Sus promesas, Sus planes son irrevocables. ¡EN ESA UNICA PALABRA DE DIOS PADRE ESTA EL FUNDAMENTO DE NUESTRA SEGURIDAD! Ahora ya entendemos cómo el Padre *engendra* al Hijo: se trata de una generación espiritual, por la vía intelectiva o conceptual, pero el «concepto» no es una mera idea, una mera palabra, sino un *Lógos* (*Verbo* que se piensa, se elige y se expresa) *eterno y personal,* un «operatum» de una acción eterna, divina, del Padre.[20]

CUESTIONARIO:

1. ¿En cuántos. sentidos puede aplicarse a Dios el nombre de «Padre». — 2. ¿Qué expresa la «paternidad» como característica de la 1.ª Persona Divina? — 3. ¿En qué sentido hablamos de «generación» en Dios? — 4. ¿Qué ventajas tiene para nosotros el que Dios tenga sólo un Hijo?

---

20. De ahí que el famoso dicho de Goethe «En el principio era la *Acción*» no puede oponerse a Juan 1:1 «En el principio era el *Verbo*». Quizá Goethe no había entendido bien este versículo.

LECCION 23.ª

EL HIJO, SEGUNDA PERSONA DE LA TRINIDAD

1. ¿Qué implican los nombres dados a la 2.ª Persona de la Trinidad?

A) EL HIJO DE DIOS. Como hemos visto en la lección anterior, el Padre o 1.ª Persona de la Trinidad se caracteriza por ser *Engendrador*, por generación espiritual, de un Hijo, que es la 2.ª Persona de la Deidad. Esta generación se realiza desde la eternidad como *Expresión Infinita de la Verdad del Padre en un Verbo o Palabra*.

Ahora bien, la generación *orgánica* (en las plantas, en los animales y en el hombre) es un acto necesariamente «*transeúnte*», en los dos sentidos que esta palabra tiene: *a)* porque un hijo orgánico *sale* de los padres hasta llegar a situarse fuera de ellos y vivir su vida propia, independiente (progresivamente) de la vida de los padres, ya que tiene su propia naturaleza, específicamente semejante, pero distinta numéricamente (no sólo es una persona distinta, sino un hombre distinto de su padre); *b)* el acto de la generación es algo *transitorio,* en que una causa produce un *efecto* y este efecto puede seguir existiendo después que haya desaparecido la causa: una vez engendrado, el hijo existe, se sobrevive, aunque el padre deje de existir; una vez nacido, puede sobrevivir a la muerte de la madre.

En cambio, en Dios, la generación del Hijo es un acto *inmanente*, en los dos sentidos que tiene esta palabra: *a'*) porque el Hijo de Dios —según su eterna naturaleza divina— permanece en el seno del Padre (Jn. 1:18) que lo engendra; no es un efecto exterior a una causa, sino un «concepto» sustancial, personal, *dentro de la Mente del Padre que lo piensa y lo expresa; b'*) porque el Hijo de Dios es tan eterno como el Padre, precisamente porque, mientras el Padre tenga una mente activa, engendrará un *Logos* que exprese Su actividad mental de un modo exhaustivo. Así, una Mente eternamente en Acto engendra un Logos eterno.

La confusión entre la generación orgánica y la espiritual, entre lo transeúnte y lo inmanente, entre lo temporal y lo eterno, llevó a los arrianos a mantener que el Verbo era, no engendrado, sino *creado*, por el Padre, pues decían: una de dos, o el Padre ha engendrado *ya* al Hijo, y entonces ya no engendra, o todavía no ha terminado de engendrarle, y entonces el Hijo no está completo. La respuesta es: *eternamente* (que no es una prolongación indefinida de tiempo), sino *un infinito ahora que dura siempre*) el Padre está engendrando a un Hijo, el cual es *eternamente* un Hijo perfecto. Cuando nosotros acariciamos una idea, un plan, un concepto, éstos pueden irse perfilando cada vez mejor, porque somos imperfectos, limitados, temporales, y nuestra mente evoluciona, raciocina, *se mueve* en torno a un concepto, pero si este concepto expresase clara y plenamente, desde el primer momento, nuestra actividad mental, y ésta careciese de *tiempos* en que descomponer su actividad, tendríamos un concepto pleno desde el principio y para siempre. Esto es lo que sucede en el interior de Dios. Por eso, Hebr. 1:5 acomoda a esta generación eterna las palabras del Sal. 2:7: «*Mi Hijo eres TU, YO te he engendrado hoy.*» Examinemos este texto sagrado, que tanta luz arroja sobre este punto que estudiamos. Aquí vemos: 1) Una relación de *entrega total* del

Padre al Hijo; por eso va el TU delante del Yo, como
diciendo: «Yo existo como Padre, porque me entrego a Ti
al engendrarte»; 2) al decir «te he engendrado», el hebreo
expresa, por medio del perfecto, una acción completa: el
Hijo está perfectamente engendrado desde la eternidad;
3) al decir «hoy», se expresa la continuidad eterna del
acto generativo, en el eterno presente que es exclusivo
de Dios, pues lo temporal es esencialmente flúido, con un
presente ficticio que no se deja atrapar.[21]

B) EL VERBO. Ya hemos visto que el Hijo procede del
Padre como un Lógos = Palabra que se piensa, se elige
y se pronuncia, como expresión exhaustiva de la Verdad
del Padre (cf. Jn. 1:1, 14, 18; 1.ª Jn. 1:1-2; Apoc. 19:13
—como puede verse, es epíteto usado exclusivamente por
Juan—).[22] Por ser la expresión exhaustiva del Padre, el
Verbo es el Revelador por excelencia: completo y final
(Hebr. 1:1-2); El nos ha dado del Padre la exégesis auténtica (Jn. 1:18: «exegésato»), por ser «la misma irradiación de la gloria del Padre y la imagen o marca expresiva de su realidad sustancial y personal» (Hebr. 1:3). Ya
hemos considerado en la lección anterior la función esencialmente asimilativa del intelecto. Ahora bien, cuando
el sujeto del pensar es a la vez el objeto de su pensamiento, la semejanza del «concepto» o hijo mental es perfecta,
pues la mente hace, a la vez, de padre y madre. Por eso,
dice Hebr. 1:3 que el Hijo es «kharaktér tes hypostáseos
autú»: la imagen expresiva de la realidad personal del

---

21. Es cierto que el sentido literal del Sal. 2:7 se refiere especialmente, no a la generación eterna del Verbo, sino al reconocimiento del Mesías como Rey entronizado oficialmente y ungido para
señorear (cf. Hech. 2:30-36; 13:33, a la luz de 2.º Sam. 7:14), pero esta
manifestación de la divinidad de Cristo en Hebr. 1:5 expresa también, magníficamente, la generación eterna.

22. Podemos decir que lo aprendió al estar recostado en el seno
del Verbo (Jn. 21:20), como el Verbo está en el seno del Padre
(Jn. 1:18).

Padre, impresa a fuego en una marca que reproduce en otra persona, con toda perfección, el original. El Hijo es como un espejo, pero espejo vivo y personal, del Padre. Por eso, aun revestido de opaca carne, traducido a nuestro limitado lenguaje, pudo decir a Felipe: «*El que me ha visto a mí, ha visto al Padre*» (Jn. 14:9).

2. El Hijo es Dios

Ya vimos en la lección 19.ª quiénes han negado y niegan la divinidad del Verbo: los Ebionitas, Monarquianos, Arrianos, Socinianos, Unitarios y Modernistas. Pero el testimonio del Nuevo Testamento es contundente, puesto que:

A) *Afirma explícitamente la divinidad del Verbo* (cf. Jn. 1:1; 20:28; Rom. 9:5; Filip. 2:6; Tito 2:13; 1.ª Juan 5:20).

B) *Le aplica atributos y honores divinos:* eternidad (Jn. 1:1-2; Apoc. 1:8); omnipresencia (Mat. 18:20; 28:20); omnisciencia (Jn. 2:24-25; 3:13; 21:17; Ap. 2:23); omnipotencia (Filip. 3:21; Apoc. 1:8); inmutabilidad (Hebr. 1:10-12; 13:8); honores divinos (Jn. 5:22-23; 14:1; 1.ª Corintios 15:19; 2.ª Cor. 13:13; Hebr. 1:6); autoridad divina (Mat. 28:19).

C) *Le atribuye operaciones divinas:* creación (Jn. 1:3, 10; Col. 1:16; Hebr. 1:2, 10); conservación (Col. 1:17; Hebr. 1:3); providencia (Luc. 10:22; Jn. 3:35; 17:2; Efesios 1:22); perdón de los pecados (Mat. 9:2-7; Marc. 2:7-10; Col. 3:13); devolver la vida y hacer juicio (Mat. 25:31-32; Jn. 5:19-29; 6:54; 11:25; Hech. 10:42; 17:31; Filip. 3:21; 2.ª Tim. 4:1).

3. El Hijo procede del Padre

Al decir que el Hijo procede del Padre, expresamos la realidad eterna de que la 2.ª Persona de la Trinidad debe *su origen* a la 1.ª Persona. Respecto a esto hemos de notar:

1) Es la *persona* del Hijo, no su esencia, la que procede del Padre. La esencia divina es *común* a las tres personas; las tres personas tienen en el común Ser Divino la razón de su ser; *existen por sí mismas.* Pero el Hijo *subsiste como persona distinta* dentro de la Trina Deidad por un acto generativo, eterno y necesario, del Padre. Es engendrada la persona, no la esencia, del Hijo. Al decir que el Padre engendra *necesariamente* al Hijo, no queremos decir que no lo haga *voluntariamente* (con todo Su Amor), sino que el engendrar es tan esencial al Padre como su propio Ser Divino; si no engendrase un Hijo, no sería Padre (persona divina); si no fuese Padre, no sería Dios. De la misma manera que Dios no puede dejar de existir, tampoco puede dejar el Padre de engendrar al Hijo.

2) Este «proceder del Padre» *como persona distinta* de El, coloca al Hijo en una relación de *entrega inmanente* al Padre. Juan 1:1 nos dice que el Verbo estaba eternamente «*cabe el Padre*» [22 bis] («pros ton Theón»), es decir, existe entre el Padre y el Hijo una especie de inmanente *corriente continua,* por la que el Hijo vive del Padre y se lanza existencialmente hacia El como hacia la fuente de su personalidad. La unión del verbo sustantivo «en» con la preposición de movimiento «pros» nos da la medida de una persona que se constituye por una relación de entrega, puesto que es precisamente «pros ti» = hacia otro, la frase con que Aristóteles define la categoría de «relación». Esta entrega no es una nueva generación, porque entonces el Hijo se convertiría a su vez en Padre de su propio Padre, sino una *respuesta* total, el eco exhaustivo de la pronunciación del Padre. Por eso, es *Hijo Uni-*

---

22 bis. O sea, «junto al Padre» = frente a El y con El.

génito (Jn. 1:18), único, porque agota la expresión de la Verdad del Padre; de lo contrario no reflejaría totalmente la Verdad de Dios, no sería infinito, no sería *Dios de Dios,* no sería «la Luz, la Verdad, la Vida» (Jn. 1:4; 8:12; 14:6). Esta *entrega* del Hijo no puede expresarse, en la intimidad de la vida divina, en forma de *sumisión,* porque esto implicaría subordinación, dependencia, inferioridad, siendo así que las divinas personas son iguales en esencia y dignidad. Pero, desde el momento en que el Verbo se encarna, se hace hombre, «su alimento es hacer la voluntad del Padre, obedecerle a perfección, hablar Sus Palabras, ser impulsado por el Espíritu de Dios *sin medida*» (Jn. 3:34; 4:34; Filip. 2:6-8; Hebr. 10:5-7). En ese «obediente hasta la muerte, y muerte de cruz» de Filip. 2:8, el Hijo mostró la *agonía de un Dios fiel a Su Palabra,* pues era la voluntad divina, en la persona del Verbo, la última responsable de aquella decisión salvífica de la voluntad humana de Cristo, al decir: «Padre, si *quieres,* pasa de mí esta copa; pero no se haga mi voluntad, sino la tuya» (Luc. 22:42).

3) El modo de proceder de la 2.ª Persona divina se nos muestra en el «*ver*» lo que hace el Padre. Dice Jesús en Juan 5:19: «*No puede el Hijo hacer nada por sí mismo, sino lo que* VE *hacer al Padre; porque todo lo que hace el Padre, lo hace también el Hijo igualmente.*» En otras palabras, siendo el Hijo la imagen del Padre, esa imagen refleja toda la actividad del Padre, EL HIJO VE EN SI MISMO, por efecto de la relación que lo constituye en *persona divina, engendrada por la mente del Padre,* todo lo que el Padre hace, puesto que El mismo no es otra cosa que la IDEA ARQUETIPA VIVA Y PERSONAL DEL PADRE. Por eso, puede añadir: «*el Padre a nadie juzga, sino que todo el juicio dio al Hijo*» (v. 22). No quiere decir que el «juzgar» sea una *obra* que escape a la competencia del Padre, sino que al ser el «Lógos» la expresión de la Verdad del Padre, el propio Hijo viene a ser el «Juicio» personal del Padre. Un sentido semejante encuentra Agus-

tín de Hipona en la frase de Jesús en Jn. 7:16: «MI DOC-
TRINA NO ES MIA, *sino de aquel que me envió*». «¿Cómo
es eso —pregunta San Agustín— de que dice que su doctrina no es suya? Si no es suya, ¿por qué dice "mi doctrina"?» El mismo responde, explicando que, por ser el Verbo de Dios, el Hijo es personalmente "enseñanza del Padre", aunque esta enseñanza sea también *suya*, porque
ella constituye su personalidad. Al fin y al cabo, la Verdad del Padre es la del Hijo, porque son un solo Ser esencial (Jn. 10:30).

4) La procedencia del Hijo respecto del Padre, en el
seno de la intimidad divina, es la base ontológica del
envío funcional del Hijo como Revelador del Padre y Redentor de la Humanidad. En otras palabras, el Hijo es
el *Enviado* del Padre para hacer la auténtica «exégesis»
del Padre (Jn. 1:18) y llevar a cabo la «crisis» o juicio del
Padre sobre la marcha de la Historia (Jn. 5:22), precisamente por ser el *Logos* o Verbo personal, en que el
Padre expresa íntimamente Su Verdad y Su Juicio. Así
sale la Palabra personal del seno del Padre, sin dejar
de permanecer en el mismo seno (Jn. 1:18; 3:13), como el
«ángel» = mensajero, y el «apóstolos» = enviado, por excelencia, del Padre. No es una palabra *fría;* lleva en su
seno al Espíritu (el Amor, el Aliento caliente del pecho
de Dios). Este Espíritu procede del Padre y del Hijo; por
eso, el Hijo lo lleva *ya* en Su seno al proceder del Padre;
así el *Logos* es un Verbo caliente, como una canción de
amor. Y cuando, hecho hombre, se *entrega* al Padre por
nosotros, el Espíritu que ha intervenido en Su concepción humana es el norte y brújula de Su redención divina («*mediante el Espíritu eterno se ofreció a sí mismo*»
—Hebr. 9:14—). Por eso, por delante de la *entrega,* va
siempre el *amor* (Jn. 3:16: «Hasta tal punto *amó* Dios
al mundo, que *ha dado* a su Hijo...»; Gál. 2:20: «Me *amó*
y *se entregó* a sí mismo por mí»; Ef. 5:2: «Cristo nos
amó, y *se entregó* a sí mismo por nosotros»; Ef. 5:25:
«Cristo *amó* a la iglesia, y *se entregó* a sí mismo por ella»).

5) El lugar que ocupa el Hijo en la procedencia íntima de las personas divinas, hace de él la persona más indicada para el oficio de «Mediador». El Hijo es la 2.ª persona. Si el Padre creó *por medio de él* todas las cosas (Jn. 1:3; Col. 1:16; Hebr. 1:2), era natural que *restaurara y redimiera* por medio de él (Col. 1:20; Hebr. 1:3) lo que se había estropeado y «echado a perder». Por eso, *la fe,* la entrega cordial, en el Enviado es lo único que *salva de la perdición* (Jn. 3:15-16). En realidad, sólo se condena uno *por rechazarle* (Jn. 3:17-21). Así, mientras el Padre *obra,* el Hijo *restaura,* y el Espíritu *aplica* la salvación. Hecho *hombre,* Jesucristo es el único Mediador entre Dios y los hombres (1.ª Tim. 2:5), el único *nombre* en que poder ser salvos (Hech. 4:12). Por eso, la 2.ª Persona, que, en el seno de la Trina Deidad, sirve de puente entre el Padre y el Espíritu, sirve también de «puente» (latín «pontifex» = el que hace de puente) en la salvación de la Humanidad, como *«luz verdadera»* (Jn. 1:9) y como «único camino verdadero y vivo», según el sentido semítico de Juan 14:6. Todo nos viene *a través del* Hijo (1.ª Cor. 8:6), *por su ministerio* (1.ª Cor. 12:5). Sólo por él se va al Padre (Jn. 6:37, 40, 44, 47, 57; 14:6; 1.ª Jn. 2:23; 5:12).

CUESTIONARIO:

1. ¿Cómo podemos explicar, a la luz de la Biblia, la generación del Verbo? — 2. ¿Por qué llama la Biblia al Hijo «la imagen del Padre»? — 3. Principales textos bíblicos que atestiguan la divinidad del Hijo. — 4. ¿Qué sentidos e implicaciones comportan textos como Jn. 16:28: «Salí del Padre...»?

LECCION 24.ª LA PERSONA DEL ESPIRITU SANTO

1. El Espíritu Santo es la 3.ª Persona de la Santísima Trinidad

El Espíritu Santo es la 3.ª Persona de la Trina Deidad. El nombrarlo en tercer lugar no significa inferioridad, puesto que, como ya hemos dicho al referirnos al Hijo, entre las personas divinas no hay superioridad de naturaleza, ni dependencia de causalidad, ni prioridad de tiempo, ya que las tres poseen *en común* (*comunican*, no *participan*) la misma, idéntica e individual naturaleza, sustancia o esencia divina; por eso, se las llama *consustanciales*. La numeración indica un orden fundado en el *origen* íntimo, puesto que, mientras el Padre no procede de otra persona, y el Hijo procede del Padre, el Espíritu Santo procede del Padre y del Hijo, cerrando así el ciclo vital interior de la divinidad, como lo hemos explicado en el símbolo del triángulo.

2. El nombre del Espíritu Santo

La palabra griega *pneuma,* equivalente al hebreo *ruaj,* significa *aliento* o *viento,* como sinónimos de *espíritu;* así se comprende mejor el juego de palabras del Señor en Juan 3:6, 8. En Gén. 2:7 se nos dice que, al formar al hombre, «*sopló Dios en su nariz* ALIENTO ("ruaj") *de vida*», como indicando que el primer hombre fue hecho creatura espiritual en virtud de un *hálito de vida* salido del pecho de Dios, o sea, como una obra especial del *amor de Dios*. Por ser el viento una fuerza incontrolable que arrastra los objetos, ha podido ser comparado al amor que arrastra los corazones hacia el objeto de sus preferencias. Así pues, el nombre «Espíritu» está muy bien aplicado a la 3.ª Persona divina, la cual procede del Padre y del Hijo por la vía del amor o procesión *afectiva*, mientras que el Hijo o *Verbo* procede del Padre por la vía del conocimiento o procesión *intelectiva;* de modo que, mientras el Verbo o *Logos* es la *expresión* exhaustiva de la Verdad de Dios (Jn. 1:18), el Espíritu o *Pneuma* es la *impresión* infinita del Amor de Dios (Rom. 5:5). En efecto, nuestra inteligencia capta o caza los objetos y los expresa en *conceptos*, mientras que nuestro corazón es conquistado o cazado por los *valores* o bienes que percibe o imagina en las cosas.

Este Espíritu es llamado «Santo», no porque las demás personas no sean santas igualmente (*cf*. Is. 6:3), sino porque: *a*) el Espíritu Santo procede por la vía del *amor*, el cual es «santo» de una manera peculiar en Dios, por cuanto la voluntad divina está indeclinablemente orientada hacia el Bien, lo cual constituye la santidad moral; *b*) al Espíritu Santo se atribuyen los oficios de *regenerar* espiritualmente (Jn. 3:3, 5, 8), *sellar* y separar (Ef. 1:13) y *santificar* (2.ª Tes. 2:13) a los creyentes.

3. El Espíritu Santo es una persona

Numerosos textos del Nuevo Testamento demuestran el carácter *personal* del Espíritu Santo; es decir, no puede tratarse de una mera fuerza o cualidad divina, sino de una persona distinta del Padre y del Hijo. Así: *a'*) en Mateo 28:19 se encomienda a la Iglesia la tarea de bautizar *«en el nombre del Padre y del Hijo y del Espíritu Santo».* La frase misma y, sobre todo, el acusativo griego *eis to ónoma* (al nombre, hacia el nombre, o con referencia al nombre) indica que la ceremonia del bautismo simboliza y expresa una consagración a las personas divinas, una alianza con ellas, una entrada en la vida divina (Col. 3:3), una participación de la naturaleza divina (2.ª Ped. 1:4), o sea, de la conducta santa de Dios. Ahora bien, una alianza y una consagración sólo tienen sentido cuando se refieren a una *persona; b'*) en Juan 14:26; 15:26; 16:7 se llama al Espíritu Santo «Parákletos», o sea, Abogado, Consolador, Confortador (literalmente: Alguien que es llamado para que venga al lado de uno), el cual, además, *enseña* y hace recordar a los creyentes las verdades enseñadas por Jesucristo.[23] *c'*) Pablo dice de El que «*hace intercesión por los santos*» (Rom. 8:27), reparte dones «*como El quiere*» (1.ª Cor. 12:8-11), y puede ser «*contristado*» (Ef. 4:30); todo lo cual sólo puede aplicarse a una persona.

4. El Espíritu Santo es Dios

Aparte del pasaje ya citado de Mat. 28:19 (puesto que la consagración sólo se puede hacer a una persona *divina*), tenemos: *a"*) en Marc. 3:28-30 se habla de la blasfemia contra el Espíritu Santo (el rechazo voluntario y *persistente* del mensaje de luz y amor que comporta el Evangelio de Cristo), como pecado imperdonable,[24] lo cual indica que el Espíritu es Dios; *b"*) en Hech. 5:3-4, mentir al Espíritu Santo es llamado «mentir a Dios»; *c"*) en 1.ª Corintios 3:16; 6:19, vemos que «templo de Dios» y «templo del

---

23. La repetición del masculino «ekeinos», en torno al neutro «pneuma» (especialmente en Jn. 16:13) es también una confirmación de que se trata de una *persona*, no de una *fuerza*, aunque opinamos que, desde el punto de vista gramatical, no es un argumento conclusivo, por la posibilidad de una *aposición* lejana con el masculino «Parákletos» del vers. 7.

24. Imperdonable, no en sí mismo, sino mientras dure la mala disposición que produce el rechazo de la luz, cerrando voluntariamente las ventanas del alma. La frase «no tiene jamás perdón» que, en Mat. 12:32, aparece así: «no le será perdonado, ni en este siglo ni en el otro», no quiere decir que en el otro mundo se perdonen o expíen pecados, sino que el «otro siglo», el «venidero», era,

Espírtiu Santo» son equivalentes; en verdad, sólo a Dios puede dedicarse un templo; *d"*) en 1.ª Cor. 2:10 se nos dice que sólo el Espíritu comprende «*las profundidades de Dios*». Si se compara este pasaje con Juan 1:18, se verá cómo el conocimiento íntimo, exhaustivo, de la divinidad pertenece en exclusiva a las propias personas divinas; *e"*) finalmente, Rom. 8:11 concede al Espíritu la función de «vivificar» espiritualmente, o sea, de impartir la «zoé» (vida eterna), como principio fontal de la misma vida, lo cual es propio de Dios, como puede verse comparando este pasaje con Jn. 1:4; 5:26.

Otros pasajes que no hacemos más que indicar son Gén. 1:2; Job 26:13 (los cuales no estarían claros sin la revelación novotestamentaria); Mat. 12:28 (comp. con Exodo 8:19) y 1.ª Cor. 12:4; Ef. 4:4-6, donde tenemos una sugestiva alineación trinitaria (un Espíritu, un Señor, un Dios). Todos estos pasajes muestran claramente la deidad o divinidad del Espíritu Santo.

5. El Espíritu Santo procede del Padre y del Hijo

Que el Espíritu Santo procede del Padre, ningún teólogo cristiano lo ha podido negar, puesto que Jn. 15:26 dice expresamente que el Espíritu de verdad «*procede del Padre*» («parà tû patrós ekporeúetai»). En cambio, el Nuevo Testamento no dice *explícitamente* que el Espíritu proceda («ekporeúetai») también del Hijo. Por eso, cuando la Iglesia de Occidente, que siempre había sostenido que el Espíritu procede del Padre y del Hijo, añadió en el Concilio III de Toledo (año 589) la frase «*y del Hijo*» al Credo

---

para los judíos, el Día del Juicio Final, cuando ya no habrá remedio para los impenitentes. Aunque la *blasfemia* de que aquí se habla, dice especial y directa relación a quienes atribuían «al espíritu inmundo» las maravillas que Jesús hacía «por el poder del Espíritu Santo», todo rechazo consciente y voluntario de la gracia del Evangelio implica una *resistencia al Espíritu*, que desemboca en la muerte eterna (cf. Hech. 7:51).

Niceno-Constantinopolitano, los teólogos orientales se sintieron molestos y, ya en el siglo IX, el patriarca de Constantinopla, Focio, se opuso abiertamente a la doctrina del *«Filioque»* («y del Hijo»), alegando que era antibíblica y que la doble procesión (del Hijo, por la vía intelectiva, y del Espíritu, por la vía afectiva) era suficiente para explicar la distinción real de las tres personas.[25] Posteriormente (siglo XI), el patriarca Miguel Cerulario consumó el cisma de Oriente,[26] que perdura hasta nuestros días.

¿Puede probarse por la Escritura que el Espíritu Santo procede del Padre *y del Hijo*? Sí, porque, aunque el Nuevo Testamento no diga explícitamente que «procede» del Hijo, lo dice implícitamente de tres maneras:

---

25. El error de Focio consistió en no ver cómo esta verdad se contenía ya de modo equivalente o implícito en los textos que examinaremos a continuación. Es cierto que los escritores eclesiásticos y «Padres» de la Iglesia de Oriente nunca habían usado la fórmula —expresada en el triángulo—: «que procede del Padre *y* del Hijo», sino otra —expresada en la vertical—: «que procede del Padre *por* el Hijo», pero Focio, al entrar en contacto con Occidente, sin asimilar bien la concepción de los escritores latinos, rompió el triángulo y abandonó la única vertical, oponiendo, en cambio, un solo ángulo con el ápice en lo alto, así:

y expresando en las dos líneas convergentes las distintas procesiones del Hijo y del Espíritu Santo: dos personas que procedían, por *distinta* vía, del único principio que era el Padre. Ahora bien, comoquiera que lo único que distingue a las personas divinas entre sí es la *mutua* relación que las opone, los escritores latinos arguyen con razón que, si el Espíritu Santo no procede también del Hijo, no puede distinguirse realmente de él como persona, como no se distinguen realmente en el seno de Dios el Amor y la Verdad.

26. A raíz del Concilio Vaticano II, después de más de nueve siglos, Paulo VI y el Patriarca de Constantinopla se levantaron mutuamente las excomuniones fulminadas por sus respectivos predecesores del siglo XI, pero no se ha llegado todavía a la reunión entre Roma y la mal llamada «Ortodoxia».

A) Al decir que Jesucristo «*enviará*» el *Espíritu del lado del Padre* (Jn. 15:26). En Jn. 14:26 este *envío del Espíritu* se atribuye al Padre; por lo que vemos que tanto el Padre como el Hijo envían el Espíritu. Ahora bien, una persona divina no puede ser *enviada* por otra a no ser que *proceda* de ella, puesto que el envío al exterior, tratándose de una persona divina, comporta un término de referencia en virtud de una procesión interior. Por eso, pudo decir Jesús: «SALI *del Padre*, y VINE al mundo» (Jn. 16:28).

B) Al llamar a la 3.ª Persona divina «*Espíritu del Señor*» (Hech. 5:9; 2.ª Cor. 3:17), «*Espíritu de Cristo*» (Romanos 8:9), lo cual sería incorrecto si el Espíritu no procediese del Hijo, no fuese también «Aliento divino del Hijo». Si el Espíritu no procediera del Hijo, como se ve también en Juan 7:37-39, no podría ser llamado «Espíritu de Cristo». Si la posesión común de la misma esencia divina fuese suficiente para explicarlo, también sería correcto llamar al Hijo «Hijo del Espíritu», lo cual es contrario al sentido y fraseología de todo el N. Testamento.

C) Así como el Hijo no puede hacer sino lo que «*ve*» hacer al Padre (Jn. 5:19), precisamente porque procede del Padre por la vía del conocimiento, así tampoco el Espíritu puede dar a conocer sino «*lo que oyere*» (Jn. 16:13). Así como el *ver* va unido con el conocimiento y el testimonio (Jn. 6:69; 20:24-28; Hech. 1:22; 2:32), el *oír* va unido con el amor. Por eso, sólo al *oír*, no al *ver*, reconoció al Señor María de Magdala (Jn. 20:16 —¡era una mujer!—). Por eso, va el *oír* por delante de la función amorosa del Espíritu. Ahora bien, ¿de quién oye el Espíritu?, ¿sólo del Padre? No, sino del Padre y del Hijo, como *de único principio* de origen. Veamos cómo lo dice en Jn. 16:13-15: «... *el Espíritu... no hablará por su propia cuenta* (compárese con Jn. 7:16-17), *sino que hablará todo lo que oyere...; tomará de lo mío, y os lo hará saber*. TODO LO QUE TIENE EL PADRE ES MIO; POR ESO DIJE QUE TOMARA DE LO MIO, Y OS LO HARA SABER». O sea, que el Espíritu habla *lo que oye* (desde la eternidad) *del Hijo, porque toma del Hijo, y juntamente del Padre, porque todo lo del Padre es también del Hijo* (comp. con Jn. 10:30), EXCEPTO EL SER PADRE. Ello significa que el Padre, al engendrar al Hijo y relacionarse (oponerse) a El como Padre, le comunica también, sin estrenar, la facultad de *espirar el Espíritu. Al ser espirado en Amor el Espíritu por el Padre y por el Hijo, el Espíritu procede de ambos conjuntamente y se distingue realmente de ellos como persona divina.*[27]

CUESTIONARIO:

1. ¿Por qué nombramos al Espíritu Santo en tercer lugar? — 2. ¿Por qué se le llama así? — 3. ¿Qué textos nos muestran que el Espíritu Santo es una persona? — 4. ¿Cómo sabemos que es una persona divina? — 5. ¿En qué se funda la «Ortodoxia» para negar el «y del Hijo»? — 6. ¿Qué textos nos muestran implícitamente que el Espíritu Santo procede también del Hijo?

---

27. Sobre la obra del Espíritu Santo en los creyentes, y en la Iglesia como tal, trataremos en los volúmenes V y VI, respectivamente, de este Curso.

Cuarta parte

Las eternas decisiones Divinas

LECCION 25.ª LOS DESIGNIOS DE DIOS

1. Importancia y dificultad del tema

Entramos ahora en un tema difícil, pero importante. Difícil, porque se trata de lo que Dios se ha propuesto desde toda la eternidad respecto de todo lo creado, lo cual es un misterio que no podemos desentrañar, porque entonces dejaría de serlo, pero es un *misterio revelado*. ¿Con qué objeto? A fin de que sepamos que Dios tiene el control perfecto del Universo, de nuestras vidas, de la marcha de la Historia y, sobre todo, que Dios es nuestro Salvador total, que todo es de gracia, que estamos seguros en las manos de Dios. El tema entraña graves problemas sobre el amor de Dios, sobre la responsabilidad humana, etcétera. Los prejuicios teológicos y las opiniones filosóficas han contribuido a oscurecerlo. Por eso, debemos atenernos sólo a la Palabra de Dios, atentos siempre a no torcer el sentido claro de los textos si vemos que no encajan en un sistema prefijado.[1] Desde el principio atengámonos a estas dos verdades claramente reveladas: 1) La salvación viene *enteramente* de Dios, mientras que los que se condenan deben achacarlo *sólo* a su culpa.

---

1. Pensamos seguir una línea calvinista moderada, como hace el Dr. L. Sp. Chafer en su *Systematic Theology*, por creer que es la más conforme al mensaje conjunto del Nuevo Testamento.

2. Los términos usados

Limitándonos al Nuevo Testamento, encontramos, junto con nombres como «bulé» = «consejo» o deliberación que desemboca en una decisión; «eudokía» = buena voluntad, que expresa el deleite que comporta para Dios el realizar Sus amorosos designios, y «thélema» = voluntad, en el sentido de decisión tomada, otros nombres con el prefijo «pro» = de antemano. Así tenemos:

A) *Próthesis* = propósito, que indica una posición tomada de antemano (*cf.* Rom. 8:28; Ef. 1:11; 3:11). Este *propósito* refleja el designio o plan de Dios, tomado desde toda la eternidad, y abarca causas y efectos, medios y fines, la oración y su respuesta; todo maravillosamente ensamblado en un solo y puro acto de la eterna volición divina. Como su objeto es lo contingente, esta decisión divina es soberanamente libre, al par que eficaz. Lo que eternamente está en la *intención* divina, llegará infaliblemente a su *ejecución* en el debido tiempo.

B) *Prógnosis* = presciencia, y *proginosko* = conocer de antemano (*cf.* Hech. 2:23; Rom. 8:29). El verbo «conocer» (ginosko) tiene siempre en la Biblia, referido a Dios, un sentido afectivo, entrañable, marital (*cf.* Mat. 1:25; 25:12). Por eso, la *presciencia* divina no puede entenderse en un sentido puramente *mental*.

C) *Prohorizo* = predestinar. Supone el trazar de antemano una línea divisoria (un *horizonte*), que delimite campos y áreas para el futuro (*cf.* Rom. 8:29, 30). En Romanos 8:30 vemos cómo preexiste una destinación (intención), tras la cual se enumeran, por sus pasos contados, los tiempos de la ejecución.

D) *Proetoimazo* = preparar de antemano (*cf.* Efesios 2:10).

3. Los decretos divinos

Todos estos términos, especialmente «*próthesis*», nos llevan a la idea de que existe desde la eternidad, en la intimidad de Dios, una libre y soberana decisión, en virtud de la cual Dios ha determinado sabia y amorosamente todo cuanto ha de suceder. Deberíamos hablar, pues, en singular de *un* decreto de Dios, pero, como en otras ocasiones, usamos el plural para distinguir diversos *objetos* sobre los que recae la decisión eterna de Dios.

Recordando lo que, en su lugar respectivo, dijimos sobre la ciencia y la voluntad de Dios, sólo diremos ahora que, siendo el decreto divino el fruto de una decisión tomada, les precede lógicamente el conocimiento de lo posible, pero en lo que ha de suceder en algún tiempo, Dios lo ve todo en el presente de su eternidad, *en cuanto que ha decidido que suceda*. Téngase en cuenta que el decreto de realizar algo no ha de confundirse con la misma realización. Así la decisión divina de justificar a una persona no ha de confundirse con el acto mismo de justificarla. De ahí que Dios pueda mirar, en un momento dado, como abominable y digna de condenación a una persona a quien ha decidido justificar.

Comoquiera que ningún atributo divino puede obrar separadamente de los otros, sino que ha de tenerlos a todos en cuenta, el *propósito* divino ha de ser eterno, eficaz, absoluto, universal e inmutable, pero ha de ser también sabio, amoroso, misericordioso, etc. *Todos los caminos de Dios son santos y justos*. Cuando hablemos de la providencia de Dios, trataremos del problema del mal, pero ya podemos adelantar que, aunque todo tiene cabida en el decreto de Dios, el único mal verdadero, que es el pecado, no es querido, sino sólo *tolerado* por Dios. Este riesgo estaba previsto por Dios al dotar de libre albedrío al hombre, pero los fallos humanos no pueden impedir que Dios lleve siempre las riendas de la Historia.

4. La voz de la Escritura

La Santa Biblia nos declara:

A) *Que nada escapa al decreto de Dios*. «Mi consejo

permanecerá, y haré todo lo que quiero» (Is. 46:10); «Todos los habitantes de la tierra son considerados como nada: y él (Dios) hace según su voluntad en el ejército del cielo, y en los habitantes de la tierra, y no hay quien detenga su mano y le diga: ¿Qué haces?» (Dan. 4:35); «En él asimismo tuvimos herencia, habiendo sido predestinados conforme al propósito del que hace todas las cosas según el designio de su voluntad» (Ef. 1:11).

B) *Que cada circunstancia, incluida la maldad de los hombres, es incorporada al decreto de Dios.* «Vosotros pensasteis mal contra mí, mas Dios lo encaminó a bien» (Gén. 50:20); «Y no oyó el rey al pueblo; porque era designio de Jehová para confirmar la palabra que Jehová había hablado» (1.° Rey. 12:15); «A éste (Jesús), entregado por el determinado consejo y anticipado conocimiento de Dios. prendisteis y matasteis por manos de inicuos, crucificándole» (Hech. 2:23; *cf.* también 4:27-28).[2]

C) *Que todo converge, en el plan divino, para salvación de los elegidos y gloria del amor salvífico de Dios.* «Sabemos que a los que aman a Dios, todas las cosas les ayudan (*synergeî* = trabajan conjuntamente, o «Dios hace que cooperen) a bien, esto es, a los que conforme a su propósito son llamados» (Rom. 8:28); «Porque somos hechura suya, creados en Cristo Jesús para buenas obras. las cuales Dios preparó de antemano para que anduviésemos en ellas» (Ef. 2:10); «Porque Dios es el que en vosotros produce así el querer como el hacer, por su buena voluntad» (Filip. 2:13). Y todo el plan salvífico (elección. predestinación, etc.) se hace «según el puro afecto de su voluntad, *para alabanza de la gloria de su gracia*» (Ef. 1: 5-6). Otros textos: Sal. 2:7-8; Jn. 21:19; 1.ª Cor. 2:7; 15:25: Ef. 3:10-11, etc.

---

2. Para medir las responsabilidades de cada cual en la muerte de Cristo, no hay en toda la Biblia textos tan elocuentes como éstos de Hechos (comp. con Is. 53:6, 10). ¿Quién puede agotar la profundidad de este pensamiento: *el principal responsable de la muerte del Hijo de Dios es Dios Padre?*

Todos estos lugares bíblicos, y muchos más que podríamos aducir, nos muestran que existe un *designio* eterno, una *«próthesis»* de Dios, que ha decretado todo cuanto ha de suceder. Si la *presciencia* divina de todo cuanto sucede no fuese precedida *lógicamente* por un decreto de la voluntad de Dios, el saber divino iría *detrás de* los acontecimientos, Dios no tendría el control de la Historia, y el hombre podría cambiar el curso de la Providencia.

5. Objeciones más corrientes

A') *Va contra la libertad del hombre*, puesto que si el decreto de Dios se cumple necesariamente, el hombre es reducido al papel de un *robot*. Respuesta: Siendo firme el decreto de Dios, *es necesario* que se cumpla; pero ello no significa que su cumplimiento se imponga *coactivamente* al hombre. El albedrío del hombre se rige por unas leyes psicológicas que Dios ha establecido; por eso, sólo Dios puede operar desde la misma raíz de la libertad humana, moviendo *eficazmente* al hombre a decidirse *voluntariamente*.[3]

B') *Conduce al fatalismo*, pues si «está escrito» —como dice el vulgo— no se puede cambiar nuestro destino. Respuesta: Los decretos divinos no excluyen, sino que *incluyen*, el que pongamos lo que está de nuestra parte, puesto que, en lo que a nosotros concierne, el decreto divino tiene en cuenta, no sólo el fin que Dios persigue, sino también los *medios* para obtenerlo, entre los que se cuenta nuestra cooperación. El que Dios haya «preparado de antemano nuestras buenas obras» no nos exime de «andar en ellas» (Ef. 2:10), ni el que Dios produzca en nosotros «el querer y el hacer» nos exime de «ocuparnos en nuestra

---

3. Exigir una explicación *racional* a esto, sería intentar quebrar la esencia del misterio de la libertad. No olvidemos que las más íntimas motivaciones quedan ocultas incluso a la conciencia propia, como demuestran la Psicología Profunda y la Psicología de las formas.

salvación con temor y temblor», es decir, conscientes de nuestra responsabilidad (Filip. 2:12).

C') *Hace a Dios autor del pecado,* cuando la Biblia dice que eso es imposible (Sal. 92:15; Ecl. 7:29; Stg. 1:13; 1.ª Jn. 1:5). Respuesta: Dios sería autor del pecado si decretase *hacer el pecado del hombre,* pero no por hacer un hombre que, infringiendo la ley de Dios, comete pecado. Es cierto que el decreto de Dios tiene en cuenta las defecciones del hombre, y las acopla en su plan, pero no las aprueba ni se deleita en ellas, sino que, reprobándolas, no las impide violentamente (corre el riesgo de haber creado al hombre libre). Como dice S. Agustín, Dios muestra Su sabiduría y Su poder «no impidiendo que haya males, sino sabiendo sacar bienes de los males».

CUESTIONARIO:

1. ¿A qué debemos atenernos cuando tratamos de los decretos de Dios? — 2. Genuino sentido de los términos griegos «bulé», «eudokia», «prógnosis», «proginosko» y «prohorizo». — 3. Cualidades de los decretos divinos. — 4. Textos bíblicos a favor de esta doctrina. — 5. Objeciones más corrientes y respuesta a ellas.

LECCION 26.ª LA PREDESTINACION DIVINA

1. Concepto de predestinación

Por *predestinación* entendemos el acto de fijar o determinar de antemano un objetivo concreto; en nuestro caso, indica el decreto por el cual Dios delimita el campo de los elegidos, llamándose *réprobos* los que quedan excluidos.

Según la Biblia, este concepto incluye y presupone otros tres, que tienen sus términos respectivos en el griego del Nuevo Testamento. Así vemos que la predestinación incluye, por orden lógico:

A) Un *conocer* o *preconocer* (*ginosko* o *proginosko*, correspondiente al hebreo «yadah»), que comporta en la Biblia un sentido afectivo, de amor selectivo y gratuito hacia una persona. *Proginosko*, como *prógnosis* (presciencia), tienen así el matiz de «fijarse con predilección en alguien» o «deleitarse de antemano» en la decisión tomada (*cf.* Gén. 18:19; Os. 13:5; Am. 3:2; Hech. 2:23 —comp. con 4:28—; Rom. 8:29; 11:2; 1.ª Ped. 1:2). El mismo *ginosko* tiene ya este sentido en algunos pasajes (1.ª Cor. 8:3; Gálatas 4:9; 2.ª Tim. 2:19).

B) Un *elegir* (*eklego* o *eklégesthai*, correspondiente al hebreo *bakhar*), que expresa ya la idea de seleccionar a alguien o algunos, en función de la «buena voluntad» o *eudokía* divina, para un destino honroso, para una especial relación con Dios; en nuestro caso, comporta una destinación salvífica, global o individual (*cf.* Rom. 9:11; 11:5; Ef. 1:4; 2.ª Tes. 2:13).

C) Un *ordenar de antemano* para un destino específico (*prohorizo* y *prohorismós* = *predestinar* y *predestinación*, respectivamente); a veces, cumple su objetivo en el tiempo (Hech. 2:23; 4:28); pero suele ser medio para el objetivo final de la salvación (*cf.* Rom. 8:29, 30; 1.ª Corintios 2:7; Ef. 1:5, 11).

D) Un *proponerse* (*protithenai*), forjarse un *designio* o *propósito* (*próthesis*), según el cual queda *decretada* la ejecución de cuanto comporta la *predestinación* de los *elegidos* según la *predilección* divina. El término indica la firmeza y estabilidad del plan divino (*cf.* Rom. 8:29; 9:11; Ef. 1:9, 11; 2.ª Tim. 1:9).[4]

2. El fondo histórico-geográfico de una controversia

Aunque el término *proginosko* = conocer de antemano. como *prógnosis* = presciencia, comporta en la Biblia un matiz afectivo, una *predilección*, lo cual nos obliga a colocar un acto de la voluntad divina por delante de todo lo que pueda acontecer después, la intrusión de los prejuicios teológicos pronto indujo a los escritores eclesiásticos de los primeros siglos a distorsionar el uso de los términos *prógnosis* y *prohorismós*, dividiendo a los llamados «Padres de la Iglesia» (sobre todo, a partir del siglo IV) en dos escuelas: la *intelectualista* y la *voluntarista*.

A) La escuela *intelectualista* se fraguó en el Oriente (podemos representarla en Juan Crisóstomo). Según ella, Dios ejecuta Sus designios de acuerdo con su *presciencia* (entendiendo ésta como un mero «conocer de antemano» en sentido intelectual); por tanto, destina a cada uno al lugar al que sus propias obras lo llevan. Este concepto de predestinación *«post praevisa mérita»* (a base de los méritos conocidos de antemano) surgió en Oriente como reacción contra el fatalismo maniqueo y apenas tuvo aceptación en Occidente hasta el tiempo de la Reforma, cuan-

---

4. V. J. Murray, *Romans*, I (London, Marshall, Morgan & Scott. 1967), pp. 315-321.

do fue recogido por los jesuitas, llamándose *molinismo*, por ser el jesuita Luis de Molina quien le dio forma definitiva.

B) La escuela *voluntarista* tiene su representante más típico en Agustín de Hipona, quien definió la predestinación como «la presciencia (en el sentido de predilección) y preparación de los beneficios divinos, por los que con toda certeza se salvan cuantos se salvan».[5] Lo radical de su postura se echa de ver por el contexto posterior en que, al hablar de la «*massa perditionis*» de los inconversos, añade que no se les concede ni el tener ocasión de creer. Tanto Duns Scot (Escoto) como Tomás de Aquino favorecieron, de diverso modo, esta tendencia, que fue recogida y radicalizada en el siglo XVI por Juan Calvino, así como por los seguidores de Tomás de Aquino. Surgió en el siglo V como reacción contra el pelagianismo y el semipelagianismo. Tras el Concilio de Trento, la Iglesia de Roma se ha inclinado más bien hacia el molinismo —énfasis en la libertad humana—, mientras las iglesias típicamente Reformadas se adhirieron a Calvino.

3.   ¿Qué dice la Escritura?

El mensaje de Dios ha de tomarse en su *totalidad*, estando dispuestos a tomar en su sentido *obvio* todos los lugares que traten de esta materia, y explicando los lugares oscuros a la luz de los claros, sin retorcer éstos para que encajen en un sistema determinado. Si seguimos incondicionalmente la opinión de un hombre, por muy «hombre de Dios» que haya sido, sin cotejarla cuidadosamente con la Palabra, estamos en peligro de seguir las mismas «tradiciones de hombres» (Col. 2:8), de las que decimos abominar. Veamos, pues, lo que dice claramente la Escritura:

---

5. V. Rouet de Journel, *Enchiridion Patristicum*, n. 2000. Agustín radicalizó su postura más aún en sus últimos años, pero 1.ª Timoteo 2:4 fue un texto que le llevó de cabeza.

A) *La Escritura nos dice que Dios ha elegido a ciertos individuos* para que lleguen a ser hijos de Dios y herederos del reino de los Cielos, y ello sin mérito alguno por nuestra parte: «Según nos escogió en El (Cristo) antes de la fundación del mundo, para que fuésemos santos... en amor habiéndonos predestinado para ser adoptados hijos suyos por medio de Jesucristo» (Ef. 1:4-5); «Pero nosotros debemos dar siempre gracias a Dios... de que Dios os haya escogido desde el principio para salvación, mediante la santificación por el Espíritu y la fe en la verdad, a la cual os llamó» (2.ª Tes. 2:13-14): «A los que de antemano conoció, también los predestinó para que fuesen hechos conformes a la imagen de Su Hijo» (Rom. 8:29-30). Se habla aquí de «los que *conforme a su propósito* son llamados» (v. 28). Si se examinan estos textos con otros citados al comienzo de esta lección, se advertirá que: *a)* se trata de una elección que precede a la previsión de los méritos, pues no es porque seamos santos, sino para que lo seamos; no nos llamó por haber creído, sino para que creamos; el mismo término «elección» queda sin sentido, si Dios se limita a ver el camino que vamos a tomar, la decisión por la que nos determinamos a creer; *b)* se trata de una elección incondicional, inmutable, eficaz, como lo muestra el que Dios obra el mismo querer y hacer nuestro (Filip. 2:13); *c)* se hace en Cristo, por Cristo y para Cristo, como Mediador, no porque Cristo sea, con su obra, la causa de nuestra elección, sino porque El es el realizador de la salvación a la que fuimos elegidos para ser, a su tiempo, aceptos, o sea, reconciliados, en el Amado (Efesios 1:6). En otras palabras, Cristo no murió para que Dios nos amara, sino porque nos amaba (Jn. 3:16).

B) *Pero la Escritura dice también que Dios quiere que todos se salven,* y por eso Dios envió a Su Hijo al mundo, porque Dios amaba al mundo (Jn. 3:16). «Bueno es Jehová *para con todos*» (Sal. 145:9). «Y por todos murió...; que Dios estaba en Cristo reconciliando consigo al mundo» (2.ª Cor. 5:15, 19); «El cual (Dios) quiere que *todos los hombres* sean salvos y vengan al conocimiento de la verdad» (1.ª Tim. 2:4); Dios no quiere «que ninguno perezca, sino que todos procedan al arrepentimiento» (2.ª Ped. 3:9); «El (Jesucristo) es la propiciación por nuestros pecados; y no solamente por los nuestros, sino también por los de *todo el mundo*» (1.ª Jn. 2:2). De aquí deducimos que: *a')* Dios ha provisto medios de salvación para todos, de modo que podamos decir «cuando el pecado abundó, sobreabundó la gracia» (Rom. 5:20); [6] *b')* por eso, es sincera la invitación del Señor, por medio de Pablo, en Hechos 17:30: «manda a todos los hombres, en todo lugar, que se arrepientan», y en 2.ª Cor. 5:20: «¡Reconciliaos con Dios!»; *c')* la inconversión es un rechazo de la gracia: «¿O menosprecias las riquezas de su benignidad, paciencia y longanimidad, ignorando que su benignidad te guía al arrepentimiento?» (Rom. 2:4).

C) *La Escritura dice que la única causa de condenación no es la voluntad de Dios,* sino el rechazo consciente de la salvación ofrecida: «¡Cuántas veces —dice Jesús a los judíos impenitentes— quise juntar a tus hijos, como la gallina a sus polluelos debajo de sus alas, y no quisiste!» (Luc. 13:34); «Porque no envió Dios a su Hijo al mundo para condenar al mundo, sino para que el mundo sea salvo por El. El que en él cree, no es condenado; pero el que no cree, ya ha sido condenado porque no ha creído en el nombre del unigénito Hijo de Dios. Y ésta es la condenación —es decir, ésta es la causa de la condenación—: que la luz (que ilumina a todo hombre —*cf.* Juan 1:9—) vino al mundo, y los hombres amaron más las tinieblas que la luz» (Jn. 3:17-19); «Pero por tu dureza y por tu corazón no arrepentido, atesoras para ti mismo ira para el día de la ira y de la revelación del justo juicio de Dios» (Rom. 2:5).

---

6. Si la provisión de gracia está a disposición sólo de *algunos,* se quiebra por su base el paralelismo *general* del contexto (versículos 15-19).

D) Así que podemos concluir: *Toda la salvación es de gracia* (Ef. 2:8-10); *toda la condenación es por la resistencia del hombre,* que no se abre a la luz, a la gracia, al mensaje salvífico, a la obra del Espíritu (Hech. 7:51). Nos queda una pregunta que resume el misterio profundo del destino de cada hombre: ¿por qué Dios ha decretado eternamente el romper la resistencia de unos, *abriendo sus corazones* (Hech. 16:14), y no de otros? La respuesta (misteriosa, claro está) la encontrará el lector en Rom. 9: 14-24; 1.ª Cor. 4:7; 15:10. Terminemos con optimismo: «¡GRACIAS A DIOS POR SU DON INEFABLE!» (2.ª Corintios 9:15).

CUESTIONARIO:

1. *¿Qué conceptos incluye la predestinación divina?* — 2. *Cómo se polarizó la controversia? — 3. ¿Qué nos dice el mensaje de Dios en su totalidad? — 4. ¿Dónde se halla el núcleo del misterio que no podemos descifrar en esta vida?*

LECCION 27.ª LA REPROBACION ETERNA

1. El «decreto terrible»

Juan Calvino, en sus *Instituciones*, III, cap. 23, párrafo 7, habla de un «*decretum horribile*» («Admito —dice— que el decreto es terrible»), por el cual Dios previó que la caída de Adán arrastraría a la ruina eterna, sin remedio, a tantas naciones y gentes, juntamente con sus niños; y lo previó porque lo tenía ordenado. Según eso, Dios, desde la eternidad, quiso que millones de seres humanos, incluyendo muchos millones de niños inocentes, *por el solo hecho de ser descendientes de Adán*, quedasen condenados para siempre sin remedio.

Para un seguidor incondicional de Agustín, conocida su rígida mentalidad de hombre de leyes y su temperamento austero, pero severo y fanático, «según el espíritu de Elías»,[7] era normal que Dios incluyera, *de igual modo*,

---

7. Esto no quita nada a las brillantes cualidades de este *varón de Dios*, que a los 26 años de edad pudo redactar ese portento de erudición bíblica y patrística que es la *Institutio Religionis Christianae*. Pero los «hombres de Dios» también tienen sus defectos y limitaciones. Los tuvo Elías (*cf.* Sant. 5:17), a quien Yahvéh tuvo que enseñar suavidad mediante Su manifestación en el «silbo apacible y delicado» (*cf.* 1.º Rey. 19:10-14); los tuvo, a su vez, Juan el Bautista (que vino *en el espíritu de Elías*), decepcionado o confuso, tras haber predicado la venida de un Mesías con la criba en la mano y el hacha a la raíz del árbol, al encontrarse con un cordero manso y humilde que pasaba haciendo bien (Mat. 11:3; Luc. 7:19).

en sus eternos decretos, la predestinación positiva de los elegidos y la reprobación positiva de «tantas gentes, juntamente con sus niños». Eso es lo que Calvino opinaba, pero ¿opina la Biblia de la misma manera? Dejemos aparte la imagen de un Dios que se deleita en la desgracia eterna, sin remedio, de millones de personas, incluyendo millones de niños inocentes, lo que nos haría pensar en un monstruo de perversidad en vez de un Dios de bondad, justicia y misericordia, y veamos lo que nos dice la Biblia:

> *«¿Quiero yo la muerte del impío?, dice Jehová el Señor. ¿No vivirá, si se apartare de sus caminos?... Porque no quiero la muerte del que muere, dice Jehová el Señor; convertíos, pues, y viviréis»* (Ez. 18:23, 32).

> *«Y ésta es la condenación: que la luz vino al mundo, y los hombres amaron más las tinieblas que la luz, porque sus obras eran malas»* (Jn. 3:19).

> *«... que Dios estaba en Cristo reconciliando consigo al mundo, no tomándoles en cuenta a los hombres sus pecados»* (2.ª Cor. 5:19).

> *«Dios... quiere que todos los hombres sean salvos»* (1.ª Tim. 2:4).

> *«... no queriendo que ninguno perezca, sino que todos procedan al arrepentimiento»* (2.ª Ped. 3:9).

> *«... y el que quiera, tome del agua de la vida gratuitamente»* (Ap. 22:17).

Estos y otros textos, que ya hemos citado en la lección anterior, nos deben hacer proceder con cautela en este tema de la reprobación positiva.

2. Dos verdades incontestables

A) En la lección anterior hemos visto que los textos del Nuevo Testamento que hablan de la predestinación y de la elección no pueden entenderse en el sentido de una mera «presciencia» sin violentar el texto mismo y el contexto de todo el mensaje de la Biblia. Debemos, pues, concluir que existe una predestinación positiva, *ante praevisa merita*, de los elegidos.

B) El mensaje claro del Nuevo Testamento, tomado en conjunto y sin prejuicios que lo distorsionen, es que la única causa de la condenación es el rechazo consciente y voluntario del mensaje de salvación:

> «*El que en él* (Jesucristo) *cree, no es condenado; pero el que no cree, ya ha sido condenado, porque no ha creído en el nombre del unigénito Hijo de Dios*» (Jn. 3:18).

Dentro de su contexto, este lugar nos da la incredulidad voluntaria como la única causa de condenación. ¿Qué pasa con los que no han tenido la oportunidad de oír el mensaje? El escritor evangélico J. Grau [8] recoge bien el sentir nuestro y de muchísimos hermanos en la fe, de que el Espíritu de Dios, supuesto que Dios quiere que todos se salven (1.ª Tim. 2:4) y que Cristo murió por todos (2.ª Corintios 5:14), puede inspirar en el corazón de cualquier adulto una fuerte convicción de pecado, de modo que se sienta perdido, necesitado de un Salvador y persuadido de que el Amoroso Ser Supremo ha provisto salvación por medio de Alguien a quien no conoce por Su nombre; esto basta para que también ellos tengan a Jesucristo por su único Salvador necesario y suficiente; también aquí hay *una salvación de gracia mediante la fe* (Ef. 2:8), no por obras, aunque se pueda llamar *virtual* a esta fe «del que es hallado cuando no sabe buscar» (Rom. 10:20).

Demos un paso más: Romanos 5: 12-21 establece un claro paralelo entre dos cabezas, dos inclusiones, dos efectos; en este contexto se nos dice con toda claridad que

---

8. En *Introducción a la Teología*, pp. 144-155.

«cuando abundó el pecado, sobreabundó la gracia». ¿De qué forma?

«Pero el don no fue como la transgresión; porque si por la transgresión de aquel uno murieron los muchos (todos los demás), *abundaron mucho más para los muchos* (para todos los demás) *la gracia y el don de Dios por la gracia de un hombre, Jesucristo»* (Rom. 5:15).

Analizando sin prejuicios este lugar sagrado, nos convencemos de que la Humanidad gira en torno a dos órbitas distintas, con dos capitalidades distintas que son EL PRIMER ADAN Y EL POSTRER ADAN (1.ª Cor. 15:45); que la obra del segundo es suficiente para anular la del primero. Si Dios estaba en Adán rebelde condenando a todo el mundo (Gén. 3 comp. con Rom. 8:20), también estaba en Cristo obediente reconciliando a todo el mundo (2.ª Cor. 5:19). Por eso, de la misma manera que, para salvarse, no es suficiente estar representados en la cruz de Cristo (2.ª Cor. 5:14), sino que es preciso entregarse a El por fe (Jn. 3:16, 18), reconciliarse personalmente con Dios (2.ª Cor. 5:20), seguir a Cristo en la obediencia (Rom. 1:5), de la misma manera, para condenarse, no es suficiente estar representados en Adán (Rom. 5:12), sino seguirle en su prevaricación (Rom. 5:14), imitando su desobediencia (Rom. 5:19). El paralelismo se refiere claramente a lo que cada una de las dos Cabezas de la Humanidad nos ha provisto: la primera, condenación; la segunda, justificación; ambas son universales en todo el contexto; luego, si la de Cristo comporta nuestra personal recepción por la fe, la de Adán exige nuestra personal cooperación por la incredulidad. De donde fundadamente concluimos que sólo los que personalmente rechazan la salvación de Cristo son excluidos de ella. Por tanto, *todos los niños y cuantos adultos hayan sido hechos por el Espíritu de Cristo receptivos a Su gracia, son salvos en Cristo en la misma medida en que estaban perdidos en Adán.*

3. ¿En qué consiste, pues, la reprobación?

Después de lo dicho, queda el problema de la reprobación de los no elegidos. Tengamos siempre en cuenta que, mientras el Nuevo Testamento habla sin ambages de una predestinación positiva de pura elección, de plena gratuidad, *sin ningún mérito* de nuestra parte, la reprobación aparece siempre ligada a un rechazo voluntario de la luz (Jn. 3:18-21), a un determinado pecado de autosuficiencia que tapona el manantial mismo de la salvación (texto clave: Juan 9:41). Así pues, la reprobación no se debe a un decreto eterno de Dios, que prevalezca sobre la universal voluntad salvífica divina (Jn. 3:16-17; 1.ª Tim. 2:4), sino a la *prevista* protervia del pecador incrédulo. Se trata, por tanto, de una reprobación negativa *post praevisa demerita*.

El hecho de que los calvinistas radicales hayan unido invariablemente la predestinación con la reprobación, ha llevado, a nuestro juicio, a muchos hermanos sinceramente evangélicos, a negar la primera para no tener que admitir la segunda, cayendo así en un Arminianismo moderado, explicable, pero que no creemos fundado en el Nuevo Testamento. ¡Dejémonos de nombres, por respetables que parezcan, y de tradiciones de hombres, y vayamos a la Biblia con ojos claros! También los discípulos de Agustín de Hipona corrieron este riesgo y muchos se vieron incapaces de eludir los extremismos de su maestro. Pero la Cristiandad antigua nos legó también un rayo de luz teológica, de acuerdo con la Biblia, cuando el Sínodo de Valence (Francia) en el año 855 dijo con clara precisión:

«Confesamos confiadamente la predestinación de los elegidos a la vida, y la predestinación de los impíos a la muerte; pero decimos que, en la elección de los que se han de salvar, la misericordia de Dios precede a toda obra buena; en cambio, en la condenación de los que han de perecer, los deméritos preceden al justo juicio de Dios.» [9]

¿Cómo se puede admitir una elección positiva que no implique una exclusión *a priori*? Esta pregunta es similar a esta otra que se refiere ya a la aplicación de la redención: ¿Por qué no todos disponen de una gracia *eficaz* que quiebre la resistencia de sus corazones, mientras todos quedan sin excusa por no aprovecharse de la gracia *común* que Dios ha provisto para todos en la Cruz de Cristo? Este es un misterio que la Biblia revela, pero no explica. Dos extremos están claramente revelados: 1) Dios exhorta sinceramente a todos los hombres a que se arrepientan (Hech. 17:30); 2) Dios ha pre-conocido con amor a los que había de predestinar a la gloria (Rom .8:29). Cuando nos tiente el orgullo de nuestra razón humana a poner en duda uno de estos extremos, leamos Romanos 9:16-24; 11:33-35. Una vez más repetimos: TODA SALVACION ES DE GRACIA, TODA CONDENACION ES POR CULPA.

CUESTIONARIO:

1. ¿Qué piensa, con la Biblia en la mano, del «decretum horribile» aludido por Calvino? — 2. ¿Qué luz arrojan sobre este tema textos tan claros como Jn. 3:15-21 y Romanos 5:12-21? — 3. ¿Cómo puede entenderse únicamente la reprobación, de acuerdo con el Nuevo Testamento? — 4. ¿Qué nos advierte Rom. 9:20?

---

9. V. *Denzinger*, 628. Como es natural, no tenemos por infalibles estas palabras; de hecho, este concilio local vertió opiniones que no podemos admitir (tampoco los católicos las tienen por infalibles), pero creemos que en este punto, objeto principal de la controversia, dio en la diana.

LECCION 28.ª

DISTINTAS POSICIONES ANTE LA PREDESTINACION

Las distintas posiciones que aquí vamos a considerar tienen repercusión decisiva en Soteriología y Doctrinas de la Gracia (vols. IV y V). En el presente tratado nos limitaremos a exponer lo que respecta a la predestinación. Ya dijimos en otro lugar que, desde la antigüedad, la teología se dividió en *intelectualista* y *voluntarista*, respectivamente, según que la *presciencia* se considerase lógicamente anterior a la *predestinación*, o viceversa. En ambos campos partiremos de los extremos, o sea, de más a menos.

1. Posiciones que enfatizan la presciencia de Dios

A) EL PELAGIANISMO. Pelagio fue un monje británico, flemático y austero, contemporáneo de Agustín de Hipona (africano y apasionado, y, por tanto, en los antípodas de aquél). Según Pelagio, toda la salvación de cada individuo depende de su libre albedrío. Por tanto, Dios se limita a premiar con el Cielo a quien se lo ha ganado por sus obras. Así, sólo puede hablarse de presciencia. Los Socinianos del siglo XVI le siguieron en esto.

B) EL SEMIPELAGIANISMO. Tras la condenación del pelagianismo, gracias, sobre todo, a los escritos de Agustín, surgió un siglo más tarde una tendencia intermedia, seguida también por monjes, especialmente de un monasterio de Marsella (por lo que se les llamó los «marselle-

ses»).[10] Estos admitieron la necesidad de la gracia para
la salvación, pero sostuvieron la primacía del libre albedrío en la búsqueda de la fe y en la perseverancia en la
virtud. Dios predestina al Cielo a quienes ha previsto que
se esforzarán por creer y perseverar, y predestina al Infierno a quienes prevé que no han de creer o no han de
perseverar. Respecto a los niños que mueren sin el bautismo antes de llegar al uso normal de la razón, decían que
Dios los salvaba o condenaba de acuerdo con lo que había
previsto que harían si vivieran. Los Arminianos del siglo xvii sostuvieron una opinión parecida.

C) EL MOLINISMO. El jesuita Luis de Molina, en su
libro *Concordia* (año 1588) sostuvo una *vía media,* afir-
mando que Dios predestinaba al Cielo a quienes había
previsto, en su *ciencia media,*[11] que cooperarían a Su gracia, la cual es igualmente *suficiente* para todos. Sólo puede hablarse de gracia *eficaz* en el sentido de que Dios ya
sabía lo que cada persona había de hacer, *puesta en determinadas circunstancias* y, por tanto, qué gracia sería
eficaz en la presente economía elegida por Dios, y cuál
sería meramente *suficiente.* También aquí es la presciencia la que va por delante de la predestinación. Se dife-
rencian de los semipelagianos en que admiten la necesidad
de la gracia para toda obra *saludable,* incluida la búsqueda de la fe, y sostienen que la perseverancia final es
un especial don divino que no a todos se da. Dentro de
la escuela jesuítica se dan variantes (Belarmino, Suárez,
Billot, etc.) que sería prolijo enumerar.

2. **Posiciones que enfatizan la predestinación**

A') LOS SUPRALAPSARIOS. Más conocidos como *ultracal-
vinistas,* sostienen que Dios, en sus decretos eternos, lo
primero que se propuso fue salvar a algunos y reprobar

---

10. El apelativo de *semipelagianos* les fue impuesto en el siglo xvii, a raíz de las famosas *controversias* sobre la gracia entre
dominicos y jesuitas.
11. V. lección 13.ª, punto 3.

a otros, aun antes del decreto de crear al hombre y permitir que cayese. Quieren así enfatizar la soberana libertad de la gracia de Dios. Los más extremistas de los dominicos (Báñez, por ejemplo) vienen a sostener lo mismo, apoyándose en que la manifestación gloriosa de todos los atributos divinos (amor, santidad, justicia y misericordia) exigía de antemano la predestinación en dos bloques: «vasos para honra» y «vasos para deshonra» (Rom. 9:21). Esta opinión adolece de tres fallos fundamentales: a) propone una separación entre seres no existentes, puesto que el decreto de predestinar se pone por delante del decreto de crear; b) va contra toda la Biblia, que pone siempre el pecado como causa directa de la reprobación; [12] c) hace de Dios un tirano arbitrario que se goza en crear personas a quienes ya tiene predestinadas al Infierno.[13]

B') Los INFRALAPSARIOS, llamados también *calvinistas moderados,* sostienen que todo decreto de elegir y excluir, o de predestinar y reprobar, ha de seguir lógicamente a los decretos divinos de crear al hombre y permitir su caída. De esta forma, ya no podemos concebir un acto arbitrario por el que Dios ya tiene decidido crear un grupo de personas y destinarlas para el Cielo, y crear otro grupo de personas y destinarlas al Infierno, sino que, tras la creación y la caída, *toda la Humanidad está bajo pecado y destinada a la condenación.* Con toda justicia, pues, estarían todos predestinados al Infierno, si no fuese porque Dios, en Su misericordia, elige a algunos de entre

---

12. Sólo una incorrecta interpretación de Rom. 9:10-13 pudo dar pie a este error. Allí se habla de elección *de un pueblo,* no de reprobación eterna de *personas.*

13. Hay quienes interpretan lo de «hijo de perdición» de Jn. 17:12 como si Judas hubiese sido destinado *fatalmente* a perderse, siendo así una simple marioneta para el plan de la Redención. Judas estaba abocado a la perdición por su *perversidad,* de la que era enteramente responsable, aunque estaba prevista y, por ello, pudo ser profetizada. Si su actitud hubiese sido la de Pedro, aun después de entregar a Jesús, no hubiese sido *previsto* como «hijo de perdición». Desconocer el estilo hebreo lleva a muchos errores.

esa «*masa de perdición*», como la llama Agustín, y los predestina, en Su soberana predilección, a la Gloria.

3. ¿Existe una vía media?

Creemos que existe una especie de vía media, que estimamos la única de acuerdo con la Biblia, y que ya hemos expuesto en las dos lecciones anteriores. Según la Biblia, la elección divina (preconocimiento afectivo) precede a la predestinación y la presciencia de lo que ocurrirá (*cf.* Romanos 8:29). Es cierto que la Humanidad entera merece la condenación, porque «*todos pecaron, y están destituidos de la gloria de Dios*» (Rom. 3:23). Pero también es verdad que Dios «*quiere que todos sean salvos y vengan al conocimiento de la verdad*». Por eso, Dios proveyó para todos los hombres una fuente de salvación en el Calvario, «*para que todo aquél que en él crea, no se pierda, mas tenga vida eterna*» (Jn. 3:15-16, comp. con 2.ª Cor. 5:14, 19-20). Por tanto, el orden de los decretos divinos sólo tiene una correcta sucesión lógica de acuerdo con la Biblia y es la siguiente: *a*) decreto de crear al hombre; *b*) decreto de permitir la caída; [14] *c*) decreto de proveer salvación para todos los hombres; *d*) decreto de elegir a los que han de creer, y dejar en su justa condenación a los que han de rechazar el mensaje de salvación; *e*) decreto de aplicar, en su día, la salvación a los que han de creer, y dejar en su justa condenación a los que han de rechazar el mensaje de salvación; *e*) decreto de aplicar, en su día, la salvación a los que han de creer.[15]

---

14. En el vol. III trataremos de indagar el porqué de esta *permisión*.

15. Este es el orden que propone L. Sp. Chafer en su *Systematic Theology*, III, pp. 180-181, llamando a este sistema simplemente *infralapsario*, mientras habla de otro llamado *sublapsario*, que ordena así los decretos divinos: *a*) el de crear al hombre; *b*) de permitir la caída; *c*) de elegir a los que han de creer, y dejar en la condenación a los que no han de creer; *d*) de proveer salvación para los que han de creer (redención *limitada*); *e*) de aplicar la salvación a los elegidos.

Los dominicos y agustinienses pueden englobarse en esta *vía media,* ya que sostienen la predestinación como anterior a la presciencia, y además no pueden menos de defender la universalidad de la voluntad salvífica de Dios. Pero difieren de nuestra posición reformada en tres puntos sumamente importantes, que el Concilio de Trento les obliga a mantener como *dogmas de fe:* 1) Dios da a todos gracia *suficiente, a la que se puede resistir,* pero con la que ellos mismos se preparan para la justificación; 2) la justificación no es por la fe sola, sino por toda una serie de disposiciones que desembocan en la regeneración bautismal o penitencial; 3) como, según el Concilio de Trento, la justificación se puede perder, sólo la perseverancia virtuosa en la gracia, mediante la práctica de buenas obras, *merece* la salvación final. Ello no quiere decir que la presciencia de los méritos preceda lógicamente a la predestinación de los elegidos, sino que Dios ha predestinado *también,* como medios para el fin, los méritos por los que se han de salvar.

CUESTIONARIO:

1. *¿Qué entendemos por pelagianismo y semipelagianismo? —* 2. *¿A qué llamamos molinismo y en qué se distingue del semipelagianismo? —* 3. *Exposición y crítica del ultracalvinismo. —* 4. *Dos clases de calvinismo moderado, según el orden de los decretos divinos. —* 5. *¿Qué verdades bíblicas hay que tener en cuenta, en este problema de la predestinación? —* 6. *¿En qué se parece y en qué se distingue de esta* vía media *reformada el predestinacionismo católico?*

Quinta parte

La obra de Dios
en general

LECCION 29.ª EL ACTO CREADOR EN SI

Después de haber estudiado los decretos divinos respecto al mundo, vamos a pasar ya a la ejecución de estos decretos; lo cual tiene su comienzo natural con la creación. Por eso, la Santa Biblia se abre diciendo: «*En el principio creó Dios los cielos y la tierra*» (Gén. 1:1). Como si dijera: todo comenzó a existir (lo de arriba y lo de abajo), a entrar en el tiempo, a moverse, cuando Dios sacó todos los seres a la existencia.

1. Concepto de creación

En sentido estricto, *crear* equivale a «sacar de la nada». Esta frase puede ser mal entendida, como si *la nada* fuese una especie de materia prima de donde salen los seres. Su verdadero sentido es: sacar a la existencia algo que no preexistía ni en su forma, ni en su constitución molecular, ni en su masa atómica: *algo que no era*. Por tanto, *crear* significa producir el *ser*, la sustancia misma de las cosas. Los hombres pueden *hacer* cosas de una materia preexistente; sólo Dios puede crear el mismo ser. La razón humana grita: «de la nada, nada se puede hacer»; «nada se crea, nada se pierde». Pero el Génesis dice que Dios lo creó todo; es un hecho que debe ser admitido por fe: «*Por la fe entendemos haber sido constituido el universo por la palabra de Dios, de modo que lo que se ve fue hecho de lo que no se veía*» (Hebr. 11:3). El griego original de este pasaje da a entender, no que las cosas que se ven hayan salido de otras (espirituales) que no se veían (tendríamos una especie de panteísmo emanatístico), sino que la palabra de Dios hizo que saliesen a la luz cosas que antes no existían [1] y, por tanto, no podían verse.

2. Los términos bíblicos

El hebreo usa el verbo *barah* (o *bara'*) en Gén. 1:1. Este verbo, que el griego traduce por *ktízein,* no siempre significa sacar de la nada, puesto que la Biblia lo usa otras veces como sinónimo de *hacer* (hebreo: *'asah;* griego: *poieîn*) y de *formar* (hebreo: *yatsar;* griego: *plássein*), pero todas las veces que sale en el Antiguo Testamento significa una operación estrictamente divina. A su vez, *'asah* (griego: *poieîn*) es usado para significar la creación de la nada en Gén. 2:4; Prov. 16:4; Hech. 17:24, mientras que *yatsar* es usado para el mismo significado en Sal. 90:2. Hay un versículo en que salen los tres verbos (Is. 45:7). Como el verbo *bara'* sirve también para indicar la acción divina por la que son formadas las cosas de materia creada anteriormente, todo ello suele englobarse bajo el término *creación* (Rom. 1:20), llamándose creación *primera* al acto de sacar de la nada la materia prima de todos los seres, y creación *segunda* (Gén. 1:3 y ss.), a la formación de las cosas, hecha por Dios, de la materia prima anteriormente creada.

La razón más poderosa para admitir que el verbo *bara'* (en Gén. 1:1 y lugares paralelos) significa *sacar de la nada,* se basa en la finalidad de Moisés al escribir este capítulo, que no era otra que asentar el monoteísmo del pueblo judío sobre una firme base: que Dios, el Dios verdadero, había creado todo cuanto existía; todo había sido hecho por Su Palabra (*cf.* Jn. 1:3), de modo que no pudiera pensarse que existía una materia, o cualquier otro principio, ajeno a la acción de Dios.

---

1. El original emplea *mê,* no *u,* y debe enlazarse sintácticamente con *gegonénai.*

3. Dios Trino intervino en la Creación del Universo

Aunque el Antiguo Testamento no habla explícitamente de tres personas divinas, a la luz del Nuevo vemos que las tres personas intervienen conjuntamente en la obra total de la creación, pero con diferentes matices, ya esbozados en el Antiguo. Así, la creación es *obra* del Padre (Gén. 1:1, comp. con 1.ª Cor. 8:6), *por medio del* Hijo, Su idea arquetipa y Su Palabra viva y personal (Prov. 8:22-31, comp. con Jn. 1:3; 1.ª Cor. 8:6; Col. 1:15-17; Hebr. 1:2-3), *en* el Aliento amoroso del Espíritu, que se posaba sobre el abismo como un águila se posa sobre el nido para incubar, y después animar a volar, a sus aguiluchos (*cf.* Deuteronomio 32:11, donde se repite el verbo *rajaph* de Génesis 1:2). Una vez revelado el misterio de la Trinidad, es claro que las tres personas han de obrar en común, por tener en común, por decirlo así, todo el «instrumental». Por eso dice Jesús: «*porque todo lo que el Padre hace, también lo hace el Hijo igualmente*» (Jn. 5:19).

4. La creación es un acto libre de Dios

El panteísmo, el ocultismo, la Teosofía, y algunos filósofos antiguos y modernos, han mantenido que Dios creó el mundo por la necesidad de expansión de Su Ser o de Su Bondad. Pero la Biblia nos dice que Dios lo ha hecho todo por el deliberado designio de Su voluntad (Ef. 1:11; Apoc. 4:11), puesto que no necesita de nada ni de nadie (Job 22:2, 3; Hech. 17:25). Es cierto que el bien «tiende a difundirse», pero el Bien divino era ya autosuficiente en la infinita intercomunicación de las tres personas divinas (Dios no puede recibir ningún bien de fuera, por ser ya infinito), y la difusión del bien es espontánea cuando encuentra área de expansión, pero es absolutamente *libre* cuando no existe ningún otro ser necesario. Si Dios no fuese libre al crear, lo creado no sería contingente, sino tan necesario como Dios, por donde se llega a una u otra forma de panteísmo. Sólo las íntimas operaciones divinas que dan origen a la Trinidad (generación, filiación, espiración) son *necesarias* como es el mismo Ser de Dios. Todo lo demás sólo admite una *necesidad* relativa, condicionada por una libre decisión de Dios, que no puede volverse atrás.

5. La creación tuvo lugar en el tiempo

Para entender de algún modo este punto, es preciso refrescar las nociones de tiempo y eternidad, estudiadas en la lección 12.ª, párrafo 4. Con aquellas nociones a la vista, podemos decir lo siguiente:

A) Dios obra siempre desde Su propio Ser, que es eterno; por tanto, el acto de crear tiene su *principio* en la eternidad de Dios, que abarca y rebasa todo tiempo.

B) Que el mundo fue creado *en* el tiempo o, más exactamente, *con* el tiempo, significa que el mundo comenzó a ser, o sea, tuvo un primer instante. Antes de ese instante pudo haber existido otro mundo. Aunque *antes* y *después* indican ya la existencia de cosas temporales, lugares como Prov. 8:22 («*antes de sus obras*»); Jn. 17:5 («*antes que el mundo fuese*»); Ef. 1:4 («*antes de la fundación del mundo*»), nos dan a entender que el mundo no ha existido siempre. Quizá sea aventurado pretender deducir lo mismo del «*En el principio*» de Gén. 1:1, pues la idea-clave es allí que Dios es el principio de todo cuanto existe, y así lo entienden los rabinos judíos.[2]

C) La razón humana no puede probar ni refutar que un mundo que no tuviese principio ni fin sea posible o imposible. Pero ha de tenerse en cuenta algo muy importante: aunque el mundo hubiese existido siempre, no dejaría de ser contingente; en otras palabras, un mundo eterno (más exactamente: indefinidamente temporal) no

---

2. V. Hertz, *o. c.*, p. 2.

tendría en sí mismo la razón de su existir, dependería de Dios en todo su ser durante todo el ilimitado tiempo de su existencia; siempre sería algo creado de la nada, pues para esto no es necesaria una sucesión cronológica, sino una dependencia esencial.

D) Siendo la eternidad *un solo instante que dura siempre*, no un fluir, con antes y después, del tiempo, Dios no pudo estar inactivo ni aburrido en Su eternidad, precisamente porque *no tuvo tiempo* para aburrirse o estar ocioso. Su actividad está eternamente bullendo en Su propio interior, de modo que, al crear, al encarnarse, etc., no es Dios quien cambia del ocio al trabajo, de la magnitud a la pequeñez, etc., sino que lo único que cambia es el *término* de la acción divina: el ser creado, el cual pasa de lo potencial a lo actual. Es de notar que, al hablar de la humillación del Hijo de Dios en Filip. 2:5-9, no dice Pablo que el Hijo cambió o dejó la esencia de Dios para tomar la esencia de hombre, sino que *«siendo en forma de Dios* —poseyendo la naturaleza divina que se manifestaba en la majestad inaccesible— *no estimó el ser igual a Dios como cosa a que aferrarse* (o sea, no dudó en despojarse de aquella apariencia de majestad, porque sabía que, apeando el tratamiento, no apeaba su naturaleza —como le pasaría a un noble hecho de pronto, sin que le viniese de sangre), *sino que se despojó a sí mismo* (de la manifestación aparatosa de la majestad que le correspondía como Hijo de Dios), *tomando forma de siervo, hecho semejante a los hombres»*, o sea, haciéndose hombre (Juan 1:14) como nosotros, sin dejar de ser Dios, igual al Padre (Jn. 10:30). Por tanto, el momento de la Encarnación no supuso un cambio en la persona del Hijo de Dios, sino la nueva existencia de una naturaleza humana (creada), asumida por el Verbo en unión hipostática.

CUESTIONARIO:

1. ¿Qué entendemos por crear? — 2. ¿Cuál es la fuerza precisa del verbo bara' en Gén. 1:1? — 3. ¿Cómo intervienen las tres personas divinas en la creación? — 4. ¿Tenía Dios alguna necesidad de crear? — 5. ¿Qué significa el hecho de que la creación tuviese lugar en el tiempo? — 6. ¿Supone para Dios algún cambio el crear?

LECCION 30.ª FINALIDAD DE LA CREACION

1. La causa final

Aristóteles (*Metaphysic.*, 13, a 24 - b 16) dividió las causas de los seres en cuatro clases: *material*, o sea, la materia de la que se hace algo; *formal*, que es la forma (tanto el diseño, como la esencia íntima) de una cosa; *eficiente*, o sea el agente que produce algo; y *final*, es decir, el fin u objetivo que el autor se propone en su trabajo.[3]

Si aplicamos a la creación estas nociones de «causa», veremos que la causa *eficiente* de la creación es Dios, que obra sin más instrumentos que un acto sencillo y único de Su voluntad; la causa *formal* es el plan que Dios tenía en Su mente, como un diseño de todo lo que se proponía producir; siendo la creación un «hacer de la nada», no existe en ella *materia* preexistente; la causa *final* u objetivo último que Dios se propuso al crear es Su gloria.

2. Clases de fines

Para entender bien este tema del fin u objetivo que Dios se propuso al crear el mundo, hay que distinguir cuidadosamente tres clases de fines que la filosofía distingue de la siguiente manera: 1) *finis qui*, u objetivo final que

---

3. Para más detalles, v. mi libro *Catolicismo Romano*, páginas 160-161.

se pretende; 2) *finis cui*, o sujeto que, en fin de cuentas, se beneficia del objetivo; y 3) *finis quo,* o medio supremo de consecución de los objetivos anteriores.

Aplicando a la creación esta triple distinción, nos encontramos con que: 1) el *fin que* Dios pretendió como último objetivo de Su obra creadora fue SU GLORIA; 2) *el sujeto para quien* creó el Universo, o sea, el beneficiario de Su obra es el hombre; 3) *el medio supremo* para conseguir dichos fines es, por parte de Dios, la manifestación y puesta en acción de Sus atributos de Amor, Sabiduría y Poder.

3. La gloria de Dios

La Escritura dice claramente que Dios hizo para Su gloria todo cuanto existe:

«*Todos los llamados de mi nombre* (Israel); *para gloria mía los he creado, los formé y los hice*» (Is. 43:7).

«*Por Mí, por amor de Mí mismo lo haré, para que no sea amancillado mi nombre, y mi honra no la daré a otro*» (Is. 48:11). V. también Proverbios 16:4.

«*Por tanto, di a la casa de Israel: Así ha dicho Jehová el Señor: No lo hago por vosotros, oh casa de Israel, sino por causa de mi santo nombre, el cual profanasteis vosotros entre las naciones...*» (Ez. 36:22).

«*Porque la Escritura dice a Faraón: Para esto mismo te he levantado, para mostrar en ti mi poder, y para que mi nombre sea anunciado por toda la tierra*» (Rom. 9:17).

«*Porque de él* (Dios), *y por él, y para él, son todas las cosas*» (Rom. 11:36. Comp. con 1.ª Corintios 15:28 y Col. 1:16).

«*... en amor habiéndonos predestinado para ser adoptados hijos suyos por medio de Jesucristo...*

para alabanza de la gloria de Su gracia..., a fin de que seamos para alabanza de su gloria» (Efesios 1:5, 6, 12).

«... que creó todas las cosas; para que la multiforme sabiduría de Dios sea ahora dada a conocer por medio de la Iglesia...» (Ef. 3:9, 10).

«Señor, digno eres de recibir la gloria y la honra y el poder; porque tú creaste todas las cosas, y por tu voluntad existen» (Apoc. 4:11).

4. Deshaciendo un equívoco

Al oír o leer que Dios hace, y ha creado, todas las cosas *para Su gloria,* hay quien piensa que Dios es el Gran Egoísta, que necesita de Sus obras para sentirse feliz con la adoración y la sumisión que todos deben prestarle. El falso Humanismo ha contribuido a oscurecer el concepto genuino de la gloria de Dios. Ahora bien, por una parte, el último fin tiene que coincidir con el Supremo Bien, y este Supremo Bien no puede encontrarse fuera de Dios; por otra parte, Dios no puede ser egoísta, porque es infinitamente rico y feliz en Sí mismo; siendo Él la causa y fuente de todos los bienes, no necesita de nadie ni de nada (Hech. 17:25).

¿Qué significa, pues, *la gloria de Dios?* Todo el que lea detenidamente los Salmos y los Profetas, se percatará de que la gloria de Dios no es otra cosa que la «exclusiva» que Dios ostenta como único Salvador, necesario y suficiente, de los suyos; como única fuente de belleza, de bienestar, de liberación y de felicidad para los hombres; por eso, Dios es *celoso* de los «vanos dioses» ante los que los hombres tienden a prosternarse (Ex. 20:2-6) y se lamenta de que Su pueblo le deje a Él, *«fuente de agua viva»* (el único que puede satisfacer la sed de vida feliz que todo hombre alberga en su corazón), y cave para sí *«cisternas rotas que no retienen agua»* —Jer. 2:13—, o sea, sucedáneos de Dios incapaces de llenar ese abismo de nuestro corazón, con sed de Infinito).

De ahí que el Nombre de Dios es santificado en la medida en que Su Reino (la irrupción salvífica de Su infinita misericordia) se abre paso en la tierra mediante el cumplimiento de Su voluntad (*cf.* Mat. 6:9-10; Luc. 11:2). Por eso, «*las huestes celestiales*» que, al nacer el Salvador, se aparecieron a los pastores, decían:[4] «*¡Gloria a Dios en las alturas, y en la tierra paz, buena voluntad para con los hombres!*» (Luc. 2:13-14). La «paz de buena voluntad», como dice el griego, es, según el concepto hebreo, el cúmulo de bienes y bendiciones que descienden de lo alto para que el hombre disfrute de una vida plena (satisfecha y libre). El Redentor es quien nos la ha procurado (Jn. 8:32), y ahí es donde Dios obtiene *Su gloria.*

Aunque haya hombres que, en su trabajo, no busquen el dinero, sino la expresión de su arte, e incluso la felicidad ajena, sin embargo sólo Dios ha podido llegar al extremo de 2.ª Cor. 8:9: «*que por amor a vosotros se hizo pobre, siendo rico, para que vosotros con su pobreza fueseis enriquecidos*». La razón es que ningún hombre puede entregar cuanto posee sin perderlo; y, aun dentro de su generosidad, hay en su interior una necesidad que llenar (fama que adquirir, soledad que aliviar, aburrimiento que sacudir). Pero Dios tiene dentro de sí la infinita fuente del Bien, de la Vida, de la Felicidad.

Por eso, en la Creación se combinan maravillosamente las tres clases de fines que hemos expuesto en el núm. 2: *a)* El *fin que* Dios se propone es Su Gloria única de Salvador y Redentor, pero *b)* el «*finis cui*» o *sujeto que se beneficia* de esa Gloria es el hombre —no Dios—; *c) con ello* se manifiestan admirablemente el Amor, la Sabiduría y el Poder del Dios verdadero.

---

4. Es corriente hablar del «*cántico* de los ángeles». Sin embargo, la Biblia jamás presenta a los ángeles *cantando*, sino *diciendo*. El «cantar las alabanzas de Dios» es un privilegio concedido a los hombres, únicos seres dotados de cuerdas vocales (a la vez que de razón) aptas para un lenguaje consciente, articulado y modulado.

CUESTIONARIO:

1. ¿Qué entendemos por fin de la creación? — 2. Clases de fines. — 3. La «gloria de Dios» en la Escritura. — 4. ¿Es Dios egoísta al buscar siempre Su Gloria? — 5. ¿Cómo se combina la gloria de Dios con nuestro bien, según lugares como Is. 60:21; 61:1-3; Luc. 2:14?

LECCION 31.ª ¿CREACION O EVOLUCION?

1. Presupuestos inamovibles

Entramos en un problema delicadísimo, en el que toda prudencia es poca al aplicar las normas de hermenéutica sagrada. Un literalismo a ultranza puede hacer tanto daño a nuestra fe evangélica como el liberalismo progresivamente imperante en los círculos eruditos de teólogos y exegetas. Nuestra fidelidad a la Palabra de Dios, que «*no puede ser quebrantada*» (Jn. 10:35), nos impone los siguientes principios:

A) Génesis, caps. 1-11, es tan «Palabra de Dios» como el resto de la Escritura. Por tanto, los *hechos* que allí aparecen como *históricos* no pueden ser relegados a la categoría de «leyenda expurgada».

B) Dios, el único Dios verdadero, es el autor de cuanto existe, no por emanación panteísta, sino por creación de la nada, de acuerdo con Gén. 1:1.

C) El conocimiento del estilo literario semita es absolutamente necesario para una prudente exégesis del relato de la creación. Los comentarios de rabinos de prestigio deben ser tenidos en cuenta, aunque ellos mismos no estén de acuerdo en algunos detalles, por lo que no podemos tenerlos por infalibles.

D) La Biblia no es un libro de Astronomía, ni de Física, ni de Biología, sino una Historia de la Salvación, escrita en estilo popular.

2. ¿Qué nos dice el relato de la creación?

Descartando, pues, tanto la interpretación puramente alegórica, como la estrictamente científica, de la creación, sólo nos restan dos por examinar: a) la que Strong llama «hyperliteral», que podemos traducir como «literalista», y b) la que el mismo autor llama «pictorial-summary»,[5] o sea, «descripción gráfica» del relato de la creación. De acuerdo con esta interpretación, que parece la más garantizada por la exégesis rabínica,[6] podemos explicar Gén. 1 del modo siguiente:

Vers. 1. Aquí se nos relata sumariamente la creación de toda la materia prima del Universo. Todo fue creado por Dios de la nada.

Vers. 2. Esta materia prima aparece sin orden, sin vida, sin movimiento, como un *abismo* (hebreo «tehom») caótico (hebreo «tohu vabohu» = informe y vacía). El Aliento poderoso de Dios se dispone a transmitir movimiento, orden y vida en aquel fluido nebuloso que el texto sagrado denomina con el nombre de «mayim» = aguas.

Vers. 3. Dios crea la luz, poniendo en movimiento rápido y masivo toda aquella masa amorfa ya creada (se forma así la gran nebulosa espiral del Universo que conocemos, el único que interesa al historiador sagrado).

Vers. 4. Comienza la tarea de la triple *separación* inicial: la luz cósmica luce en medio del vacío inmenso (comp. con Jn. 1:4-5, donde las tinieblas son obra del Maligno); se hace una separación entre lo de arriba y esta tierra de abajo (v. 6-8); finalmente, una tercera separación entre el mar y la tierra de nuestro planeta (vs. 9-10).

Vers. 5. La tarea de la primera separación comienza *a la tarde.* Por eso, el día judío comienza por la tarde, a la puesta del sol. De ahí que el sábado comenzaba después de la puesta del sol del viernes; así, la mañana del

---

5. *O. c.,* pp. 394-395.
6. V. Hertz, *o. ci.,* pp. 2-6.

domingo de Resurrección era «el tercer día» después de
la muerte de Jesús. Del Día de la Expiación dice Levítico 23:32: «*Día de reposo será a vosotros*... DE TARDE
A TARDE *guardaréis vuestro reposo*». Tinieblas y Luz,
Noche y Día irán así unidos a nuestra resurrección con
Cristo, para comportarnos como «*hijos de luz e hijos del
día*» (1.ª Tes. 5:5). Al final de este versículo se habla de
que «*fue la tarde y la mañana un día*». No había aún sol,
ni relojes humanos, lo que demuestra, como dice Hertz,[7]
que no se trata «de un día ordinario, sino de un Día de
Dios, de una era, pues para Dios mil años, y aun miles
de millares de épocas, son como un día que pasó; Salmo 90:4».

Vers. 9-13. Terminada la triple *separación* en el tercer
«día», Dios comienza la tarea de *decoración* del Universo
en la segunda parte de ese mismo día. Por eso, no llega el
segundo «*Y vio Dios que era bueno*» hasta el final del
vers. 10, en que quedaba terminada otra tarea. La decoración comienza por la tierra, donde Dios establece un
«hábitat» conveniente para el hombre y lo decora con es-
pléndida vegetación.

Vers. 14-19. En el cuarto «día» Dios pone la *iluminación* para la estancia del hombre. «Los cielos de los cielos» («*shemé hashamayim*») simbolizan la inaccesible morada de Yahveh, pero en el segundo *shamayim* (el cielo
estelar) Dios cuelga «*mehorot*» = «luminarias o fuentes
de luz» para el hombre. Todo astro es creado por Dios
para beneficio y utilidad del hombre; no hay estrellas
malignas, ni soles que suplanten a Dios. Así quedan ba-
rridos tanto la idolatría estelar como los maleficios astro-
lógicos (Jer. 10:2). Todo lo que Dios ha hecho es «*bueno*»,
y el conjunto de la creación, incluido ya el hombre, es
llamado en el vers. 31 «*muy bueno*».

Vers. 20-25. En el quinto «día» y mitad del sexto, Dios

---

7. *Ibidem*, p. 3.

crea los animales, primeros compañeros y servidores de Adán; siendo ya seres animados y semovientes, Dios los «bendice» para que crezcan y se multipliquen; no lo hace con las plantas, porque, como dice Hertz,[8] el crecimiento de éstas «depende del sol y de la lluvia, no de su propia volición». Sobre la creación del hombre hablaremos en el vol. III.

3. Autenticidad del relato del Génesis

La exégesis liberal y modernista ha pretendido demostrar que el Génesis, como el resto del Pentateuco, no fueron escritos por Moisés, sino que forman una tardía y variopinta recopilación de diversos documentos, legendariamente atribuidos al gran caudillo y legislador del pueblo judío. Para desmontar esta afirmación nos bastaría citar las palabras del mismo Jesucristo en Juan 5:45-47:

> «No penséis que yo voy a acusaros delante del Padre; hay quien os acusa, Moisés, en quien tenéis vuestra esperanza. Porque si creyeseis a Moisés, me creeríais a Mí, PORQUE DE MI ESCRIBIO EL. Pero si no creéis A SUS ESCRITOS, ¿cómo creeréis a mis palabras?»

Por mucha erudición que parezcan revestir las teorías que niegan la autoría de Moisés respecto al relato de la creación, la Palabra de Dios nos veda admitir una falsificación ordenada o garantizada por el mismo Dios. A este respecto, muestran una sabia prudencia las palabras de Rudolf Kittel:

> «La presunción de falsificación puede ser una de tantas hipótesis que, una vez lanzadas, se repiten con tanta frecuencia que, por fin, todo el mundo cree que están suficientemente demostra-

8. *Ibid.*, p. 4.

das. Entonces, quien no las cree es tenido por ultraconservador y anticientífico, y ¿quién se atrevería en nuestros días a cargar sobre sí el sambenito de quedar desfasado?» [9]

4. ¿Existe en la Biblia el dilema: creación o evolución?

No nos cansaremos de insistir en que la Biblia no es un libro de Geología, de Paleontología ni de Biología. Es insensato el pretender oponer la Ciencia a la Biblia, como es insensato oponer la filosofía a la fe. Aquí, como en la separación de lo temporal y de lo espiritual, hemos de repetir lo de «dad al César lo que es del César, y a Dios lo que es de Dios».

Vemos siempre con disgusto las pretendidas falsedades que algunos ignorantes de la Biblia o de la Ciencia verdadera han querido ver en la Palabra de Dios. Pero vemos personalmente con aprensión [10] la proliferación de libros, folletos y artículos de evangélicos ultraconservadores o «literalistas» que, con un empeño digno de mejor causa, intentan ver en el relato del Génesis una clara refutación de la teoría de la evolución. Aun suponiendo que se tratase de una mera hipótesis de trabajo, no vemos cómo un teólogo tan ponderado y competente como L. Berkhof se atreve aún a mantener el valor axiomático del arcaico principio biológico «omne vivum ex vivo» = todo ser vivo ha de proceder de otro ser vivo, e incluso a decir que «la evolución teísta —la única que admitimos nosotros como posible, naturalmente— es una contradicción en sus propios términos».[11] Pensemos lo que pensemos de la evolución cósmica, es sumamente peligroso ligar nuestra fe en la Biblia a una determinada visión cosmogónica.

---

9. Citado por Hertz, o. c., p. 939.
10. Digo «personalmente» porque escribo según me dicta mi conciencia, tras el estudio de científicos imparciales, tanto como de sabios conocedores de la Biblia.
11. Systematic Theology, pp. 139-140.

Mucho más prudente se muestra el gran teólogo bautista A. H. Strong, a pesar de escribir muchos años antes que L. Berkhof. Hablando de la teoría de la evolución teísta, dice:

> «Concedemos como probable que la gran mayoría de lo que llamamos especies hayan surgido de tal manera. Si la Ciencia llegase a demostrar que todas las actuales especies de seres vivientes se derivan por vía natural de unos pocos gérmenes primigenios, y que dichos gérmenes eran ellos mismos producto de una evolución de fuerzas y materiales inorgánicos, no por eso habríamos de pensar que la narración mosaica resulta falsa. Lo que deberíamos hacer en tal caso es revisar nuestra interpretación de la voz *bara'* en Gén. 1: 21, 27, y darle el sentido de creación mediata.» [12]

Continúa Strong diciendo que lugares como Gén. 1:11, 20; 2:7, 9 (comp. con Marc. 4:28) parecen incluso favorecer tal teoría.

Pero veamos lo que dicen prestigiosos rabinos judíos, los cuales (excepto en lo tocante al Mesías, para lo que tienen velado el corazón —2.ª Cor. 3:14-15—) son testigos de excepción para darnos la interpretación del estilo literario semita, ya que «*les ha sido confiada la palabra de Dios*» (Rom. 3:2). En sus notas adicionales al Génesis, y bajo el epígrafe «*Jewish Attitude towards Evolution*», el que fue Gran Rabino de la Commonwealth Británica, doctor Hertz, famoso por su extraordinaria competencia en la hermenéutica bíblica, tanto judía como cristiana, dice lo siguiente:

> «En atención a esta gran diversidad de puntos de vista respecto al *modo* de la creación, no existe, pues, nada esencialmente antijudío (nothing

---

12. *Systematic Theology*, p. 392.

inherently un-Jewish) en el concepto evolucionístico sobre el origen y crecimiento de formas de existencia, de lo simple a lo complejo, de lo más bajo a lo más alto. La propia narración bíblica expresa la misma verdad general de un progreso gradual, del caos informe al orden, de lo inorgánico a lo orgánico, de la materia inerte al vegetal, al animal y al hombre; *insistiendo, no obstante, en que cada etapa* (stage) *no es producto de la casualidad, sino efecto de un acto de la voluntad divina.»* [13]

Podemos concluir, pues, que aquí, como en cualquier otro caso, no debe tomarse posición a la ligera contra la teoría evolucionista, *como si ésta se encontrase refutada en la Biblia.* Por tanto, todo creyente debe ser dejado en libertad para estudiar, investigar y seguir la teoría cosmogónica que le parezca más acorde con el progreso real de la Ciencia, con tal que no se deje seducir fácilmente por cualquier novedad *no demostrada.*

CUESTIONARIO:

1. ¿Qué principios hermenéuticos hemos de tener en cuenta al enfrentarnos con el relato de la creación? — 2. ¿Qué nos enseña una breve exégesis de Génesis 1? — 3. ¿Es realmente de Moisés la narración genesíaca? — 4. ¿Es incompatible el relato bíblico de la creación con una evolución dirigida por Dios?

---

13. *O. c.*, p. 194.

LECCION 32.ª   CREACION DE LOS ANGELES

1. Terminología

La palabra «ángel», del griego «ángelos» (hebreo: «male'aj»), aparece en la Biblia para designar a ciertos seres espirituales, sin cuerpo, limitados, pero superiores al hombre en poder e inteligencia, destinados a servir a Dios en sus Santos designios de providencia y salvación. Creados por Dios antes de la creación del hombre, fueron sometidos a prueba durante algún tiempo. Como veremos después, muchos de ellos siguieron a Luzbel en su rebelión contra Dios y tratan desde entonces, con toda su astucia y todo su poder, de hacer fracasar el plan de Dios respecto a la salvación de los hombres; los llamamos «demonios», «diablos» o «ángeles caídos». La mayor parte, sin embargo, con el arcángel Miguel a la cabeza, *permanecieron en la verdad,* fieles a Dios, y son ahora «espíritus ministradores, enviados para servicio a favor de los que serán herederos de la salvación» (Hebr. 1:14). El autor de la Epístola a los Hebreos reconoce la excelencia y autoridad de los ángeles, como seres-tope de la creación divina, para mejor enfatizar la majestad divina de Jesucristo, «hecho tanto superior a los ángeles, cuanto heredó más excelente nombre que ellos» (Hebr. 1:4).

El vocablo «ángel» significa «mensajero». Por tanto, designa un *oficio,* no la naturaleza *espiritual* de dichos seres. Solemos designarlos como «espíritus puros», para indicar que son pura energía espiritual, sin necesidad de organismo material como el nuestro, del que no han menester ni para conocer ni para obrar. A los demonios se les llama en los Evangelios «espíritus inmundos», para designar su abominable estado de perversión. Efesios 6:12 los llama «huestes espirituales de maldad en las regiones celestes».

2. Existencia de los ángeles

La Teología Liberal y Modernista, así como la gran masa de los incrédulos, opina que no existen ángeles ni demonios, sino que, tanto el mundo pagano como el judaísmo y el Cristianismo, han querido ver como seres reales y personales lo que aparecía a los ojos del hombre primitivo como fuerzas favorables o adversas. En ese caso, Jesús, como toda la Biblia, al referirse a los demonios o a los ángeles, se adaptaba simplemente a la mentalidad de su tiempo.[14]

La Cristiandad Medieval, a semejanza de las representaciones simbólicas de las religiones paganas, imaginó a los «ángeles buenos» como hermosos seres humanos dotados de alas (ya en forma adulta feminoide, ya en forma de niños rechonchos y desnudos —angelotes—), mientras que la imaginería de monasterios, templos y catedrales representaba a los demonios como dragones o monstruos humanos dotados de cuernos y pezuñas (símbolos de lo sensual y de lo bestial), ya derrotados bajo la planta de un S. Miguel o un S. Jorge, ya tostando, con sus tridentes, a los réprobos en las llamas del Infierno.

Por su parte, la Teología Escolástica, con sus bizantinas sutilezas, tras afirmar que la existencia de los ángeles era congruentemente exigida para que la gloria del Dios Creador se manifestase, en pleno abanico de diver-

---

14. Léase la reciente alocución de Paulo VI sobre la existencia real del diablo, así como el libro de Hal Lindsay *Satan is alive and well on Planet Earth* (London, Lakeland).

sidad de seres, desde lo meramente material hasta lo puramente espiritual, se entretuvo en discutir sobre detalles tan inciertos e inútiles como el de si los ángeles podían estar a la vez en varios lugares, o muchos en un mismo lugar, si pasó mucho o poco tiempo entre su creación y su caída, si poseen necesidades fisiológicas, si cada ser humano tiene un ángel tutelar desde el bautismo, el nacimiento o la concepción, etc. Tomás de Aquino trató de demostrar que no podía haber dos ángeles de la misma especie, partiendo del principio de que sólo en los seres corpóreos pueden darse varios individuos de la misma especie.[15]

La Biblia no deja lugar a dudas sobre la existencia de los ángeles, tanto buenos como malos, según veremos a continuación.

3. Creación de los ángeles

Sólo Dios es increado y propiamente *eterno*. Sólo él posee, en propiedad, la esencial inmortalidad (V. 1.ª Timoteo 6:16). Todo lo demás, incluidos los ángeles, ha sido creado, es decir, ha salido de la nada. Dice el Salmo 148: 2, 5: «Alabadle (a Jehová), vosotros todos sus ángeles; alabadle, vosotros todos sus ejércitos... Alaben el nombre de Jehová; porque El mandó, y fueron creados.» Y Colosenses 1:16 nos dice de Jesucristo: «Porque en él fueron creadas todas las cosas, las que hay en los cielos y las que hay en la tierra, visibles e invisibles; *sean tronos, sean dominios, sean principados, sean potestades; todo fue creado por medio de él y para él.*» Si se compara con Romanos 8:38; Ef. 6:12; 1.ª Ped. 3:22, se verá que tales epítetos pertenecen a seres espirituales que llamamos ángeles.

Todo lo que Dios ha creado era perfecto, bueno, recto,

---

15. Según el principio aristotélico de individuación: la materia cuantificada («*materia quantitate signata*»).

en su origen (Gén. 1:31; Ecl. 7:29). Hablando del comienzo de nuestra galaxia, se nos dice en Job 38:7: «Cuando alababan todas las estrellas del alba, y se regocijaban todos los hijos de Dios.» A la luz de otros pasajes del Antiguo Testamento, vemos claramente que estos «hijos de Dios» son los ángeles, y *todos* aparecen en gozosa alabanza al Creador. Is. 14:12-14 y Ez. 28:11-15 nos hablan de la impresionante belleza y de la primitiva gloria natural y moral de Lucifer, «*hasta que* se halló en ti maldad» (Ez. 28:15). Esta maldad consistió, según Is. 14:14, en pretender ser «semejante al Altísimo», contra la voluntad de Dios. Nótese que ésta fue precisamente la impía pretensión que inoculó en nuestros primeros padres (V. Gén. 3:5).

Así, mientras la mayor parte de los ángeles, tras el período de prueba, que no sabemos cuánto duró, permanecieron en la verdad, santos, elegidos, luminosos (*cf.* Salmo 89:7; Mat. 6:10; 18:10; Marc. 8:38; 2.ª Cor. 11:14; 1.ª Tim. 5:21), otros muchos, cuyo número es simbólicamente estimado como «la tercera parte de las estrellas del Cielo» (Apoc. 12:4), siguieron a Lucifer en su rebelión y «no guardaron su dignidad, sino que abandonaron su propia morada» (Judas 6). El diablo quedó así confirmado en su maldad, no permaneciendo en la verdad y convirtiéndose en «homicida» y «mentiroso» «de suyo» (Jn. 8:44), como una segunda naturaleza que le caracteriza para siempre.

CUESTIONARIO:

1. ¿Qué significa la palabra «ángel»? — 2. ¿Qué seres son designados como «ángeles»? — 3. ¿A quiénes llamamos «ángeles caídos» y por qué? — 4. ¿Existen realmente los ángeles? — 5. ¿Cómo representaba el Medievo a los ángeles y a los demonios? — 6. ¿Qué decía de ellos la Teología Escolástica? — 7. ¿Cómo fueron creados los ángeles? — 8. ¿Qué pasó después y cómo han quedado divididos?

LECCION 33.ª NATURALEZA DE LOS ANGELES

1. Los ángeles son incorpóreos

Ya hemos dicho en la lección precedente que los ángeles son seres espirituales y, por tanto, incorpóreos. Hebreos 1:14 los describe simplemente como «espíritus», o sea, seres constituidos por pura energía inmaterial, invisibles e impalpables, a los que no se puede asir, porque no son «carne y sangre» (Ef. 6:12); por tanto, incorruptibles y sin sexo (cf. Mat. 22:30; Luc. 20:36). No siendo compuestos de materia orgánica, no puede hablarse de «almas de ángeles» como hablamos de nuestra alma, punto de unión entre el espíritu y la materia (cf. Hebr. 4:12; Apoc. 18:13). Es cierto que pueden revestirse de figura humana (cf. Apoc. 22:8) y entrar en los cuerpos de los hombres y de los animales (cf. Mat. 8:31-32), hasta controlar, a veces, sus cerebros, pero no pueden fundirse con un cuerpo en unión orgánica, vital.[16]

2. Los ángeles son personas

Los ángeles son seres personales, por cuanto disponen de inteligencia y voluntad autodecisiva. El hecho de ser espíritus ya comporta el disfrute de las facultades características de todo ser espiritual: inteligencia, sentimiento y libre albedrío.

---

16. Gén. 6:2 no se refiere a los ángeles, y el Sal. 78:25, en el original, no dice «pan de ángeles», sino «pan de nobles».

Más aún, por su condición de espíritus *puros*, sin composición de materia orgánica, los ángeles tienen una inteligencia superior a la de los hombres: conocen por pura intuición, conjeturan con gran probabilidad de acierto, no necesitan del sueño para reparar sus fuerzas, pueden trasladarse rápidamente (con la rapidez del pensamiento) a cualquier lugar, poseen una astucia sobrehumana, una superioridad que llena de pavor y de respeto y, sobre todo, un poder extraordinario para dominar a otros seres y para obrar maravillas. Véanse, por ejemplo, 2.º Sam. 14:20; Sal. 103:20; Mat. 24:36; Luc. 4:34; 2.ª Tes. 1:7; Ef. 6:10-12; 2.ª Tim. 2:26; 1.ª Ped. 1:12; 2.ª Ped. 2:11; Apoc. 12:12; 20:2, 10; 22:9). Strong [17] hace notar la fuerza que supone el retirar la piedra que cubría la entrada del sepulcro de Jesús, que pesaría más de cuatro toneladas. No es extraño que la cualidad característica que se les asigna sea la de «potestades», «principados», «poderes», etc., y que la sola presencia y poder de un ángel infundiera pavor (Mat. 28: 2-4). Los ángeles no conocen el desgaste del tiempo, ni los achaques de la enfermedad; siendo todos ellos más antiguos que nuestros primeros padres, nunca son viejos; unen al vigor la edad y, con la edad, la experiencia. Por algo se dice que «el demonio sabe más por viejo que por diablo». Si del demonio podemos asegurar que sabe más Teología y más Biblia (y más de todo) que entre todos los teólogos y exegetas de este mundo (*cf.* Luc. 4:10-11), ¿qué diremos de los ángeles buenos, cuya rectitud moral les ha de proporcionar un mayor conocimiento cordial (*cf.* Juan 7:17) de la verdadera sabiduría?

Sin embargo, los ángeles son, como creaturas de Dios, inferiores a El en grado infinito y seres imperfectos en comparación con el Creador (*cf.* Sal. 72:18; Job 4:18; 15:15; 25:5; Mat. 24:36 y todo el cap. 1 de la Epístola a los Hebreos). Y aunque los ángeles son superiores a los hombres por naturaleza, no son superiores en condición

---

17. *O. c.*, p. 445.

espiritual ni en el servicio del Señor (*cf.* Apoc. 22:9, compárese con 1.ª Cor. 6:3; Hebr. 1:14). Más aún, los creyentes superan a los ángeles en la herencia eterna con el Hijo
(Rom. 8:17), en el disfrute de las riquezas celestiales, para
alabanza de la gloria de la gracia de Dios (Ef. 1:6-9), de
tal manera que la Iglesia misma es la encargada de dar
a conocer «a los principados y potestades en los lugares
celestiales» la multiforme sabiduría de Dios en el misterio
de Cristo (Ef. 3:10), en la solidaridad racial con Jesucristo, que se hizo hombre para ayudar a los hombres,
no a los ángeles (Hebr. 2:14-16); la misma fraseología de
Hebr. 12:22-23 parece indicar esta misma superioridad en
la gloria de la gracia. Dios perdonó a la Humanidad
(2.ª Cor. 5:19), pero no perdonó a los ángeles (2.ª Ped. 2:4),
porque se compadeció de nuestra debilidad como vasos
de barro, mientras que la malicia del pecado del ángel es
tanto mayor cuanto más clara es su inteligencia y menos
voluble su voluntad, no pudiendo achacar su culpa a equivocación, ignorancia o inconsciencia, ni su perversidad a
la fascinación de lo sensible.

3. Ocupación de los ángeles

A) ADORACIÓN Y ALABANZA A DIOS. En Job 38:7 se nos
habla del regocijo de los ángeles ante las obras del Creador, y mayor gozo todavía tienen, sin duda, cuando un
pecador se convierte (Luc. 15:10). Los Salmos 103:20 y
148:2 muestran la alabanza que los ángeles rinden a Dios,
junto con una exacta ejecución de lo que Dios les manda.
Mateo 18:10 parece indicar que, cuanto más íntima es la
comunión contemplativa que tienen con Dios, más efec-
tiva es la acción ejecutiva de sus servicios, y en Apoc. 8:4
vemos cómo «de la mano del ángel subió a la presencia
de Dios» la oración de los fieles, después de añadir «mucho incienso» del mismo cielo, como para indicar que la
eficacia de nuestras oraciones estriba en la intercesión
celestial del Cordero, no en nuestra propia valía, así como
la impureza de los labios de Isaías no podía ser limpia

por su propio mérito, sino por aquel serafín que tocó sus labios con un carbón encendido, tomado del altar con unas tenazas (Is. 6:6).

B) EJECUCIÓN DE LOS PLANES DIVINOS. Cualquiera que sea la discutida interpretación literal del Salmo 104:4, lo cierto es que Hebreos 1:7 lo cita para designar a los ángeles como mensajeros de Dios, y Farrar asegura, en su comentario a Hebr. 1:7,[18] que «los rabinos hacen frecuentes referencias al hecho de que Dios hace que sus ángeles tomen cualquier forma que a él le plazca, ya sea de hombres (Gén. 18:2) o de mujeres (Zac. 5:9) o de vientos y llamas (Ex. 3:2; 2.° Rey. 6:17)». El control sobre los elementos, así como sobre los acontecimientos de la Historia, se atribuye también a los ángeles, como servidores de Dios, en lugares como Mat. 28:2; Luc. 13:11; Jn. 5:4; Dan. 10:12, 13, 21; 11:1; 12:1. Strong hace notar acertadamente [19] que, así como el demonio tiene poder para engañar a «los hijos de desobediencia» (Ef. 2:2), también los ángeles buenos han de tener gran poder para influir de muchas maneras en favor de los hombres, por medios que la Psicología Moderna (podríamos añadir: y la Parapsicología) está descubriendo, aunque hay mucho todavía tras el velo del misterio. Daniel 12:1 es un ejemplo de lo que un ángel puede hacer por el Pueblo de Dios.

C) PROTECCIÓN DE LOS CREYENTES Y DE LAS IGLESIAS. El mejor comentario a Hebr. 1:14 son los ejemplos que la Biblia nos presenta de la protección que los ángeles han ejercido y ejercen en favor de los creyentes individuales, así como de todo el Pueblo de Dios. Baste con citar 1.° Rey. 19:5; 2.° Rey. 6:16-17; 19:35; Sal. 91:11; Dan. 6:22; Mat. 4:11; 18:10; Luc. 16:22; Hech. 12:15. A la vista de Mateo 18:6, hay quienes opinan que cada creyente tiene su ángel custodio.[20] Sin embargo, parece más probable, a la

---

18. Citado por Strong, o. c., p. 451.
19. O. c., pp. 453-454. Para un estudio más detallado de la Angelología, v. L. Sp. Chafer, *Systematic Theology*, II, pp. 1-121.
20. Esta es también la opinión común en la Iglesia de Roma.

luz de la Escritura, que la presencia de los ángeles en un mismo lugar no es constante, sino que acuden rápidamente (como también hace el demonio para tentar) al lugar en que su presencia es necesaria para cumplir un encargo de Dios, ya sea para transmitir un mensaje, ya para ayudar a los creyentes (cf. Mat. 4:11; 25:31; 28:2; Luc. 1:28; 2:13; 22:43; Jn. 5:4; Hech. 1:10).

D) ALGUNOS PASAJES DIFÍCILES SOBRE LOS ÁNGELES. a) Génesis 6:2, en que se habla de «los hijos de Dios» tomando para sí mujeres de entre las hijas de los hombres. Aunque la expresión «hijos de Dios» se aplica en la Biblia a los verdaderos creyentes, como en Jn. 1:12,[21] hay quienes opinan, de acuerdo con Job 1:6; 2:1, que en dicho versículo se trata de los ángeles. Como dice Hertz,[22] esta idea es totalmente extraña a la mentalidad judía; lo más probable es que se refiera a los descendientes de Seth, que en un principio eran adoradores del verdadero Dios (cf. Génesis 4:26) y que, mezclándose en matrimonio con las descendientes de Caín, cayeron todos en una común abominación, con la excepción de Noé y su familia. Es el primer ejemplo que la Biblia nos ofrece del peligro de los matrimonios con no creyentes, especialmente cuando el creyente no está muy firme en su fe, y el no creyente está firme en su incredulidad. b) 1.ª Cor. 11:10: «Por lo cual la mujer debe tener señal de autoridad —es decir, velo— sobre su cabeza, *por causa de los ángeles.*» La única interpretación satisfactoria de este texto es que, según la costumbre oriental de la época (todavía vigente entre muchos árabes), sólo una mujer con velo merecía respeto en la calle y en lugares públicos. La ausencia de velo denotaba una mujer de baja estofa. Ello era más abominable en los lugares de culto, donde los ángeles están presentes para

---

21. El Salmo 82:6 llama a los jueces de Israel «dioses e hijos del Altísimo» (cf. Jn. 10:34-35), por participar de un atributo exclusivamente divino, como es el juzgar a nuestros semejantes (cf. Mateo 7:1-2).

22. Cf. Hertz, o.c., pp. 18-19.

honrar y preservar la gloria de Dios [23] contra todo lo inde-
coroso (*cf*. Is. 6:1-6). *c*) ¿Quiénes son los *ángeles* de las
siete iglesias del Asia Menor, a los que el Espíritu del
Señor dirige sus mensajes en Apoc., caps. 1-3? La interpretación más probable es que se trata de los pastores o
supervisores («epískopoi») de las iglesias,[24] que ejercen
en las comunidades cristianas un papel semejante al que
los ángeles (especialmente, el arcángel Miguel —*cf*. Daniel 10:13, 21; 12:1; Jud. 9; Apoc. 12:7) ejercían sobre el
Pueblo de Dios.

4. Número y organización de los ángeles

La Biblia no nos da un número exacto de los ángeles,
pero da a entender siempre que constituyen un podero-
sísimo ejército celestial. Véanse Deut. 33:2; Sal. 68:17;
Mat. 26:53 y Marc. 5:9, 15, teniendo en cuenta que una
legión romana constaba de unos 5.000 soldados. Finalmente, Apoc. 5:11, como eco de Dan. 7:10, nos dice (según el
original) que el número de los ángeles que estaban «alrededor del trono, y de los seres vivientes, y de los ancia-
nos... era de miríadas de miríadas, y de millares de millares». Hay quienes, siguiendo a S. Anselmo de Canterbury, opinan que los elegidos de Dios entre los hombres,
o sea, los que mueran en el Señor, la «gran multitud» de
los creyentes (Apoc. 7:9; 14:13), ocuparán las sillas de los
ángeles que cayeron, que el Apoc. 12:4 estima simbólicamente en «la tercera parte de las estrellas del cielo», o
sea, de todos los ángeles creados.

Los ángeles no forman una *raza,* ya que no surgen por
reproducción como nosotros, sino una *compañía,* en la que
cada individuo fue creado personalmente, por lo que tanto

---

23. V. L. Morris, *The First Epistle of Paul to the Corinthians*
(London, Tyndale Press, 1960), pp. 153-155, quien aduce el testimonio
de los Manuscritos de Qumrán, según cita de J. A. Fitzmyer.

24. V. W. Hendriksen, *More than Conquerors* (London, Tyndale
Press, 1962), p. 58.

los que permanecieron fieles, como los que cayeron, lo hicieron por decisión propia, no por herencia ni contagio de raza. Según su diferente rango y oficio, la Biblia nos da la siguiente lista de nombres: 1) *Querubines*, encargados de defender, como guardianes, la gloria debida a la santidad de Dios (*cf.* Gén. 3:24; Ex. 25:18; Sal. 80:1; 99:1; Is. 37:16; Ez. 1; Hebr. 9:5; Apoc. 4).[25] 2) *Serafines* (de «saraph» = ardiente), ángeles cercanos al trono de Dios, para cantar sus alabanzas y ejecutar rápidamente los mandatos de Dios. Aparecen en Is. 6:2, 6, con seis alas; las dos primeras para cubrir sus rostros de la gloria de Dios; otras dos para cubrir sus pies, la parte que se ensucia con el polvo de los caminos; y otras dos para volar rápidamente a donde Dios los envíe. De ellos dice L. Berkhof: «Mientras los querubines son los fuertes, éstos pueden ser llamados los nobles entre los ángeles; mientras los primeros defienden la santidad de Dios, los segundos sirven al designio de la reconciliación, y así preparan a los hombres para un adecuado acercamiento a Dios.» [26] 3) *Principados* («archaí», en griego); 4) *potestades* (griego: «exusíai»); 5) *tronos* («thronoi»); 6) *dominios* («kyriotetoi»); 7) *poderes* («dynameis»), que indican diferentes categorías de mando (*cf.* Ef. 1:21; 3:10; Col. 1:16; 2:10; 1.ª Ped. 3:22). 8) *Arcángel* («archángelos»), nombre que, en Judas 9, se da al ángel Miguel, cuyo nombre significa: «¿Quién como Dios?», seguramente como respuesta a la impía proclamación de Luzbel: «Seré semejante al Altísimo.» 9) *Angel* («ángelos»), que es el denominador común, pero suele indicar una categoría inferior. El único nombre propio que, aparte de Miguel, aparece en la Biblia,[27] es Gabriel (que significa «fortaleza de Dios»), y aparece siempre como portador de mensajes de gran importancia (*cf.* Dan. 8:16; 9:21; Luc. 1:19, 26).

---

25. V. *New Bible Dictionary, Cherubim.*
26. *Systematic Theology*, p. 146.
27. En el libro apócrifo de Tobías o Tobit aparece *Rafael*, que significa «curación o medicina de Dios», como «uno de los siete

CUESTIONARIO:

1. Naturaleza de los ángeles. — 2. Personalidad y cualidades naturales de los ángeles. — 3. ¿En qué son superiores y en qué son inferiores a los hombres? — 4. ¿En qué se ocupan los ángeles? — 5. ¿Cuál es la correcta interpretación de Gén. 6:2; 1.ª Cor. 11:10; Apoc. 1:20, etcétera, respecto a los ángeles? — 6. Número y clasificación de los ángeles. — 7. ¿Qué nombres propios de ángeles encontramos en la Biblia y qué significan en relación con sus respectivos servicios?

---

santos ángeles que presentan las oraciones de los santos y que entran y salen ante la gloria del Santo» (Tob. 12:15, comp. con Luc. 1:19; Apoc. 8:2). Milton, en su *Paraíso Perdido,* da los nombres de los otros cuatro, según aparecen en las tradiciones judías. En la tradición católica, sólo en muy contados casos aparece el nombre de Uriel, junto a los de Miguel, Gabriel y Rafael.

LECCION 34.ª LOS DEMONIOS O ANGELES CAIDOS

1. ¿De veras existe el demonio?

Como dice Strong,[28] «una de las tretas más ingeniosas de Satanás consiste en persuadir a los hombres de que no existe. Otra treta similar es la de sustituir la creencia en un diablo personal por la de un espíritu de maldad meramente impersonal». Los modernistas de antaño y hogaño, lo mismo que los incrédulos, piensan con Pfleiderer que «la idea del diablo es un oportuno expediente para la necesidad de una reflexión religiosa avanzada, a fin de eximir a Dios de la relación con el mal que existe en el mundo».[29] Sin embargo, la Biblia no deja lugar a dudas sobre la existencia de los demonios, y el actual creciente interés en el espiritismo y en la magia negra son una prueba más de que Satanás existe y actúa.[30]

2. ¿Quiénes son los demonios?

Según hemos aludido en las dos lecciones anteriores, los demonios son ángeles caídos, es decir, seres personales de naturaleza puramente espiritual, dotados de gran inteligencia y poder, creados por Dios en bondad original,

---

28. *O. c.*, p. 447.
29. En *Philosophy of Religion*, 1, 311, citado por Strong, *o. c.*, p. 447.
30. V. H. Lindsay, *o. c.*

como todo lo que Dios ha hecho (*cf.* Gén. 1:31; Job 38:7), pero que cayeron de su posición gloriosa y de su dignidad original (*cf.* 2.ª Ped. 2:4; Judas 6) por seguir a Lucifer en su rebelión contra Dios (Apoc. 12:4, 8, 9).

3. Satanás

El cabecilla de la rebelión de los ángeles caídos recibe diversos nombres en la Santa Biblia:

A) «*Lucero*, hijo de la mañana», de donde le viene el apelativo de *Luzbel* o *Lucifer* («el que lleva luz»). Es el título que se le da en Is. 14:12. Los babilonios adoraban a Venus, el lucero matutino, bajo el nombre de *Istar*, con lo que se expresan los días de gloria de Nabucodonosor [31] y, en el trasfondo, la gloriosa condición primitiva de Satanás (*cf.* Apoc. 8:10). Contra la voluntad del Altísimo, Lucifer proclama sus cinco egocéntricas decisiones, que culminan con su pretensión de «ser como Dios» (Is. 14: 13-14). El v. 15 es el preanuncio de Dan. 8:10; Luc. 10:18; Apoc. 12:4, 9, donde Lucifer, apellidado en Apocalipsis «el gran dragón», es derrotado por Miguel y arrojado a la tierra con sus secuaces.

B) *Satán,* o Satanás, que en hebreo significa «el adversario», primeramente de Dios, y después de la obra de Dios, especialmente del hombre, que representa la coronación de la obra divina, tratando de destruir todo cuanto Dios ha planeado para bien del hombre, tanto en la Creación como en la Redención, por lo que Apoc. 9:11 le da los nombres de '*abaddon* y *Apollyon,* que significan «des-

---

31. Véase I. W. Slotki, *Isaiah* (London, The Soncino Press, 1970), p. 69. En Ezequiel 28:11-15, tras la figura del *rey* de Tiro (V. S. Fisch, *Ezekiel,* London, The Soncino Press, 1968, pp. 191-192 —quien no hace la menor alusión a Satanás—), los exegetas cristianos ven a Lucifer, ya que los calificativos «sello de la perfección», «lleno de sabiduría», «querubín grande, protector», «acabado de hermosura» y «perfecto en todos tus caminos», son demasiado hiperbólicos e inadecuados para aplicarlos a un rey pagano.

tructor» en hebreo y griego, respectivamente. Las referencias bíblicas a este apelativo de *Satán* son numerosísimas. Apocalipsis 12:9; 20:2, acumulando epítetos, identifica al «dragón» con «la serpiente antigua», bajo cuya forma tentó el diablo a nuestros primeros padres (Génesis 3:1 y ss.).

C) *Diablo,* del griego *diábolos,* que significa «acusador» (Apoc. 12:10), porque una de las principales ocupaciones del diablo es acusar a los creyentes delante de Dios, para que se fije en nuestras miserias (Zac. 3:1-5), y delante de nuestra propia conciencia, no para infundirnos un temor reverencial del Señor, sino para hundirnos en la depresión al contemplar los fallos de nuestras propias «justicias». De ahí que el apóstol Juan (1.ª Jn. 1:8 - 2:2), después de descubrir nuestros fallos y exhortarnos a no pecar, nos advierte que, si cayéremos, «tenemos un Abogado para con el Padre, a Jesucristo el justo». El Padre nos ha perdonado ya en Cristo, nos es propicio en Cristo, nos ama en Cristo; por eso, Jesucristo, *el justo,* con cuya justicia Dios nos ve cubiertos (2.ª Cor. 5:21), *¡no nos defiende contra el Padre, sino contra Satanás, el acusador!*

D) *El príncipe,* o mandamás, *de este mundo* o «cosmos» perverso, de mentalidad anticristiana (Jn. 12:31; 14:30; 16:11); *el príncipe de la potestad del aire, del espíritu que ahora opera* (reactiva) *en los hijos de desobediencia* (Ef. 2:2), o sea, de los que se resisten a creer en el Evangelio; e incluso «el dios de este siglo» (2.ª Cor. 4:4), al que sirven ciegamente los incrédulos, y en cuyas manos se encuentran las riendas de los poderes mundanos. Con sólo servir al demonio y vender el alma, se pueden adquirir poderes tremendos. Léase detenidamente Lucas 4:5-8, y nótese que Jesucristo no niega el principado del demonio, sino que únicamente rehúsa someterse a sus planes y darle adoración, puesto que sólo Dios merece adoración y Jesús había venido a hacer *únicamente* la voluntad del Padre (Mat. 4:4; Luc. 4:4; Jn. 4:34; 12:49; Filip. 2:8;

Hebr. 10:7). Ello no quiere decir que Satanás tenga el control del mundo, o que los reinos del mundo le pertenezcan *de derecho,* sino que alude al *hecho* de que el mundo pecador, por serlo, es *esclavo del demonio (cf.* Jn. 8:34, 44; 2.ª Ped. 2:19). Con la vida santa y la muerte redentora de Cristo, el diablo ha sido ya juzgado (Jn. 16:11), derrotado (Jn. 16:33; Ef. 4:8; Col. 2:15) y «lanzado abajo», como dice el original Apoc. 12:10. Es cierto que todavía ejerce su poder sobre los mundanos (1 Jn. 5:19), y que, aun entre los fieles, siempre anda dando vueltas para ver a quién puede hacer algún daño (1.ª Ped. 5:8), pero al que se mantiene en viva comunión con Jesucristo, «el maligno no echa mano de él» (1.ª Jn. 5:18).

E) *Demonio.* Este epíteto no es exclusivo de Satanás, sino que se aplica en la Biblia para designar a todos los ángeles caídos o «espíritus inmundos». El término «demonio» significa «genio» en griego, nombre con que se designaba a seres sobrenaturales, ya benévolos, ya malévolos, que influían en el destino y conducta de las personas. El Nuevo Testamento los identifica con los diablos, y los pone bajo el mando de Beelzebú.

F) *Beelzebú.* El Antiguo Testamento nos habla del dios de Ecrón, Baal-zebub («señor de las moscas») en 2.º Rey. 1:1-6, 16. Este epíteto, según G. T. Manley,[32] bien podría ser una alteración hebrea intencionada del dios canaanita Baal-zebul («señor del lugar alto»). El griego del Nuevo Testamento usa el término «Beelzebul», atribuyéndolo al príncipe de los demonios, en cuyo nombre decían los fariseos que echaba Jesús los demonios, y a quienes Cristo replicó sabiamente (Mat. 12:24-32; comp. con Mat. 10:25; Marc. 3:22; Luc. 11:15-19).

G) *El Maligno.* Este apelativo se da al diablo (griego: «ponerós» = malvado o perverso; literalmente: «el que

---

32. V. *New Bible Dictionary, Baal-Zebub.*

pone dificultades o produce fatiga») en textos como Efesios 6:16; 1.ª Jn. 2:13; 3:12; 5:18; y muy probablemente en Mat. 6:13; Jn. 17:15.

4. Ocupaciones del demonio

Tras su rebelión contra Dios y su consiguiente caída,[33] el diablo no ha parado de hacer daño. Introdujo el pecado, la mentira y el asesinato en el mundo (Gén. 3:14; Jn. 8:44; 2.ª Cor. 11:3; 1.ª Jn. 3:8; Apoc. 12:9; 20:2, 10, etcétera), y siempre está en acecho para tentar a los hombres al mal. Los mismos nombres que le da la Biblia ya manifiestan sus malignas actividades, como hemos expuesto en el punto anterior. El trata de sembrar en los hombres la desconfianza en Dios, y en Dios la desconfianza hacia los hombres (el «acusador o calumniador»). Mientras el Espíritu de Dios incita al bien, el diablo incita al mal.[34] Son los antagonistas, como dice Strong: [35] la paloma, y la serpiente; el Espíritu de verdad, y el padre de la mentira; el vivificador, y el homicida; el Paráclito (o Ayudador), y el adversario; el Abogado, y el Acusador; el aplicador del bien, y el planeador del mal; el «más fuerte» y el «fuerte armado»; el Santo que obra santidad

---

33. Aunque el Infierno es la morada propia de los demonios (cf. Mat. 25:41; 2.ª Ped. 2:4; Jud. 6; Apoc. 20:2, 10), el diablo aparece también merodeando por la tierra (Job 1:7), e incluso «puesto en órbita» en el cielo atmosférico, según la concepción judía y gnóstica (cf. Ef. 2:2; 6:12), como observando y dominando su feudo, que es el mundo perverso, aunque, como observan los escritores eclesiásticos primitivos y Calvino, lleva el Infierno encima y arrastra a todas partes las cadenas con que está aprisionado. Por eso, sólo puede devorar al que se acerca a él, entrando en el círculo donde él anda dando vueltas (cf. 1.ª Ped. 5:8).

34. Aunque el pecado tiene su origen en el demonio, su intervención no es siempre directa en todo lo malo que hacen los hombres, a los que les basta su concupiscencia para atraerlos y seducirlos (Stg. 1:14-15). Ni todo lo malo se debe directamente al diablo, ni todo lo bueno está libre de su infección.

35. O. c., pp. 454-455.

en el corazón del hombre, y el Maligno que hace todo el mal que puede.

Así como el Espíritu Santo incita a Cristo y a los suyos a sacar todo el bien posible, no quebrando la caña rajada, ni apagando el pábilo que todavía humea, así, por el contrario, el diablo tiende a sacar todo el mal posible de cualquier situación: arrebata la semilla y siembra la cizaña; cuando no puede atacar de frente, ataca de flanco; saca partido de nuestros defectos y de nuestras virtudes; en definitiva, trata de impedir (y suele tener éxito) que el mundano se convierta, que el creyente crezca, que el cristiano obtenga victorias completas, que el Evangelio se extienda, que las iglesias se conserven en la pura ortodoxia y se unan en el amor. No es extraño que el apóstol insista en que nos revistamos de una armadura completa para salir vencedores de él (cf. Ef. 6:10-18). Tres cosas principalmente son el blanco favorito de la oposición del diablo: nuestra constante y viva comunión con el Señor (Jn. 15:5); nuestra absoluta docilidad al Espíritu (Romanos 8:14), y nuestra oración continua en el perenne sentimiento de nuestra propia insuficiencia (Rom. 8:26). Su objetivo es que no nos sometamos al plan de Dios, sino que procuremos hacer nuestra propia voluntad. Eso hizo en el Paraíso, eso intentó con Cristo en el desierto y eso es lo que se propone en su negocio de cada día.

El diablo tiene poder, no sólo de *circunsesión* (andar alrededor —1.ª Ped. 5:8—) y de *obsesión*, o ataque continuo desde el exterior, sino también de *posesión*, ya física, como en los endemoniados de Gerasa (Marc. 5:2-4),[36] ya

---

36. Se discute si un creyente puede padecer posesión diabólica. Mi opinión personal es de que es posible en él la posesión *física*, pero no la *espiritual*. La Biblia está llena de ejemplos de posesión diabólica, tanto física como espiritual. En cuanto a nuestros días, v. H. Lindsay, *o. c.*, y Doreen Irvine, *From Witchcraft to Christ* (London, Concordia Press), fascinante autobiografía de la antigua «Reina de las Brujas» inglesa, que ha visto cinco ediciones en seis meses de 1973.

espiritual, como en Hech. 16:16, en que el cuerpo no aparece afectado. Los casos actuales de posesión diabólica ni son, en nuestra opinión, tan frecuentes como algunos pretenden, ni tan raros como opinan los incrédulos. El modo de reaccionar ante la Palabra de Dios, especialmente ante el nombre de Jesús, puede bastar para distinguir a un poseso de un enfermo.

Sin embargo, el diablo, aun en sus mayores éxitos, no deja de ser un peón más en el tablero de ajedrez que sólo Dios mueve y controla. El *misterio de iniquidad* ha de servir, en último término, al triunfo de la causa de Dios y de sus santos. En este sentido, dice muy bien P. Charles que, para el creyente, «no existe el Extraño».

CUESTIONARIO:

1. ¿Existe el demonio? — 2. Condición natural y espiritual de los demonios. — 3. Nombres que da la Biblia a Satanás, y su significado. — 4. ¿En qué se ocupa el diablo? — 5. ¿Cuáles son sus tretas y objetivos? — 6. ¿Es un hecho la posesión diabólica? — 7. ¿Es el poder del diablo un poder absoluto?

LECCION 35.ª

LA CREACION DEL MUNDO VISIBLE

Tras el concepto de creación en general, y de los ángeles en particular, ahora procedemos a tratar de la creación del mundo material, exceptuando al hombre, de cuya creación, grandeza original y miseria posterior trataremos en el volumen III de esta colección. Las seis últimas lecciones de este volumen II tratarán de la creación, conservación, activación, providencia, y gobierno del Universo por parte de Dios.

1. Teorías sobre el relato genesíaco de la creación

En la lección 31.ª dimos un resumen de interpretación del primer capítulo del Génesis, ciñéndonos al sentido obvio de la Palabra de Dios y examinando el problema general que enfrenta a las dos teorías más generales de *creación* o *evolución.* Ahora vamos a tratar en más detalle las distintas teorías sobre la correcta cosmogonía bíblica a la luz del Génesis. Las teorías pueden reducirse a cuatro:

A) *Literalista,* propugnada por los más radicales fundamentalistas de todos los tiempos. Fue defendida, casi unánimemente, por teólogos y exegetas de todas las confesiones, hasta bien entrado el siglo actual, y todavía la sostienen teólogos modernos como Berkhof, Kuyper, Bavinck y Vos. Todos ellos se apoyan en la palabra hebrea

«yom» = día, como si ella indicara exclusivamente un
período de 24 horas, y la sucesión de las distintas fases
de la creación hubiesen de tomarse al pie de la letra. Esta
teoría no nos convence ni desde el punto de vista de una
sana hermenéutica ni desde el punto de vista científico.[37]

B) *Concordista*, propugnada por muchos exegetas modernos, tanto judíos como cristianos, no teñidos de modernismo, así como por gran número de científicos creyentes,
los cuales entienden la palabra «yom» como un período
indefinido de tiempo (un «día de Dios» —para quien «mil
años son como el día que pasó»—), que pudo durar miles
de años. Esta teoría hace justicia tanto a los principios de
una sana hermenéutica como a los resultados más proba-
bles de la investigación científica, siendo la preferida por
fundamentalistas moderados.

C) *Alegorística*, propugnada por la gran mayoría de
los teólogos y exegetas católicos modernos, y algunos protestantes,[38] según la cual el relato del Génesis es una especie de alegoría, parábola o poema épico, en el que dos
hechos fundamentales (el monoteísmo —Dios ha creado
todo—, y la institución del sábado) son los únicos que el
autor sagrado intenta comunicar, siendo todo lo demás
una decoración literaria, o dramatización, semejante a
las cosmogonías paganas, aunque expurgada de errores y
supersticiones. Esta teoría es típicamente *liberal* y no hace
justicia a los principios de la hermenéutica, puesto que
el relato genesíaco no deja lugar a dudas de que se trata

---

37. No podemos entretenernos en refutar, paso a paso, todos
los argumentos de L. Berkhof (o. c., pp. 152-155). Sólo diremos que los
literalistas parecen desconocer el estilo literario semita (V. Hertz,
o. c., pp. 2 y ss., y Th. H. Gaster, *Mito, leyenda y costumbres en
el libro del Génesis* —Barcelona, Barral Editores, 1971—, pp. 9 y ss.).

38. Mientras los exegetas católico-romanos van alineándose, en
general, en esta línea *liberal* (historia decorada con alegorías), con
sólo algunas cabezas de puente hacia el *modernismo* radical (puro
mito con mensaje existencial), los exegetas del lado «protestante»
tienden a colocarse radicalmente en uno de los dos extremos: o literalistas o modernistas, con algunas excepciones muy valiosas.

de una pieza *histórica,* no poética; además, el resto de la
Escritura lo considera como tal (V., por ejemplo, Ex. 20:11;
Neh. 9:6; Sal. 33:6-9; 145:2-6).

D) *Mitológica,* también llamada *modernista,* propugnada por todos los incrédulos, así como por muchos exegetas
protestantes de la pasada centuria y de la presente, con
unos pocos católicos, y especialmente por R. Bultmann y
todos sus epígonos, según los cuales «no sólo los once primeros capítulos del Génesis, sino todo el resto del Pentateuco, contiene únicamente cuentos para referirlos a los
niños en la Escuela Dominical».[39] Se trata de puros «mi-
tos» = fábulas, que nos traen un vago mensaje de un Dios
lejano y desconocido, y a los que hay que despojar de todo
lo sobrenatural. Esto equivale a la completa destrucción
de la Palabra de Dios, y no se concibe que alguien pueda
llamarse *creyente* sosteniendo esta teoría.

**2. Tres principios generales que no han de echarse en
olvido**

No obstante lo dicho anteriormente, y como ya aludimos
en la lección 31.ª, para huir de los extremos, tanto del
literalismo como del *liberalismo,* hemos de tener en cuenta
constantemente los siguientes principios fundamentales de
sana hermenéutica bíblica:

A) La Santa Biblia no es un libro de Geología, ni de
Astronomía, ni de Física, ni de Matemáticas, sino una His-
toria de la Salvación. No es un libro de Ciencia, sino de
Fe, aunque *toda* la Biblia es inspirada por Dios e infalible.

B) Todo lo científico, que sirve de contexto a esta
Historia de la Salvación, está narrado de una forma popular, al alcance de todos, según la percepción semita
de los fenómenos y según la cosmovisión oriental. Así entendemos el pasaje en que se nos dice que Josué mandó

---

39. Esto mismo es lo que viene a decir el *Nuevo Catecismo Ho-
landés.*

al sol detenerse. ¿No dicen nuestros actuales calendarios «el sol sale a tal hora; el sol se pone a tal hora»?

C) Es preciso conocer la mentalidad hebrea para poder entender debidamente la Santa Biblia, ya que la inspiración divina se acomoda a los estilos literarios y a los modos de pensar de los hagiógrafos, o escritores sagrados, todos los cuales eran hebreos, con la sola excepción de Lucas. Esta mentalidad hebrea era: concreta, imaginativa, primitiva, fáctica (inclinada a expresar los conceptos en gestos). Si se desconoce la mentalidad hebrea, se pierde de vista que el léxico y la temática del Nuevo Testamento están inmersos en los conceptos del Antiguo Testamento, y los vocablos «salvación», «verdad», «justicia», «gracia», «fe», «vida», «camino», etc., pierden su verdadero sentido,[40] al ser entendidos de acuerdo con las categorías del pensamiento greco-romano.

3. Peculiaridades de la cosmogonía bíblica

El estudio atento de la Santa Biblia, así como de los mejores comentaristas cristianos, hebreos y hebraístas, nos lleva a la conclusión de que los judíos concebían la creación del mundo de la manera siguiente: a) Aunque creían que *todo* había sido hecho por Dios, no tenían de la creación un concepto *metafísico* (el *ser* desde el *no-ser*), sino como un dar forma a las cosas, ya en el sentido de cortar y separar (según la raíz «bry» = «barah»), como un curtidor de pieles, ya en el sentido de moldear algo (según la raíz «ysr» = «yatsar»), como un alfarero. Los acadios expresaban la acción de crear con el vocablo «banu», que indica asimismo «edificar». b) El agua, el viento y el fuego eran tenidos como fuerzas primordiales,

---

40. Este fue, junto con la intrusión de la filosofía aristotélica, el fallo principal de la Teología Medieval: fallo que ha perdurado hasta nuestros días.

porque sólo ellas parecían «moverse y hablar», por su rápido desplazamiento y su sonido. c) El firmamento era, para los hebreos, como una bóveda metálica, una superficie fundida y pulimentada, en que el sol, la luna y las estrellas estaban como pendientes o claveteadas. El aliento de Dios eliminaba las nubes que pudieran empañarlo. Al llegar la noche, Dios descorría la cortina azul que ocultaba las estrellas. Encima del firmamento estaba el depósito de las aguas de lluvia, que descendían cuando Dios les abría las compuertas celestiales. El Océano, o «mares», era la morada de monstruos, mientras que la literatura babilónica primitiva lo consideraba como sede de la Sabiduría divina («ab» = morada, y «Zu» = «sabiduría»), en contraste con la Revelación bíblica (cf. Job 28:12-14; Proverbios 8:24 y ss.). Los ríos provenían de manantiales de agua subterránea (cf. Gén. 49:25), con agua dulce, procedente de un Gran Mar interior, distinto del Océano. d) Nuestro planeta era un enorme disco (Is. 40:22), o sea, un círculo de gran espesor, no una esfera,[41] asentado sobre enormes columnas, cuyo más profundo punto de apoyo sólo Dios conoce.

Muchos de estos elementos se encuentran, ya en forma similar, ya distinta, en otras cosmogonías, tanto orientales como occidentales y americanas, pero la cosmogonía hebrea se caracteriza por la ausencia de elementos politeístas, inmorales, supersticiosos o ridículos: expresa claramente la idea de un solo Dios viviente y santo, y una cosmovisión congruente con los datos que una investigación primitiva de los fenómenos proporcionaba a los sentidos de un observador atento.[42]

---

41. La traducción del latín «orbis» ha hecho creer, infundadamente, a muchos de nuestros exegetas, que la Biblia enseñaba ya, contra la opinión entonces corriente, que la tierra era esférica.

42. V. el ya citado libro de Th. H. Gaster.

CUESTIONARIO:

1. ¿Cuáles son las principales teorias sobre el modo de entender el relato de la Creación en Génesis 1, y qué juicio le merecen? — 2. ¿Qué principios fundamentales de sana hermenéutica han de tenerse en cuenta para una recta interpretación de todo lo científico que se halla en la Biblia? — 3. ¿Cuáles son las principales peculiaridades de la cosmogonía bíblica? — 4. ¿En qué se distingue principalmente la cosmogonía bíblica de la de otras culturas (gentiles y paganas)?

LECCION 36.ª

LA CONSERVACION DEL UNIVERSO

1. Concepto de conservación

El verbo «conservar» implica la idea de mantener una cosa en el lugar y en el estado que pide su condición natural. En esta idea va también incluido el concepto de «preservar». Cuando una cosa no se conserva, perece, se pierde o se echa a perder.

2. Dos maneras de conservar

Hay dos maneras de conservar, como hay dos maneras de perder. Si alguien me roba la cartera, con el dinero y documentación que lleva, *he perdido* la cartera, porque se encuentra en un lugar en que no debía encontrarse, fuera del bolsillo de su dueño, aunque la cartera no haya sufrido, por ello, ningún desperfecto. Pero si compramos un kilo de carne y lo dejamos fuera de la nevera, en verano, durante varios días, la carne no cambia de lugar, pero *se echa a perder*. Por tanto, hay también dos maneras de conservar: a) vigilar, para que nadie se lleve la cosa, lo cual es expresado en griego por el verbo «phylasso» y en latín por el verbo «custodio»; b) preservar, o salvar de la destrucción, algo que se ha echado a perder, o se iba a echar a perder, como echamos sal en la carne, para que no se corrompa.[43] La primera es una conservación *negativa;* la segunda, *positiva.*

3. Concepto teológico de conservación divina

A) DIOS CONSERVA POSITIVAMENTE TODO CUANTO HA CREADO. Esta verdad está enseñada claramente en pasajes como Deut. 33:12, 25-28; 1.° Sam. 2:9; Neh. 9:6; Sal. 107:9; 127:1; 145:14-15; Mat. 10:29; Hech. 17:28; Col. 1:17; Hebr. 1:3. Examinemos estos dos últimos textos, de especial relevancia: a) «*Y él* (el Hijo de Dios) *es antes de todas las cosas. y todas las cosas en él subsisten*» (Col. 1:17). El verbo griego «synéstêken» expresa la idea de que todo el Universo adquiere su consistencia y se mantiene en su debida cohesión, gracias a la acción del Hijo de Dios, del Verbo por quien todas las cosas fueron creadas (*cf.* Jn. 1:3); b) «*El cual* (el Hijo), *siendo... quien sustenta todas las cosas con la palabra de su poder*» (Hebr. 1:3). Aquí se expresa la misma idea con el verbo «phero» = llevar, como para indicar que el Hijo, en virtud de su divino poder, mantiene, como en su puño, todas las cosas en el ser, de modo que, si abriera la mano y las dejara caer, perderían su condición, su sentido, su mismo ser.

La razón teológica para la necesidad de esta conservación divina es muy sencilla: Comoquiera que todo ser creado es contingente, es decir, no tiene en sí mismo la razón de su existencia, sino que existe en virtud de un acto divino que le da el ser, si Dios dejase de mantenerlo positivamente en la existencia, volvería a la nada en el mismo instante. Esto es así porque la acción divina sobre el Universo llega, no sólo a la figura y posición que tienen las cosas, sino al fondo mismo del ser. Un arquitecto edifica una casa, y la casa puede conservarse en pie aun

---

43. El hombre se *perdió* de las dos maneras: a) se alejó de la comunión con Dios, y b) se echó a perder por el pecado (*cf.* Jeremías 2:13). Por eso, dijo Jesús que había venido «a *buscar* y a *salvar* lo que *se había perdido*» (Luc. 19:10).

después de morir el arquitecto, porque el arquitecto sólo ha influido en la forma y disposición de los materiales, pero no en el ser mismo de los materiales, ni en las fuerzas de cohesión y gravedad que los mantienen en pie; pero Dios está dando constantemente el ser a todas las cosas, así como las leyes por las que se mantienen en cohesión, de modo que, si Dios dejara de comunicarles el ser, caerían en la nada. Esto no quiere decir que Dios esté *creando continuamente* las cosas, como si éstas no fueran dotadas por Dios de una existencia permanente y activa, sino que todo ser y toda actividad de la creatura es, en cada momento de su existencia, tan dependiente de Dios como en el primer momento en que salió de las manos divinas. Así la enseñanza de la Biblia y de la razón iluminada por la fe, contradice la opinión de los deístas de que Dios hizo el mundo, lo arrojó al espacio y lo dejó para que siguiera su curso propio, sin necesidad de la conservación ni de la providencia de Dios.

B) Dios tiene especial cuidado de los Suyos. El Dios que descansó de la obra de la creación en el séptimo día (Gén. 2:2-3), no descansa nunca, ni siquiera guarda *la fiesta de precepto* en la obra de la conservación y, especialmente, en la obra de la salvación de los perdidos y de la preservación de los redimidos. En este sentido, pudo replicar Jesús a los fariseos que le acusaban de no guardar el sábado, puesto que hacía curaciones en el séptimo día: *«Mi Padre hasta ahora trabaja, y yo trabajo»* (Jn. 5:17). El hombre, con sus problemas, con sus miserias, con sus trabajos, es objeto de un cuidado especial de Dios. Por eso, aunque leemos en Mat. 10:29 que ni un pajarillo cae a tierra sin el consentimiento de Dios, Pablo puede decir, en 1.ª Cor. 9:9-10: «Porque en la ley de Moisés está escrito: No pondrás bozal al buey que trilla. *¿Tiene Dios cuidado de los bueyes,* o lo dice enteramente por nosotros? Pues por nosotros se escribió; porque con esperanza debe arar el que ara, y el que trilla, con esperanza de recibir el fruto.»

La Escritura nos presenta numerosos testimonios del cuidado especial de Dios para con los suyos. Véanse, por ejemplo, Gén. 28:15; 49:24; Ex. 14:29-30; Deut. 1:30-31; 2.º Crón. 20:15-17; Job 1:10; 36:7; Sal. 31:20; 32:6; 34:15, 17, 19; 37:15-20; 121:3-8; 125:1-2; Is. 43:2; 63:9; Jeremías 30:7-11; Ez. 34:11-16; Dan. 12:1; Zac. 2:5; Luc. 21:18; 1.ª Cor. 10:13; 1.ª Ped. 3:12; Apoc. 3:10. Dos lugares más queremos resaltar por su singular belleza. Dice el Salmo 91:

«El que habita al abrigo del Altísimo
Morará bajo la sombra del Omnipotente.

Diré yo a Jehová: Esperanza mía y castillo mío;
Mi Dios, en quien confiaré.

El te librará del lazo del cazador,
De la peste destructora.

Con sus plumas te cubrirá,
Y debajo de sus alas estarás seguro;
Escudo y adarga es su verdad.

....

Porque has puesto a Jehová, que es mi esperanza,
Al Altísimo por tu habitación,

No te sobrevendrá mal,
Ni plaga tocará tu morada.

Pues a sus ángeles mandará acerca de ti,
Que te guarden en todos tus caminos.

En las manos te llevarán,
Para que tu pie no tropiece en piedra.

Sobre el león y el áspid pisarás;
Hollarás el cachorro del león y al dragón.»

(Sal. 91:1-4, 9-13)

El otro lugar es Isaías 40:

«El está sentado sobre el círculo de la tierra,
cuyos moradores son como langostas; él extiende

*los cielos como una cortina, los despliega como
una tienda para morar.*

....

*»Levantad en alto vuestros ojos, y mirad quién
creó estas cosas; él saca y cuenta su ejército [las
estrellas]; a todas llama por sus nombres; ninguna faltará; tal es la grandeza de su fuerza, y
el poder de su dominio.*

....

*»El da esfuerzo al cansado, y multiplica las
fuerzas al que no tiene ningunas.*

*»Los muchachos se fatigan y se cansan, los jó-
venes flaquean y caen; pero los que esperan a
Jehová tendrán nuevas fuerzas; levantarán alas
como las águilas; correrán, y no se cansarán;
caminarán, y no se fatigarán»* (Isaías 40:22, 26,
29-31).[44]

Poder levantarse cada día con nuevas fuerzas, como
las águilas que renuevan su brío en cada noche, sabiendo
que las misericordias de Dios son nuevas cada mañana
(Lament. 3:22-23), es el mayor consuelo de los hijos de
Dios, los que sólo esperan en El. A todo creyente van
dirigidas las palabras de Deut. 33:27: «EL ETERNO DIOS
ES TU REFUGIO, Y AQUI ABAJO LOS BRAZOS ETER-
NOS». ¡Son los brazos de Dios, eternos y omnipotentes,
los que aquí nos sostienen!

---

44. De la preservación divina en la perseverancia de los santos
hablaremos en el volumen V.

CUESTIONARIO:

1. ¿Qué entendemos por conservación? — 2. Conservación negativa y positiva. — 3. Sentido de Col. 1:17 y Hebr. 1:3. — 4. ¿Por qué es necesaria una continua y positiva acción divina para conservar lo que ha creado? — 5. ¿En qué sentido se parece la conservación a una creación continuada? — 6. ¿Cómo se compagina Gén. 2:2 con Jn. 5:17, y Mat. 10:29 con 1.ª Cor. 9:9-10? — 7. ¿Qué textos expresan con mayor belleza el especial cuidado que Dios tiene de los suyos?

LECCION 37.ª

LA ACCION DIVINA EN LAS CAUSAS SEGUNDAS

1. Noción de concurso divino

Dios no se limita a crear las cosas y las personas, ni siquiera a mantenerlas en el ser creado y contingente, sino que es la causa primera de todo cuanto los seres creados hacen. Por eso, pudo decir el apóstol Pablo en el Areópago de Atenas que Dios «da a todos vida y aliento y todas las cosas... Porque en él vivimos, y nos movemos, y somos» (Hech. 17:25, 28).

La Teología Cristiana, tanto Romana como Reformada, sostuvo siempre esta intervención directa o concurso positivo de Dios en todas las acciones de las creaturas. Así, Ignacio de Loyola, en su *Contemplación para alcanzar amor*, párrafo 2.º, dice:

> «El segundo, mirar cómo Dios habita en las criaturas, en los elementos dando ser, en las plantas vegetando [es decir, haciéndoles ejercitar las funciones de la vida vegetativa], en los animales sensando [o sea, haciéndoles sentir], en los hombres dando entender, y así en mí dándome ser, animando [es decir, dándome vida], sensando y haciéndome entender.»

Sin embargo, aun antes de la entrada del evolucionismo en la moderna Teología católico-romana, iba siendo cada vez más numeroso el número de teólogos que negaban esta intervención directa de Dios en las acciones todas de todos los seres creados.

2. ¿Qué dice la Escritura?

La Santa Biblia expresa con claridad el hecho de que Dios, en su providencia, interviene, no sólo creando y conservando los seres creados, sino también tomando la iniciativa, actuando sobre toda causa segunda y controlando sus acciones y reacciones. Véanse, por ejemplo, Gén. 45:5; Ex. 4:11-12; Deut. 8:18; Jos. 11:6; 2.° Sam. 16:11; 1.° Reyes 22:20-23; Esdr. 6:22; Prov. 21:1; Is. 10:5; 1.ª Cor. 12:6; Ef. 1:11; Filip. 2:13.

La razón teológica es que todo cuanto tiene razón de ser *relativo*, contingente, depende, en su existencia, del Ser Absoluto, que es Dios. Ahora bien, todo acto de un ser creado es una perfección del ser: una nueva faceta del ser relativo, que no puede escapar al poder energizante del Supremo Ser. Por tanto, Dios tiene que dar el poder y la energía necesaria para que un ser creado *actúe*, es decir, entre en posesión de una perfección del ser que antes no tenía. Ello quiere decir que los poderes de la naturaleza, así como las voluntades de las personas, no obran por su propia fuerza, sino que Dios está actuando directamente en cada acto de todo ser creado.

3. Deshaciendo un equívoco

Para no incurrir en confusiones es preciso distinguir bien entre causa *primera* y causa *principal*. Al decir que Dios actúa en las acciones de todos los seres creados, damos a entender que nada puede obrar sin la moción divina, por ser Dios la causa universal de todo ser. Por eso, llamamos a Dios «causa primera», mientras que llamamos «causas segundas» a todos los demás agentes creados. Pero ello no implica que los agentes creados sean meros instrumentos de Dios, como si los actos de las creaturas fueran ejecutados por Dios y, por tanto, imputables a El, sino que Dios mueve y determina a cada ser creado a fin de que éste pueda actuar, *según su naturaleza*, ya por sí mismo (causa *principal*), ya mediante un instrumento. Por tanto, Dios causa en las acciones creadas cuanto tiene razón de *ser*, pero los seres creados, bajo esta moción divina, producen sus propios actos, poniendo en ellos su *especificación óntica* (cada ser obra según su especie), su *sello personal* (cada individuo personal realiza su propia existencia) y su *cualificación ética* (la conformidad o disconformidad con la norma del obrar humano).

Así se explica que el hombre pueda actuar *libremente*, voluntariamente, con propia responsabilidad, a pesar de ser movido por Dios a obrar, ya que Dios, al obrar, no sólo llega hasta el *ser* de la acción, sino también hasta el *modo* de la acción, de manera que a los seres que actúan en virtud de las meras leyes físicas, o por puro instinto, los mueve a que obren *necesariamente*, mientras que a los seres dotados de albedrío los mueve a que obren *libremente*, puesto que lo que coacciona o violenta la libertad no es la acción divina, que obra desde dentro, dando el ser y el modo libre de actuar al hombre o al ángel, sino la violencia desde el exterior o la sugestión (psíquica o química) que priva al albedrío de su natural espontaneidad.

4. ¿En qué sentido decimos que Dios COOPERA con los agentes creados?

Cuando decimos que Dios *coopera* en las acciones de las causas segundas, no intentamos insinuar que los agentes creados tomen la iniciativa determinante u obren ayudados por Dios, sino que Dios, no sólo obra *en* los seres creados para que éstos puedan actuar según sus características, sino que obra *con* ellos, a fin de que puedan continuar actuando en la acción emprendida.

Por tanto, no se trata de una coordinación de fuerzas que se suman para la producción de un mismo efecto, ni de una coparticipación en que Dios pone una parte del acto y el hombre otra parte; no es como una pareja de bueyes que tiran del mismo arado, ni como un par de obreros que intervienen en la construcción de un muro, sino que cada acto es *enteramente* producto de Dios y, al mismo tiempo, del agente creado: de Dios, en cuanto que todo el *ser* del acto depende del Ser Supremo; del agente creado, en cuanto que éste es el verdadero *sujeto* de la acción. Podemos ilustrarlo con un ejemplo: si tomamos con la mano un carbón encendido, nos quemará; sólo Dios puede darle el ser y el poder de quemar, pero no es Dios el que me quema, sino el carbón encendido.

5. ¿Premoción o simultaneidad?

A esta pregunta han dado los teólogos las siguientes respuestas:

A) Los pelagianos y semipelagianos admiten que la *potencia*, o poder de obrar, la da Dios a los agentes creados, pero niegan que el influjo divino determine en modo alguno el carácter específico de cualquier acción. Dice Pelagio: «Nosotros ponemos el poder en la naturaleza, el querer en el albedrío, y el ser en el efecto. Lo primero, o sea, el poder, pertenece propiamente a Dios, que lo ha dado a su creatura; los otros dos elementos, o sea, el querer y el ser [el hacer], pertenecen al hombre, porque surgen de su albedrío.» [45] Y en otro lugar: «¿Es que voy a necesitar siempre la ayuda de Dios, hasta para doblar un dedo o mover la mano...?» [46]

---

45. V. Rouet, EP, 1413. De manera parecida se expresan sus seguidores Celestio y Julián (V. Rouet, 1414, 1415, 1416).

46. *Id., ibid.,* 1356.

B) Los Socinianos, Arminianos y Molinistas (jesuitas, en general) admiten un concurso divino general, en forma de cooperación *indiferente;* o sea, que es la causa segunda la que determina el sentido de una acción en una dirección o en otra. En otras palabras, Dios da el poder de obrar y ofrece su cooperación general, pero el agente libre determina la existencia y la naturaleza de la acción, de modo que, bajo la moción divina indiferente, el hombre puede decidirse por sí mismo a obrar o no obrar, a obrar una cosa o la contraria, una cosa u otra. Sin embargo, la Escritura nos manifiesta a Dios obrando el ser, el poder, el querer y el obrar (*cf.* 1.ª Cor. 12:6; Ef. 1:11; Filip. 2:13, comp. con Rom. 8:28 y ss.). Si el ser creado dispusiese a discreción del poder de autodeterminarse en el plano teológico, Dios perdería el control de la Historia y las riendas de Su providencia pasarían a manos del hombre. Una mera presciencia es incompatible con una Providencia eficaz.[47]

C) Agustinienses, Tomistas y Calvinistas defienden que el influjo divino en las acciones de los seres creados, incluidos los seres libres como el hombre y el ángel, es *previo* y *predeterminante,* no porque la moción divina preceda temporalmente a la decisión de actuar en el hombre, sino por ley lógica de *causalidad,* ya que todo impulso o energía operante necesita ser movida y determinada a obrar por Dios, en virtud de su misma contingencia o indiferencia radical, como hemos explicado en el punto segundo de esta lección. Por tanto, el existir, el ser y el modo de la acción del ser creado han de ser necesariamente determinados por Dios. El «dogma» del libre albedrío, definido en Trento, obliga a tomistas y agustinienses a aceptar una gracia *suficiente* «a la que se puede resistir», mientras que la Reforma, enfatizando con la Biblia la triste condición del hombre caído, restableció la doc-

---

47. V. lo dicho en las lecciones 13.ª, 15.ª, 25.ª y 26.ª, sobre presciencia divina y predestinación.

trina escritural de que el hombre no puede hacer nada por sí mismo, ya que el mismo acto de fe es un don de Dios (*cf.* Ef. 2:8-9). La diferencia entre dominicanos y calvinistas en lo que respecta a la premoción divina, estriba en que el tomismo se apoyaba, ante todo, en el concepto aristotélico de potencia y acto, hablando así de premoción *física*, mientras que la Reforma, especialmente Calvino y Lutero, siguieron los pasos de Agustín, quien insinuaba, en su comentario a Juan 6:44, una premoción *psicológica*, como una atracción irresistible, aunque voluntaria.[48]

6. Entonces, ¿es Dios autor también del pecado?

En la lección 25.ª, párrafo 5, C') respondimos ya a la objeción de que los decretos eficaces de Dios parecen comportar cierta complicidad con el pecado. Dijimos allí que «Dios sería autor del pecado si decretase *hacer el pecado del hombre,* pero no por hacer un hombre que, infringiendo la ley de Dios, comete pecado». Aquí, la objeción es todavía más fuerte, puesto que si Dios mueve a los agentes libres a obrar, es más difícil entender cómo esta *moción al acto* no implica una complicidad e, incluso, *un impulso al pecado,* cuando se trata de una acción pecaminosa. Desde el punto de vista bíblico, tres verdades aparecen claras: *a)* Dios tiene el control absoluto de las acciones libres de todo ser moral y, por tanto, *también* de las acciones pecaminosas (*cf.* Gén. 45:5; Ex. 10:1, 20; Is. 10:5-7 y, sobre todo, Hech. 2:23). *b)* Ello no implica que Dios sea autor del pecado, puesto que Dios aborrece el mal con toda la infinita fuerza de Su santo carácter esencial, sino que sólo lo tolera a disgusto, por haber hecho al hombre dotado de libertad (*cf.* Gén. 45:5; 50:19-20; Ex. 14:17; Is. 66:4; Rom. 9:22; 2.ª Tes. 2:11). *c)* Muchas veces, Dios impide positivamente el mal, o refrena al pecador (*cf.* Gén. 3:6; Job 1:12; 2:6; Sal. 76:10; Is. 10:15;

---

48. V. Rouet, 1822.

Hech. 7:51). *d*) Dios siempre tiene el timón de nuestras vidas y de toda la Historia, de modo que *pasa por alto* o *tolera* ciertos males, haciendo que su *efecto*, no su *malicia*, resulte, en último término, para un bien mayor (*cf*. Génesis 50:20; Sal. 76:10; Hech. 3:13).[48 bis]

¿Cómo puede Dios cooperar, y aun mover, a una acción pecaminosa, sin ser cómplice e instigador del pecado? Con toda reverencia y humildad que debe comportar el acercamiento al misterio, podemos decir que, *al activar al pecador, Dios sólo le comunica la energía física que le capacita para actuar, pero no participa en la cualificación moral perversa de la acción, en cuanto ésta tiene por causa principal y responsable al agente moral creado.* Pongamos un ejemplo que, de alguna manera, pueda iluminar un poco esta difícil materia: Nuestro cerebro, por medio del sistema nervioso locomotor, envía la energía necesaria para que nuestras piernas se muevan debidamente; pero si tenemos una pierna más corta que otra, nuestro caminar será torcido; esta torcedura no es achacable a la energía que procede del cerebro, sino a la mala condición de la pierna. De la misma manera, el hombre no puede ni siquiera pecar sin la moción divina, pero la cualificación pecaminosa de la acción sólo es achacable a la perversa condición del agente moral creado, cuya *intención* está desviada de la norma. En otras palabras, el pecado puede considerarse como un *acto físico* que necesita un empleo de energía, y como una *perversión moral*, por contravención de una norma. Dios es responsable de lo primero, como dador de todo ser; el hombre, único responsable de lo segundo, como abusador de la energía divina para un fin perverso. Así se explica, por ejemplo, que un acto sexual pueda ser algo honesto y agradable a Dios o un abominable adulterio; igualmente se explica que la crucifixión de Cristo fuese, de su parte, un sacri-

---

48 bis. Es como si el Divino Artista mejorase, con un precioso bordado, el desgarrón hecho en un costoso vestido.

ficio expiatorio, por el cual Cristo se inmoló a sí mismo en nuestro lugar, para obtenernos la redención y, al mismo tiempo, el crimen más espantoso de todos los tiempos por parte de los que le llevaron al patíbulo: fueron los impíos los que *mataron* a Jesucristo, pero fue Jesucristo quien *se inmoló* voluntariamente, al ofrecer el derramamiento de su sangre por nuestros pecados, y fue el Padre quien dispuso y ordenó toda la trama (Hech. 2:23).

Un último corolario práctico se deduce de toda esta doctrina: Comoquiera que toda energía nos viene de Dios, con el ser y la vida, nuestros pecados adquieren así toda su tremenda perversidad, porque suponen el ofender a Dios con la propia energía que Él nos suministra, como un hijo degenerado que asesinase a su propio padre con la misma pistola que éste le hubiese regalado para defenderse.

CUESTIONARIO:

1. *¿Qué entendemos por «concurso divino»? — 2. ¿Qué dice la Escritura en este punto? — 3. ¿Cómo se explica que el hombre sea responsable de sus acciones, siendo movido por Dios? — 4. ¿Qué forma reviste la cooperación de Dios a la acción de los seres creados? — 5. Exposición y crítica de las distintas escuelas teológicas en esta materia. — 6. ¿Implica la moción divina complicidad alguna con el pecado?*

LECCION 38.ª LA PROVIDENCIA DE DIOS

1. Explicación del término «providencia»

El vocablo «providencia» se deriva del latín «providere» = proveer, que comporta la idea de mirar hacia delante («pro»), para abastecerse de lo necesario o para proceder con cautela, por lo que se diferencia de «previsión», del latín «praevidere» = prever, que significa ver de antemano («prae»). De ahí la diferencia que hay entre las expresiones «estar provisto» y «estar previsto». El vocablo griego correspondiente a «providencia» es *prónoia,* que comporta juntamente un planeamiento del futuro y la realización del plan, distinguiéndose así de *prónosis* o presciencia.

2. Concepto bíblico de providencia divina

La Biblia resume en la palabra hebrea *«pequddah»* = = protección, la acción benéfica de Dios hacia los suyos (*cf.* Job 10:12). Pero, a lo largo de toda la Escritura, la providencia divina incluye algo más que esta protección, puesto que comporta:

A) Una presciencia *eficaz* del futuro. Nada puede tomar a Dios por sorpresa.

B) Una planificación general de la Historia del mundo y de la Humanidad.

C) Un gobierno eficaz, contando con todos los medios

necesarios para llevar a cabo incoerciblemente, infaliblemente, todo lo que Dios ha planeado que suceda. Este tercer aspecto será tratado en la lección siguiente.

3. Características de la divina providencia

A') La providencia divina es *universal,* sobre todo el Universo, puesto que Dios ha establecido todas las leyes de la naturaleza, y las dirige y controla para que cumplan con su destino, dotándolas de todos los medios necesarios para ello. Los elementos, los seres vivientes, los seres humanos con sus éxitos y fracasos, con sus fallos y sus frutos; todo está programado, previsto y provisto por Dios. Y esta providencia de Dios no es meramente genérica o remota, sino que llega hasta el fondo del ser, hasta cada individuo en particular, hasta el ínfimo detalle (*cf.* Job 12:23; 37:5, 10; Sal. 22:28; 75:6-7; 103:19; 104:14, 21, 28; 135:6; 139:16; Is. 45:5; Prov. 16:33; Dan. 5:35; Mat. 5:45; 10:29-30; Hech. 17:26; Gál. 1:15-16; Ef. 1:11).

B') La providencia divina es *eficaz,* protegiendo con seguridad y garantizando a los hijos de Dios cobijo, sustento y respuesta a sus oraciones, así como exponiendo a los impíos a un castigo ineludible (*cf.* Gén. 22:8, 14; Deuteronomio 8:3; 1.° Sam. 1:19; 2.° Crón. 33:13; Sal. 4:8; 5:12; 7:12, 13; 11:6; 63:8; 65:2; 121:3; Is. 20:5-6; Mat. 7:7; Luc. 18:7-8; Rom. 8:28; Filip. 4:19).

C') La providencia divina, aunque es universal en su extensión y detallada en comprensión, suele dividirse en: a) *general,* en cuanto que afecta al Universo en general, comprendiendo a los brutos animales; b) *especial,* en lo que concierne al hombre, y c) *especialísima,* en su relación con los elegidos.

Es este aspecto de la providencia divina el que más resalta en la Santa Biblia. Son conmovedores especialmente los textos en que se nos habla de Dios como el Buen Pastor de los suyos (Sal. 23, comp. con Jn. 10), el Marido de su pueblo (Is. 54:5; Jer. 31:32; comp. con Ef. 5:23-29);

Padre y Madre, a un mismo tiempo, y con entrañas de infinito amor, compasión y misericordia (cf. Sal. 27:10; Is. 49:15; 66:13), que se preocupa por el bienestar, el sustento y el vestido de los suyos (Mat. 6:25-34), que asegura a los suyos una protección completa y una salvación segura (Rom. 8:28 y ss.).

D') La providencia divina es, al mismo tiempo, *trascendente*, porque todo lo planea y lo gobierna desde el arcano de su invisible infinitud y eternidad, e *inmanente*, porque subyace al fondo de todos los seres y emplea todos los recursos y energías de los seres creados en la realización de sus planes.

4. Falsas concepciones de la divina providencia

Los ateos de todos los tiempos, los epicúreos griegos y los deístas modernos niegan la providencia divina, explicando la Historia de la Humanidad como una fortuita sucesión de eventos, como un mero producto de la libertad humana, o como el proceso dialéctico de una evolución materialista. Contra todos ellos, baste lo dicho en las dos lecciones anteriores.

En el extremo opuesto tenemos el fatalismo de los estoicos, de los musulmanes y de los ocultistas, para quienes todo lo que sucede no puede suceder de otra manera porque, como dicen nuestras gentes, con indudable resabio árabe, «estaba de Dios» o «estaba escrito». Este fatalismo popular español lleva a muchas gentes a la reacción opuesta, dando demasiados vuelos a la libertad personal de hacer «lo que nos viene en gana» y negando la directa intervención de Dios en todos los actos de los agentes creados libres.[49] Según hemos explicado en la lección anterior, la intervención divina en todos los actos de los

---

49. Quizá pueda explicarse el arminianismo de la mayoría de evangélicos, y el molinismo de la mayoría de católicos de nuestra España, no sólo como fruto de una deficiente evangelización, sino también como reacción contra el fatalismo popular de origen árabe, aparte de algunos primeros núcleos maniqueos.

hombres, como necesaria moción *previa* para actuar, no coacciona la voluntad ni disminuye la responsabilidad del ser humano.

El Panteísmo, sea de Spinoza, de Le Roy o de Hegel, no deja lugar a la existencia de causas segundas, distintas, en su esencia y actividad, del Gran Todo, con lo que el concepto genuino de providencia divina desaparece por completo. Ello explica la indolencia de los hindúes, que llevan los principios budistas a sus últimas consecuencias, mientras que el fatalismo moderado de los ocultistas es compatible con la actividad creadora, libre y moral, profesada por sus adeptos.

5. ¿Puede la razón natural demostrar la providencia de Dios?

Si para la razón natural resulta prácticamente imposible adquirir un concepto claro de la existencia del verdadero Dios, debido a la miserable condición del corazón y de la mente del hombre caído, mucho más difícil es, sin el auxilio de la Revelación Especial, adquirir conocimiento de la Providencia de Dios; máxime cuando la existencia misma del mal en el mundo parece una objeción incontestable contra dicha Providencia.[50] Es el problema que se planteaba Job y el autor del Eclesiastés, especialmente en el cap. 9. Pero uno y otro apelaron finalmente a la infinita sabiduría de Dios. El Eclesiastés termina así:

> «Porque Dios traerá toda obra a juicio, juntamente con toda cosa encubierta, sea buena o sea mala» (Ecl. 12:14).

Por otra parte, supuesta la existencia de un Dios infinitamente sabio, bueno, justo y poderoso, la providencia de Dios queda demostrada *a priori,* porque un Dios infinitamente sabio ha de ser capaz de planear la Historia y encontrar los medios necesarios para controlarla; un Dios

---

50. Véase la lección siguiente.

LECCION 39.[a]

EL GOBIERNO DIVINO Y EL PROBLEMA DEL MAL

1. **¿En qué se distinguen el gobierno y la providencia de Dios?**

Aunque algunos autores, como A. H. Strong,[52] tratan del gobierno y de la providencia de Dios como de un solo punto doctrinal, los más, como Berkhof,[53] sostienen que el gobierno divino significa la ejecución de la providencia de Dios, de modo que el gobierno divino no es *parte* de la providencia, sino *toda* ella en cuanto que se la considera desde el punto de vista de la *ejecución* de los planes divinos, haciendo que la creación entera funcione, de acuerdo con la programación de la Providencia de Dios, para gloria de Su Santo Nombre.

2. **¿Cómo ejerce Dios Su dominio y Su función rectora sobre el mundo?**

A) Dios ejerce Su gobierno: *a*) como *Rey* y *Señor* de todos, tanto buenos como malos; *b*) como *Padre* de Sus hijos. No se trata de una perogrullada, y resultaría innecesario recalcarlo, si no fuese por dos equivocaciones corrientes en nuestros días: 1.[a], que Dios es Padre de toda

---

52. *O. c.*, pp. 419-443.
53. *O. c.*, pp. 175.

omnipotente no puede hallar obstáculo que se oponga a Sus designios; un Dios infinitamente bueno no puede abandonar su obra al azar de eventos contingentes; un Dios justo no puede menos de imponer un orden moral y sancionar sus contravenciones. Los mismos filósofos gentiles, como Cicerón, Epicteto y Marco Antonino entrevieron suficientemente esta verdad.[51]

Para unos ojos creyentes, iluminados por el Espíritu de Dios (*cf.* Ef. 1:18), el desarrollo de la Historia humana, especialmente en el juicio que Dios hace de las naciones de la tierra, recibiendo, a la larga, cada una su merecido, es una prueba *a posteriori* de la providencia de Dios. No es tan manifiesta la sanción que, en esta vida, reciben los individuos piadosos y los impíos, debido a que las pruebas y tribulaciones no parecen distinguir a unos y a otros, pero el que haya visto morir a mucha gente se habrá percatado de que, al final, «no hay paz para los malos» (Is. 48: 22; 57:21), mientras que los creyentes verdaderos suelen disfrutar de un «amor, gozo y paz», que sólo el Espíritu Santo puede comunicar. Cuando se observa el terror con que los incrédulos se enfrentan con la muerte próxima, y se compara con la plácida y radiante calma de los santos, se comprende que el amor providente de Dios sabe distinguir, incluso en esta vida. El verdadero cristiano puede decir, como Job: «*aunque él me matare, en él esperaré*» (Job 13:15).

CUESTIONARIO:

1. ¿Qué significa el vocablo «providencia»? — 2. ¿Qué elementos comporta el concepto bíblico de providencia divina? — 3. Características de la providencia divina, en cuanto al detalle, eficacia y especialización. — 4. Falsas opiniones sobre la providencia divina. — 5. ¿En qué otros atributos divinos se apoya la providencia de Dios? — 6. ¿Se muestra claramente en este mundo la providencia divina?

---

51. V. textos en A. H. Strong, o. c., p. 425.

la Humanidad, cuando la Biblia entera nos dice que sólo por el nuevo nacimiento espiritual y la fe en el Mesías una persona llega a ser «hijo de Dios», «participante de la naturaleza divina», «heredero del Reino de los Cielos» (cf. Jn. 1:12; 3:3-8; Rom. 8:14 y ss.; 2.ª Ped. 1:4, etc.). Esto se aplica también al Antiguo Testamento (véase todo el cap. 11 de Hebreos); 2.ª, que el Antiguo Testamento nos presenta la imagen de un Dios terrible, Señor déspota y Juez implacable, mientras que el Nuevo Testamento la ha sustituido por la imagen de un Dios que es verdadero Padre. Esto es contrario al empalme que el mismo Jesús predica, en la idea del Reino de Dios, con el Antiguo Testamento. Dios es Padre de *los suyos* en todo tiempo, y sigue conservando su Señorío universal en el Nuevo Testamento, como en el Antiguo (cf. Mat. 11:25; Hech. 17:24; 1.ª Tim. 1:17; 6:15; Apoc. 1:6; 19:6). La idea de un terrible Jehová del Sinaí, en oposición a un compasivo Padre del Evangelio, es un punto de la herejía de Marción, de la que desgraciadamente no se han liberado muchos, tanto en el campo católico-romano como en el evangélico.

B) Como ya aludimos al tratar de la Providencia, puesto que el gobierno divino no es sino la *ejecución* del plan providencial de Dios, la función rectora que Dios ejerce en el Universo se adapta a las leyes de la naturaleza, obrando por medio de las causas segundas en la consecución de Sus fines. Su acción en los seres humanos se efectúa, ya directamente por las inspiraciones de Su Espíritu, ya mediante toda clase de circunstancias que influyen en la formación de la mentalidad y en la dinámica biopsíquica de la motivación (cf. Gén. 50:20; Ex. 4:21; Luc. 15:15-20; Rom. 8:28; 2.ª Cor. 3:5; Filip. 2:13).

C) El gobierno divino se ejerce de una manera *particularizada y detallada,* al par que *universal* en su extensión y *total* en su comprensión. Dios planea desde la eternidad y gobierna en el tiempo, desde el principio hasta el fin, todos los seres y todo el ser; lo grande y lo pequeño; lo importante y lo insignificante; el fondo y la forma; la esencia y el detalle. No hay nadie ni nada demasiado despreciable para la atención y el cuidado de Dios, como no hay acción, buena o mala, que escape a Su mirada y a Su sanción. De la misma manera que la inmensa bóveda del Cielo cubre por igual las altas torres y las humildes chozas, la mansión del potentado y la del pordiosero, así también la providencia y el gobierno de Dios alcanzan a cuanto existe (cf. Sal. 22:28-29; 47:9; 103:17-19; Proverbios 16:33; Is. 33:22; Dan. 4:34-35; Mat. 6:25-34; 10:29-31; Hech. 14:16; Filip. 2:13; 1.ª Tim. 6:15 y, en general, Romanos 8:28).

3. El problema del mal

Sin duda, la mayor objeción contra la Providencia, y aun contra la existencia de Dios, proviene de la existencia del mal en el mundo. La moderna literatura existencialista ha hecho del problema del mal una profunda herida en la carne viva de los hombres de nuestro siglo. Si hay un Dios providente, que tiene cuidado de la Humanidad, ¿por qué hay tanto sufrimiento, tanta maldad, tantas guerras, tanta matanza de inocentes, tanta injusticia, tanta explotación, tanta conculcación de los más elementales derechos de la persona humana?

El problema es demasiado serio como para zafarse tras unos argumentos metafísicos, con Tomás de Aquino,[54] conformándonos con afirmar que Dios ha hecho el mundo y al hombre de tal manera que, en vez de evitar los males, ha preferido permitirlos para sacar bienes de los mismos males y hacer que todo coopere a Su gloria. Como muy bien advierte J. M. Rovira Belloso,[55] esta explicación deja al cristiano sin armas, como un alienado por el opio de la religión con la esperanza de otra vida, contra la

---

54. *Summa Theologica*, I, q. 2, a. 3, ad 2 (bajo la influencia de Agustín de Hipona, *Enchiridion*, cap. 11).

55. En *Estudis per a un tractat de Déu*, pp. 98-109.

crítica de Marx, quien, en el punto 11 de su réplica a Feuerbach, dice: «Los filósofos se han limitado a interpretar el mundo de distintos modos; de lo que se trata es de transformarlo.» [56] Por otra parte, la filosofía existencialista, aun cuando, a nuestro juicio, va demasiado lejos en su movimiento pendular, enfatiza justamente los valores de la existencia humana y los derechos de la persona, contra una filosofía religiosa fundada, durante siglos, en una concepción estática y esencialista de lo que yo suelo llamar «la ideocracia», en que se trata de salvar siempre unos «principios» o un «orden» a costa de los inalienables derechos *(de origen divino)* de la persona humana.

Por tanto, no es suficiente con buscar una solución teológica al problema del mal; es preciso *hacer algo* para contrarrestarlo. Opinamos que el moderno progresismo católico va demasiado lejos en su intento de comprometer totalmente a la Iglesia con el temporalismo, el humanismo y el socialismo. No se puede borrar la línea divisoria que marca el «nuevo nacimiento» (nótese el «especialmente» de Gál. 6:10), ni podemos comprometer nuestra fe —unificante— en luchas políticas o sociales *de partido*. Pero todo creyente, precisamente por serlo, debe estar en la vanguardia de la defensa (no-violenta) de la verdad, de la justicia y de la libertad, procurando, siempre y en todo lugar, hacer bien a «todos» (Gál. 6:10 y los caps. 12 y 13 de Romanos), a la vez que comportarse como paradigma de «ciudadano ejemplar».[57] Sea cual sea nuestra opinión sobre el resto del documento, la *Constitución Pastoral sobre la Iglesia en el mundo actual (Gaudium et Spes...)* del Concilio Vaticano II comienza, bella y acertadamente, de la siguiente manera:

---

56. Citado por E. Tierno Galván, *Antología de Marx* (Madrid, Edicusa, 1972), p. 112.

57. En cuanto a los evangélicos españoles, especialmente entre los *fundamentalistas* —con excepciones, claro está—, encontramos cierta apatía ante los males y sufrimientos de los «inconversos». Tengo experiencias de primera mano de personas sedicentes «evan-

«Los gozos y las esperanzas, las tristezas y las angustias de los hombres de nuestro tiempo, sobre todo de los pobres y de cuantos sufren, son a la vez gozos y esperanzas, tristezas y angustias de los discípulos de Cristo. Nada hay verdaderamente humano que no encuentre eco en su corazón. La comunidad cristiana está integrada por hombres que, reunidos en Cristo, son guiados por el Espíritu Santo en su peregrinar hacia el reino del Padre y han recibido la buena nueva de la salvación para comunicarla a todos. La Iglesia por ello se siente íntima y realmente solidaria del género humano y de su historia.» [58]

¿Qué solución nos presenta la Biblia al problema del mal? Comenzando por el libro de Job, y siguiendo por los Salmos y Eclesiastés y, sobre todo, con el colofón de la 1.ª Epístola (de un pragmatismo impresionante) del «teólogo» apóstol Juan, vemos que la Biblia:

A) No explica el problema del mal ni dice que exista un «orden» que lo domestique,[59] sino que nos presenta a Dios, al Dios paternal y bondadoso, manifestando su presencia de instrucción, de acicate, de consuelo, a todo el que sufre (cf. Job 38:3; 40:3-5; 42:5-7).

B) Nos exhorta a luchar, por medio del *ágape* cristiano, contra el mal y la miseria de nuestros hermanos, como un eco del amor y de la conmiseración que Dios tuvo con nosotros, al enviar a Su Hijo Unigénito a morir por nosotros, para liberarnos del pecado, raíz de todos los males (cf. 1.ª Jn. 3:16-18; 4:12 y comp. con Jn. 3:16).

---

gélicas» que se despreocupan enteramente de los sufrimientos y problemas de sus más íntimos familiares (esposo, hijos, etc.) ¡con la excusa de que «no son del Señor»! Esto nos recuerda una antigua historia de una mujer *tan* «*santa*», que no le quedaba tiempo para ocuparse de su marido.

58. Versión de la B.A.C., 5.ª ed., 1967, pp. 260-261.
59. V. Rovira Belloso, o. c., p. 102.

C) La respuesta definitiva al problema del mal en Job la encontramos en el Calvario. Conforme a Is. 53:4-6; Jn. 1:29 —donde el verbo «airo» significa dos cosas: quitar el pecado y llevárselo encima—; Hebr. 2:14-17; 5:7-10. Jesucristo carga sobre sí todas nuestras debilidades y el reato de todas nuestras culpas, mientras que, con el sacrificio de su vida y la revelación de su mensaje de libertad, manifestada con palabras y obras, nos libera de la mayor esclavitud, la del pecado, y nos reconcilia con Dios, con la Vida y con la Luz (Jn. 1:9, 12; 8:32; 14:6; 1.ª Cor. 15: 55-58; 2.ª Cor. 5:17-19; Col. 1:12, 22, etc.). Pedro resume la conducta de Jesús diciendo que «anduvo haciendo bienes» (Hech. 10:38), y añade (1.ª Ped. 2:21-25) que hemos sido llamados a seguir sus pisadas.

D) Las tribulaciones del cristiano son: a) una purificación, poda o *pedagogía* de Dios (Jn. 15:2; 1.ª Cor. 11:32); b) un clarinazo que nos advierte que nuestra verdadera patria no está aquí (Ecl. 7:2; 1.ª Ped. 2:11); c) una participación en los sufrimientos de Cristo (Rom. 8:17; Filipenses 3:10-11; Col. 1:24).

Alguien ha dramatizado esta crucificada solución al problema del mal, presentando a todas las gentes reunidas, en el Juicio de Dios, agrupadas según sus miserias: los obreros explotados, los enfermos y malheridos, los asesinados sin causa, las doncellas violadas, con hijos sin nombre, toda la humanidad doliente, acusando a Dios de su cómoda lejanía en el Empíreo y condenándole a bajar a este mundo a sufrir y a ser matado... Tras un pavoroso silencio, se escuchó la voz de lo Alto: «LA SENTENCIA SE HA CUMPLIDO YA HACE MUCHOS AÑOS». El Hijo de Dios, Dios como el Padre, nació en un pesebre, de una doncella cuya honestidad pudo ponerse en duda,[60] se ganó

---

60. Son varios los exegetas que atisban, en Jn. 8:19, 41, una insinuación, de parte de los judíos, en este sentido. Celso y, en nuestro siglo, el jefe nazi A. Rosenberg, en su libro *El mito del siglo XX*, afirmaron impíamente que Jesús era hijo adulterino. Otros lugares,

el pan con el sudor de su frente en un taller de menestral, fue calumniado, perseguido y crucificado sin causa, sufrió hambre, sed, cansancio, frío y falta de sueño; incomprensión, abandono, desconocimiento y traición por parte de los Doce más allegados y, sobre todo, sufrió en la Cruz el desamparo del Padre, para que nadie pueda ahora sentirse completamente desamparado. «Salgamos, pues, a él, fuera del campamento, llevando su vituperio; porque no tenemos aquí ciudad permanente, sino que buscamos la por venir» (Hebr. 13:13-14). Entretanto, «según tengamos oportunidades —o mejor, mientras tenemos la oportunidad—, hagamos bien a todos, y mayormente a los de la familia de la fe» (Gál. 6:10).

CUESTIONARIO:

1. ¿En qué se distingue el gobierno divino del mundo, de la Providencia? — 2. ¿Es Dios el Padre de todos los hombres? — 3. ¿Hay discontinuidad de conducta entre el Jehová del Antiguo Testamento y el Dios del Evangelio? — 4. ¿Cómo efectúa Dios su gobierno sobre los seres creados? — 5. ¿Se preocuparía Dios más de un ser determinado si hubiera menos seres en el Universo? — 6. ¿Es suficiente la solución que la Teología Medieval ofrecía para el problema del mal? — 7. ¿Puede el creyente adoptar una actitud pasiva ante el mal del mundo? — 8. ¿Qué solución nos presenta la Biblia al problema del mal? — 9. ¿Cuál es el profundo sentido profético de Is. 53:4?

---

dignos de profunda meditación, que nos dan la medida del grado en que Jesús sintió en carne viva el problema del mal, son Jn. 11:35: «Jesús lloró» (el versículo más corto de la Biblia nos describe al Hijo de Dios llorando, al ver en la tumba de su amigo los destrozos causados por el pecado), y Luc. 23:39-41, en que el Hijo de Dios tiene que soportar «la misma condenación», porque «salvarse a Sí mismo y a nosotros» era pedirle un imposible dentro del plan salvífico de Dios.

LECCION 40.ª

LA PROVIDENCIA EXTRAORDINARIA DE DIOS

1. Distintas manifestaciones de la providencia de Dios

Aunque todo lo que acaece en el mundo, por muy maravilloso, extraño o milagroso que parezca, exija a Dios el mismo empleo de energía —por decirlo así—, puesto que su poder, su sabiduría y su amor son infinitos y no requieren de Dios un mayor o menor esfuerzo, solemos distinguir, en la Providencia de Dios, lo *ordinario* de lo *extraordinario,* por la distinta impresión que causa en nosotros. Alimentar a muchos miles de personas con cinco panes de cebada y dos peces no es mayor milagro que la conversión espiritual de una persona. Más aún, la Biblia, dentro de su simbolismo antropomórfico, nos presenta a Dios obrando las maravillas de lo macroscópico y de lo microscópico como un juego de niños, «la obra de sus dedos», mientras que, al hablar de la salvación, se expresa en términos de «extender y remangar el brazo». El ojo del creyente instruido y observador puede ver maravillas en cada brizna de hierba, en un cristal de nieve, en cualquier órgano de su cuerpo, etc. Sin embargo, sólo llamamos *milagro a un hecho sensible, obrado por Dios, sin explicación posible según el curso normal de las leyes naturales.*

Recordemos de la lección 15.ª, punto 5.°, que la omnipotencia divina no puede disociarse de los demás atributos divinos y, por tanto, toda actuación divina es santa, justa y conveniente. Dios no puede romper lanzas en favor de una causa injusta ni jugar a «realizar milagritos». Con demasiada frecuencia, gentes de toda condición espiritual y moral se atribuyen intervenciones «providenciales» de parte de Dios en su favor, y se habla de hechos y personas «providenciales», como si fuera menos providencial la subida de Lenin al poder que la elección de Juan XXIII para la Sede Romana. Es cierto que la Biblia nos asegura que Dios protege de una manera especial a los Suyos, pero la trama actual de la vida no nos suministra una prueba empírica apodíctica para cada uno de los casos.

2. Clases de milagros

Suelen distinguirse dos grandes clases de milagros:

A) *Milagros de orden físico,* que se subdividen en tres grupos: a) *en cuanto a su naturaleza,* como hacer que una persona camine, a pie enjuto, sobre el mar; b) *en cuanto al sujeto,* como resucitar a un muerto, pues la naturaleza provee la vida para un feto, pero no para un difunto; c) *en cuanto al modo,* como curar de repente la ceguera de una persona aplicándole barro a los ojos.

B) *Milagros del orden moral.* Es lo que solemos llamar «milagros de la gracia» y se echan de ver en la conversión repentina y total de una persona que se hallaba completamente vuelta de espaldas a Dios o al Evangelio, como en el caso del apóstol Pablo y muchos otros casos, algunos que sólo muy pocos conocen, pero de los que pueden dar testimonio los sujetos que los experimentan en sí mismos.

3. ¿Son posibles los milagros?

Puesto que Dios es omnipotente, podríamos afirmar *a priori* que los milagros son posibles, «porque nada hay imposible para Dios» (Gén. 18:14; Luc. 1:37). Los incrédulos arguyen que el milagro supone una violación de las leyes naturales, lo cual no es cierto, puesto que, al obrar el milagro, Dios no viola una ley física, sino que suspende, por un momento, *el efecto habitual* de su funcionamiento, por lo que no hay razón para desconfiar de la regularidad de dichas leyes, siendo los milagros excepciones *visibles* de tal regla. Hay incrédulos, tenidos por eruditos de primera magnitud, que han llegado a negar la posibilidad de los milagros, fundados en la ley estadística de que «contra dos testigos que hayan asegurado haber visto a un muerto resucitado, pueden levantarse millones que atestiguarán que los muertos no resucitan», lo cual es, por cierto, un argumento muy poco «científico», puesto que un testigo competente y veraz, que pueda atestiguar la resurrección de un muerto, da fe de una excepción realizada dentro de una regla común de la que millones son testigos. L. Berkhof prefiere, al hablar del milagro, al concepto de *suspensión* de un efecto natural, el de *superación* del modo normal de obrar, en virtud de un poder superior.[61]

4. Objetivo de los milagros

Los milagros, como hemos dicho, no representan una «exhibición» del poder de Dios, sino que tienen un objetivo muy definido.[62] La Biblia nos muestra claramente que los milagros están siempre insertos en un contexto de salvación. Jesucristo siempre obraba los milagros «para que se manifestasen las obras de Dios» (Jn. 9:3-4), y estas

---

61. *O. c.*, p. 177.
62. Es lamentable que tantas personas que se llaman «cristianas» o «católicas», por ignorancia, superstición o falsa piedad, atribuyan virtudes milagrosas a ciertas aguas, lugares, amuletos, imágenes, etc. (la habitual «Contraportada» de la revista *Vida Nueva* registra casos abundantes). Es obligación de todo fiel ministro de Dios el adoctrinar convenientemente a los fieles y combatir tanto afán de *milagrismo*. De apariciones y hallazgos sobrenaturales, más vale no hablar (véase J. A. Monroy, *El mito de las apariciones*, 1963).

obras comportaban las credenciales de Su Mesianidad, como desfacedor de los entuertos que el diablo, por el pecado, había cometido en nuestra humanidad doliente. Esta fue la respuesta de Jesús a los discípulos de Juan (Lucas 7:22), como señal de que en él se cumplía la profecía de Isaías 35:5-6; 61:1-3. Cuando se nos habla de «la gloria de Dios» como objetivo de los milagros, no podemos olvidar que el concepto bíblico de «gloria de Dios», de la que El es tan celoso, consiste en que El es el único Salvador necesario y suficiente de Su pueblo.

5. La fe que obra milagros

En Marcos 9:23, Jesucristo pronuncia una frase de la que nos percatamos muy poco: «*Si puedes creer, al que cree* TODO LE ES POSIBLE.» Y en Mat. 17:20 asegura: «*De cierto os digo, que si tuviereis fe como un grano de mostaza, diréis a este monte: Pásate de aquí allá, y se pasará;* Y NADA OS SERA IMPOSIBLE» (*cf.* Luc. 17:6). Toda la Biblia, igual que la Historia de todos los tiempos, atestigua el poder omnipotente de la oración de *los hombres de fe* (*cf.* Gén. 18:23-32; Ex. 33:9-14; Marc. 16:17-18; Jn. 15:16; Rom. 8:26-27; Sant. 1:5-6; 5:15-18, etc.). Un claro ejemplo de respuesta milagrosa a la oración *eclesial* es Hech. 12:5-19.

CUESTIONARIO:

1. Definición de milagro. — *2. Clases de milagros.* — *3. ¿Son posibles los milagros?* — *4. ¿Suponen los milagros una violación de las leyes físicas o psíquicas?* — *5. ¿Cuál es la finalidad de los milagros?* — *6. El milagro como respuesta a una fe firme y sabia, según la voluntad de Dios.*

BIBLIOGRAFIA

(Los marcados con * son católicos)

* J. Arias, *El Dios en quien no creo* (Salamanca, Sígueme, 1969).

L. Berkhof, *Systematic Theology* (London, Banner of Truth, 1963). Denso y preciso. Hay edición castellana.
— *The History of Christian Doctrines* (Id., íd., 1969).

J. Calvino, *Institutio Religionis Christianae, Liber primus*. Hay edición castellana.

L. Sp. Chafer, *Systematic Theology*, I, pp. 129-414, y II, pp. 1-121 (Dallas Seminary Press, 1967). Dispensacionalista, buen expositor. Se prepara ed. castellana.

E. Danyans, *Proceso a la «biblia» de los Testigos de Jehová* (Tarrasa, CLIE, 1971).

* A. Frossard, *Dios existe* (trad. de J. M. Carrascal, Madrid, Rialp, 1969). Se trata de una experiencia subjetiva y ambigua que no nos convence.

Th. Gaster, *Mito, leyenda y costumbre en el libro del Génesis* (trad. de Damián Sánchez-Bustamante, Barcelona, Barral, 1973).

* A. Gelin, P.S.S., *Las ideas fundamentales del Antiguo Testamento* (trad. de J. M. C. Azcona, Bilbao. Desclée de Brouwer, 1965).

* J. M. Gironella, *Cien españoles y Dios* (Barcelona, Nauta, 1969). Encuesta franca.

* O. González de Cardedal, *Elogio de la encina* (Salamanca, Sígueme, 1973).

* — *Meditación teológica desde España* (Id., íd., 1970).

W. H. Griffith Thomas, *The Principles of Theology* (London, Church Book Room Press, 1956). Artículos de religión I, V y XVII.

Os Guinness, *The Dust of Death* (London, IVP, 1973). Estudio profundo y moderno de la problemática del hombre actual.

J. H. Hertz, *Pentateuch and Haftorahs* (London, Soncino Press, 1960). Rabino judío.

Ch. Hodge, *Systematic Theology,* I (London, J. Clarke & Co., 1960). Gran clásico.

Th. Houghton, *The Holy Spirit* (London, Gospel Magazine, 1937).

D. Jenkins, *Guía para el debate sobre Dios* (trad. de I. Aizpurua, Madrid, Marova, 1968).

J. Jeremías, *Teología del Nuevo Testamento* (Salamanca, Sígueme, 1974).

K. E. Koch, *Ocultismo y cura de almas* (trad. de J. Camafort y S. Vila, Tarrasa, CLIE, 1969).

F. Lacueva, cap. I de *Treinta mil españoles y Dios* (Barcelona, Nova Terra, 1972).

D. M. Mackay, editor de *Fe cristiana y ciencia mecanicista* (varios autores, Buenos Aires, Ediciones Certeza, 1968).

* S. Matellán, C.M.F., *Teología Cristiana;* vol. I, *El Misterio de Dios en Cristo* (Bilbao, Desclée de Brouwer, 1969).

The *New Bible Dictionary*. Organ. and Ed. J. D. Douglas (London, IVF). Lo mejor que conocemos en un solo volumen.

* L. Ott, *Fundamentals of Catholic Dogma* (Transl. by P. Lynch, Cork, Mercier Press, 1966). Hay edición castellana (Herder). Un buen resumen del catolicismo tradicional.

J. M. Pendleton, *Compendio de Teología Cristiana* (trad. de A. Treviño, El Paso, Texas —Casa Bautista de Publicaciones—, 1960, pp. 9-153). Unico resumen bautista en castellano, que sepamos.

A. W. Pink, *Los atributos de Dios* (trad. de M. Martín, London, Banner of Truth, 1964). Hay edición castellana.

— *The Sovereignty of God* (London, Banner of Truth, 1961). Hay edición castellana.

B. Ramm, *Evolución, Biología y Biblia* (trad. de O. J. Ruda, Buenos Aires, Ediciones Certeza, 1968).

* J. Ratzinger, *Introducción al Cristianismo* (trad. de J. L. Domínguez Villar, Salamanca, Sígueme, 1969).

* J. M. Rovira Belloso, *Estudis per a un tractat de Déu* (Barcelona, Edicions 62, 1970). Interesante, moderno, bíblico.

F. Schaeffer, *The God who is there* (London, Hodder & Stoughton, 1968). Magnífico. Hay edición castellana.

G. Smeaton, *The Doctrine of the Holy Spirit* (London, Banner of Truth, 1958). Un gran clásico, que agota el tema, en cuanto cabe al hombre.

D. C. Spanner, *Creation and Evolution* (London, Falcon Books, 1965).

A. H. Strong, *Systematic Theology* (London, Pickering & Inglis, 1958), pp. 52-110 y 243-464. Es lo mejor en el campo bautista y un portento de erudición, aunque sin la precisión ni la seguridad teológica de Berkhof.

A. E. Taylor, *Does God exist?* (London, Fontana Books, 1966).

P. Tillich, *Teología Sistemática*, I, 2.ª Parte (trad. de D. Sánchez-Bustamante, Barcelona, Ariel, 1972). Modernista y existencialista, aunque interesante.

* Varios, *¿Creer en Dios hoy?* (Santander, Sal Terrae, 1969).

S. Vila, *La nada o las estrellas* (Tarrasa, CLIE, 1970). Respuesta evangélica a las filosofías de todos los tiempos.
— *Pruebas tangibles de la existencia de Dios* (Tarrasa, CLIE, 1973). Libro sencillo y ameno, en estilo popular.

G. von Rad, *Teología del Antiguo Testamento* (Salamanca, Sígueme, 1972). Dos densos volúmenes. Lo mejor hasta ahora sobre tema tan importante. Ligeramente liberal.

* V. White, O.P., *God and the Unconscious* (London, Fontana Books, 1952). Lucubración psicológica en la línea de C. G. Jung.